# MBTI<sup>별</sup>
## 바람 이루기

# MBTI 別

# 바람 이루기

정성훈 지음

**바른북스**

# *Prologue*

안녕하세요? 『MBTI 別 바람 이루기』 저자 정성훈입니다. 저는 개인의 심신건강(心身健康)을 위해 Training과 Care를 하는 직업을 갖고 있는 사람입니다. 때로는 많은 이들에게 건강 관련된 올바른 정보전달과 지혜를 위한 강연과 교육지식을 위한 강의를 하기도 합니다.

이 Essay 『MBTI 別 바람 이루기』는 저자 본인이 회사 선후배, 고객 등 많은 분들과 함께하며 교육자 또는 피교육자, 상담자, 내담자(피상담자) 등의 역할로 만나서 경험한 내용이 일부 포함되어 있으며 성향별 어떤 방식으로 어떻게 바람을 이루기 위해 노력하면 조금이라도 빨리 바라는 것에 닿을 수 있을까?란 생각에서부터 시작되어 상담내용, 운동일지, 교육일지 등 제가 그동안 문서화하여 보관하였던 문서들을 다시 찾아보며 수집한 정보 및 때로는 본인이 정립한 내용이 정확한가에 대한 고찰(考察)이 필요하여 여러 논문 및 커리큘럼(Curriculum), 세미나(Seminar) 등 여러 문서들을 재차 읽어보았고 정확한 내용을 담기 위해 노력하였으며 논문, 커리큘럼, 세미나 등 책 내용 중 읽고 생각의 정리된 상태에서 작성한 글이라 혹여 있을지 모를 비슷한 맥락의 내용들로 하여금 불쾌하시거나 상처받는 등의 일이 없으시길 바라는 마음에서 참고용 문서의 출처를 최대한 명확히 표기하기 위해 노력하였다는 것과 책 내용 중 일부 고객들과 상담 혹은 교육 중 나눴던 내용 발췌함을 허락해 주신 분들에게 다시 한번 감사인사를 전합니다.

문서 및 자료 보존기한이 있어 오래전 자료의 경우 폐기하여 오랜 시간 저와 함께하셨던 분들께 의향을 묻지 않아 서운하신 점이 있다면 넓은 마음으로 양해(諒解)를 해주시면 감사하겠습니다. 그리고 지역표기는 실제 지명이지만 혹시 이름표기는 동명이인 및 이름표기에 있어 거부감을 느끼시는 분들이 계심에 이니셜(Initial) 사용함에 있어도 양해를 구합니다.

이 책 서두(序頭) 초반에는 당연히 MBTI가 무엇이며 어떻게 구분되어지는지 등 MBTI 관련 설명에 중점을 두었고 중반부에는 성향(性向)에 따른 바람 접근방식에 중점을 두었으며 후반부에는 유니크(Unique)하게 제가 고객들과 함께하며 가장 많이 받았던 질문들을 엄선하여 답한 내용과 저자 본인 마음에 새기던 삶의 가치에 관한 내용을 해당 내용에 추가적으로 적어보았습니다. 좋은 글이라 할지는 모르겠으나 도움 되는 글이 되었으면 좋겠습니다.

(고객 Training과 상담 시 녹음 및 녹화가 필수라 녹음, 녹화파일을 참고하였습니다.)

모든 분들 가정의 平安과 幸福이 항상 가득하시길 기원하겠습니다.

# 목차(目次)

{ Chapter 3 }

# 유니크(Unique)한 Q&A

## Personal Training 시 가장 많이 받은 질문

## 응급처치 및 성인병 관련 강의/강연 시 가장 많이 받았던 질문

## 상담 시 가장 기억에 남는 질문

## 번외 재능기부 고민 상담 시 가장 기억에 남았던…

○ 끝으로 본문의 이야기를 마치며…
○ 하기 저자 본인의 정립한 내용의 고찰과 관련 독서(참고용) 출처

# MBTI는
# 무엇일까?

이 Chapter에서 기본적인 MBTI가
무엇인지를 알아가는 시간을 가져봅시다.

# { MBTI(Myers–Briggs–Type Indicator), 마이어스-브릭스 유형지표란? }

 

 

MBTI는 어머니 캐서린 쿡 브릭스(Katharine Cook Briggs)와 딸 이저벨 브릭스 마이어스(Isabel Briggs Myers)가 개발하였는데 이 모녀는 전문 심리학자가 아닌 소설가로 어머니 캐서린은 홈스쿨링을 한 소설가였고 딸인 이저벨 또한 소설가로 장르(Genre)는 미스터리(Mystery) 소설을 썼으며 어머니와 다르게 대학교를 다녔지만 심리학이 아닌 정치학을 전공했습니다. 특이한 것이 이 비심리학자인 개발자 모녀가 만든 지표를 널리 사용됨에는 처음 개발한 시기의 시대적인 배경과 환경적인 요인이 가장 크지 않나 저는 생각하며 이는 1944년 2차세계대전 당시 산업계 여성이 진출하게 되는데 각자 적합한 성격유형에 맞는 업무를 희망하였고 그 목적을 위해 개발되었으며 현시대에 알려진 지표 중 하나로 상기(上記)

하였던 처음 개발 방향성과 같이 근로자 구인 시 먼저 TO(Table of Organization 부대 편성표) 혹은 직무 부서 성격에 맞는 인재를 고용하기 위해 기업체 인적성검사를 하거나 일반인들의 재미/흥미를 위한 성격시험 등으로 이 유형지표검사를 폭넓게 사용되고 있습니다. 앞의 첫 글자는 에너지의 방향이 어디로 흐르는지 즉 주의초점이 어디에 맞춰지는지에 따라 외향(Extraversion), 내향(Introversion) 중 하나로 분류되고 두 번째 글자는 사물이나 사람을 인식하는 인식 기능의 방식에 따라 구분이 되는데 감각(Sensing), 직관(iNtuition) 중 하나로 분류되며 세 번째 글자는 어떻게 판단하는지에 따라 사고(Thinking), 감정(Feeling)으로 나누어지는데 즉 이는 판단 근거가 어떻게 되느냐에 따라 달라진다고 보면 쉬울 것 같으며 네 번째 글자는 판단(Judging), 인식(Perceiving)으로 본인 삶의 패턴(Pattern) 선호방식으로 나뉘는데 즉 생활양식을 어떤 것을 선호하느냐에 따라 또 달라진다고 보면 좋을 것 같습니다.

구분되는 상위 8개 항목 구분으로 총 16개의 유형으로 분류가 되며 조금 더 풀어 설명을 해보면 첫 번째, 주의초점 관련된 이니셜(Initial)로 글보다는 말로써 표현하는 방식을 선호하는 사람으로, 본인 외부 활동에 적극성 발휘하는 사교적, 활동적인 사람은 본인의 지식, 생각, 감정을 타인에게 표현하며 에너지를 얻고 경험을 통해 이해하는데 이는 주의집중이 본인 외부에 있는 사람을 말하며 이와 다르게 말보다는 글로써 표현하는 방식을 선호하는 사람으로 본인 내면 활동에 적극성 발휘하는 신중하고 조용한 사람은 본인의 지식, 생각, 감정을 타인이 아닌 본인이 깨달으며 깊이를 늘리는 데서 에너지를 얻고 이해한 다음 행동하는 주의집중이 본인 내면에 있는 그런 사람이고 사교적으로 많은 사람을 만나지는 않지만 깊이 있는 대인관계를 갖는 사람으로 볼 수 있습니다. 상기 내용으로 주의집중 에너지가 외부에 있는 외향(Extraversion)과 내면에 있는 내향(Introversion)으로 첫 글자가 E 혹은 I로 나누어지며, 다음으로 나누어지는 것은 인식기능으로 쉽게 설명하면 사람이나 사물을 인식하는 방식을 어떤 방식으로 어떻게 하는가에 따라 달라지는데 이는 숲보다 나무를 보려 하는 경향이 강한 현실적인 Type으로, 오감 및 경험에 의존하고 실제의 경험을 중시하며 지금, 현실에 초점을 맞춰 일 처리는 하는 것을 선호하는 감각형(Sensing)과 나무보다 숲을 보려는 경향이 강한 이상주의적인 Type으로 영감 및 직관에 의존하며 비유적, 암시적으로 묘사하며 개연성과 의미에 초점을 맞춰 비약적, 신속하게 일 처리하는 것을 선호하고 추상적, 미래지향적으로 일하며 Idea를 중시하는 경향이 강하고 자신만의 세계가 뚜렷한 편인 직관형(iNtuition)이 있습니다.

세 번째, 글자에서 구분되는 것은 어떤 판단의 근거를 가지고 있는지에 따라 달라지는 것으로 원리와 원칙을 중시하는 Type으로 논평하기를 좋아하고 '맞다, 틀리다' 진실과 사실에 주로 관심을 갖고 분석적, 객관적, 논리적으로 사실을 판단하는 사고형(Thinking)과 사람과의 관계에 주로 관심을 갖는 인간관계 중심 Type으로, '좋다, 나쁘다'의 판단을 선호하고 상황적, 포괄적이며 주변 상황을 고려하여 판단하는 데 도덕성, 의미, 영향을 중시하고 공감하기를 좋아하는데 이는 사람과의 관계에 주로 관심을 갖고 있어 공감하기를 좋아하는 만큼 주변 사람들에게 우호적인 협조를 잘하기도 잘 받기도 하는 Type으로 생각하면 이해하기 쉬운 감정형(Feeling)이 있으며 감정형은 사고형(Thinking)보다 이상주의적이며 반대로 사고형은 감정형보다 현실적입니다.

　마지막으로 생활양식 즉 선호하는 삶의 패턴(Pattern)에 따라 구분되어지는 유형으로 계획적이고 체계적이며 기한 엄수를 잘하는 Type으로 분명한 목적과 방향을 선호하고 깔끔하게 정리정돈을 잘하며 뚜렷한 자기의사와 기준으로 신속한 결론 도출해 내는 데 탁월한 판단형(Judging)과 자율적이고 융통성이 있는 Type으로 유동적인 목적과 방향을 선호하고 상황에 따라 적용하며 신속한 결론 도출을 하는 것보다 조금 더 나은 상황을 위해 결정을 보류하는 경우가 잦은 인식형(Perceiving)이 있습니다.

　16가지에 신경성이 더해져 A 혹은 T로 또 나뉠 수가 있습니다. ex) ENFJ-T의 경우 주의집중 에너지가 외향성(Extraversion)으로 사물이나 사람을 인식할 때 선호하는 방식이 직관성(iNtuition)을 띠며 판단기능 판단하는 근거가 감정형(Feeling)이고 선호하는 생활양식은 판단형(Judging)이 되는데 여기에 신경성인 Turbulent(격동/격변) 즉 예민한 신경을 갖고 있는 분인 것을 파악할 수 있습니다.
　추가된 부분인 신경성인 A 혹은 T를 부연설명해 보겠습니다.

A는 Assertive(적극적/확신에 찬), T는 Turbulent(격동/격변)를 얘기하는 것인데 A의 경우 자기 확신에 차 있는 타입으로 마음의 상처를 비교적 덜 받고 상처를 받더라도 평정을 잘 되찾는 유형입니다. 즉 우울하더라도 기간이 짧고 걱정이 많지 않습니다.

T의 경우 상처를 비교적 잘 받고, 예민하며 감정기복이 크고, 우울함을 잘 느낍니다. 가족애가 많고 정이 많은 타입으로 A형에 비해서 남의 시선에 민감하며 조금 더 수줍은 타입입니다. 그리고 A에 가까울수록 어려운 상황에서도 자신감을 보이고, T에 가까울수록 스트레스를 자주, 많이 받게 되며 환경적으로 예민하게 받아들일 가능성이 높습니다.

A(Assertive)와 T(Turbulent) 조금 더 Detail한 차이점을 알아본다면, 외향(Extraversion)에 확신에 찬 A(Assertive)의 성향의 결과를 갖고 있는 사람은 외향적으로 사람들과 함께 있는 시간을 좋아하지만 신경성 A가 더해지면 혼자만의 시간과 타인의 교류를 모두 즐기며 스트레스를 풀게 됩니다. 인간관계에서 얻는 스트레스가 없는 유형입니다. 감정적으로 타인에게 기대는 측면이 적기 때문에 집착하지 않으나 타인에게 상처를 주게 될 수도 있습니다.

내향(Introversion)에 확신에 찬 A(Assertive)의 성향의 결과를 갖고 있는 사람은 내향적으로 혼자만의 시간이 편하고 독립적인 면이 있기 때문에 신경성이 A가 더해지면 혼자만의 시간을 즐기고 남의 시선을 크게 신경 쓰지 않게 되어 자기계발을 잘하는 유형이 됩니다.

외향(Extraversion)에 격동적인 T(Turbulent)의 성향의 결과를 갖고 있는 사람은 외향적 성향에 예민함이 더해져 외로움을 많이 타게 되어 인맥관리에 신경 쓰게 됩니다. 겉으로는 크게 티가 나지 않을 수도 있지만 속으로는 스트레스가 많이 쌓여 있고 미움받는 것을 두려워해서 걱정이 많고 대외 활동에 모두 참여하려는 성향을 보입니다.

내향(Introversion)에 격동적인 T(Turbulent)의 성향의 결과를 갖고 있는 사람은 내향적 성향에 예민함이 더해 주변의 영향을 많이 받게 됩니다. 혼자 있더라도 주변에서 본인을 어떻게 생각할지 고뇌하게 되며 스트레스를 받게 되는데 갈등을 싫어하기 때문에 상처를 받아도 표출하지 못하는 측면이 있습니다. 타인에게 좋은 평가를 받았을 때 자신감이 많이 올라가는 성향을 보입니다.


상기 내용에 따라 주의할 점은, 어떤 사람이 외향형이라고 해서 내향적인 성격요소가 그 사람에게 전혀 없다고 말할 수는 없으며, 누구나 위의 특성을 조금씩 다 가지고 있습니다.

MBTI에서 보고자 하는 것은 개인이 각 요소들 가운데 어느 요소의 특징 더 강하냐를 보는 것이며 따라서 MBTI를 통해 성격유형이 딱 16가지(신경성 구분 포함 32가지)만 있다고 할 수 없고 해당 유형에 속하는 사람들이 대체로 어떤 경향을 보이는지 분류할 수 있을 뿐이라는 말을 전하고 싶습니다. 그리고 중요한 것은 본인을 판단하는 척도가 유형검사인 이 MBTI가 전부가 아닐 것임을 저는 잘 알고 있습니다.

다만 어떤 환경에서 어떻게 최근 몇 년을 살아왔는지 또한 이 유형 검사에서 잘 나타나기도 하는 것 같습니다. 제 직업 특성상 다방면 많은 분들과 다양한 교감을 갖고 많은 얘기를 나누기 때문에 개인적으로 이해하기가 많이 수월했다고 생각되어집니다. 2가지 예를 들어 이해를 돕자면 서울 양천구 소재의 고객 L씨에게 홈케어(Home Care Service) 상담, 운동 등을 위해 방문 서비스를 했던 일이 있었습니다.

L씨는 4~5년 전 취업을 하기 위해 업무적성평가라는 시험 결과에 기본적으로 외향적이며 본인이 추구하는 문제해결방식 혹은 업무처리방식이 짧은 시간이 주어지더라도 최선의 결정을 내릴 수 있으며 팀원을 잘 이끌 수 있는 리더의 자질을 갖췄다는 ESTJ라는 MBTI 적성평가 결과지를 받았지만 취업한 회사에서 팀원으로 몇 년간 업무를 하며 질타를 받고 몇 번의 프로젝트의 실패가 본인 책임이라는 생각이 강해 회사생활 자체가 많이 위축되어졌고 사우관계 또한 그리 좋지 못하다고 했습니다. 그리고 L씨 본인의 일상생활에서 심적 불안감과 우울감이 있어 자신의 모습에 회의감을 갖고 심리상담을 받으러 갔다 MBTI를 하게 된 과정을 얘기하며 본인의 MBTI가 내향성으로 바뀐 ISTP-T의 결과지를 받았다고 얘기하며 L씨는 어디서부터 본인이 달라지기 시작한건지 이유를 찾고 당당하고 자신감 넘쳤던 예전 모습을 되찾고 싶다고 상담했던 일이 있었습니다. 그 고객은 본인이 외향적이었던 성향이 내향적으로 바뀐 이유가 환경적 요인만 생각하며 업무 스트레스에 따른 자연스러운 과정 같다고 얘기했던 상담일지의 기록이 있습니다.

MBTI 別 바람 이루기

그리고 몇 가지 고객 맞춤 프로그램으로 그 고객이 달라지고 있으며 앞으로도 꾸준히 본인 인지에 의해 달라질 수 있는 믿음을 보였고 본인 요청으로 마지막 상담을 마치며 그때 당시 그분에게 전달했던 메시지 내용 중 일부 발췌해 보면 어떤 일의 결과가 좋은 것도 나쁜 것도 본인의 탓을 하는 것은 남 탓하는 것보단 나아 보일 수 있으나 본래 남이 잘못한 일을 내 탓으로 생각하며 죄책감을 느끼고 회의감을 느끼는 등 타인 때문에 본인을 버리지 말고 문제에 따른 상황 판단을 본질에서 훼손하지 말고 본질만 보고 남을 너무 의식하지 않았으면 좋겠고 상황에 맞게 생각하며 대처하고 회사도 중요하지만 자신의 삶도 중요하니 지금 노력하는 것처럼 회사와 개인 일상생활의 적절한 조화를 위해 노력하는 그런 L님이 되었으면 좋겠다 얘기한 적이 있습니다.

제가 위에서 얘기한 내용 중 팀원이기 때문에 할 수 있는 남탓 남탓 팀장이라면 남탓내탓이 되겠지만 팀장은 팀을 대표하는 자리로, 팀장의 직책을 갖고 있는 고객이라면 다른 방향으로 변화를 유도했겠으며 위의 L씨의 경우 팀원이었기에 본인이 할 수 있는 그리고 해야만 하는 일에 대한 구분과 스트레스의 가중을 낮춰주고 싶었으며 팀장이나 팀원 혹은 다른 모든 사람들은 스스로 스트레스를 이겨내고 풀어갈 수 있는 돌파구는 만들어야 하며 꼭 필요하다라고 저는 개인적으로 생각합니다. 사회생활과 개인생활을 확실히 분리하는 것을 인지하고 생활하며 정신건강을 위해 자아성찰도 하고 현재 본인에게 필요한 것이 무엇이며 불필요한 것은 무엇이고 해야 하는 일과 하지 말아야 할 일을 구분하고 행동해야 하는데 첫 시도부터 많이 어렵다고 느낄 수 있지만 처한 상황에 맞게 자신 입맛대로 주관적으로 상황을 바라보는 것이 아닌 제3자의 입장으로 멀리 떨어져 발생된 자신의 상황을 객관적으로 바라보고 구분할 수 있는 역량을 키워야 하며 많은 가정된 상황을 가지고 미리 트레이닝을 할 수 있는 이미지트레이닝을 하며 노력하다 보면 분명 현재보다 나은 삶이 될 것이라고 장담할 수 있습니다.

위에 얘기한 내용 중 리더 위치에 대해 조금 덧붙이자면 저 또한 오랜 시간 리더 위치에 있으며 많은 경험을 하고 느낀 결과물로 성공한 프로젝트에는 팀원의 공으로 돌리고 실패한 프로젝트에는 내 탓을 해야 하는 가장 큰 이유는 모든 일에 선택과 책임은 리더에게서 나오는 것으로 이는 많은 결정권한을 갖고 있는 만큼 그 결과에 대한 책임 또한 무시할 수 없다라고 생각하고 행동하는 것이 옳다 느끼기 때문입니다. 만약 선택은 리더가 하고 좋지 못한 결과에 대한 책임회피를 한다면 팀원들은 리더에 대한 자질과 신의를 잃을 것이고 리더 자질의 불신이 올바른 피드백을 하였음에도 리더에 대한 불신으로 팀원들이 제대로 된 피드백을 따라주지 못함에 있어 리더 본인이 좋지 못한 결과에 책임회피하고 리더답지 못한 모습을 팀원들에게 보여준 자신의 행동보다 업무를 잘 따라와 주지 않는 팀원들의 잘못으로만 생각하고 치부하며 얘기하거나 마음 쓰는 것을 보인다면 리더로서 많은 욕심이지 않나(자질부족) 저로서는 그렇게 생각되어지기 때문에 얘기하는 것입니다.

MBTI 別 바람 이루기

리더가 마음이 편하려면(리더라는 위치 때문에 마음이 편할 수는 없지만) 팀원들을 믿고 올바른 방향성 제시와 누구 하나 차별하지 않는 형평성을 갖고 업무를 배분하며 프로젝트 혹은 타 업무를 함에 있어 팀원의 실수에 질책은 할 수 있지만 조금 더 잘하길 바란다면 같은 실수를 반복되지 않게 정확한 업무처리방식을 알려주고 힘이 되는 말을 함께 하는 것이 먼저일 것이라고 생각되어지는데 작은 실수 하나에도 사람의 성격에 따라 큰 트라우마가 될 수 있음을 인지하고 있기 때문에 이런 얘기를 할 수 있지 않을까 생각해 봅니다.

팀원들의 성향에 따라 리더의 선택방식, 업무처리방식 등 리더가 달라질 필요성이 분명히 있음을 꼭 얘기해 주고 싶습니다. 군생활할 때 들었던 미군 얘기로 리더에 역할을 조금 더 부연설명을 하고 싶은데 미군은 겨울철 자연재해 및 여러 긴급상황 대비 시 상급자가 당직으로 근무를 하게 되는데 이는 비상상황 발생 시 보고체계에 따라 상부보고로 시간이 지체되는 것을 막고 상부에서 하부로 전달이 이뤄져 업무처리 속도 또한 빠름을 보고 들었습니다. 물론 미군의 경우 상급자의 판단을 중요하게 생각하는 만큼 처벌 또한 명령불복 혹은 하극상 등 아니면 책임자를 문책하는 일이 비일비재하다 들었으며 병의 경우에도 후임자가 잘못을 함에 선임자의 처벌로 이뤄지는 경우도 있어 불합리한 경우도 있겠지만 군대는 연대책임이라는 책임제의 단체로 보면 리더의 역할이 얼마나 중요한지 단편적으로 보여주는 예가 아닐까 싶습니다.

외향적인 사람이 내향적으로 성향이 바뀐 얘기를 하다 이렇게 일반 팀원은 어떻고 리더의 역할과 중요성 등의 얘기로 글이 길어지게 되었는데 중요한 건 위에 내향적으로 변했다는 주인공 L씨는 회사 이직으로 상황회피보다 정면으로 상황에 맞서는 노력을 하였는데 회사생활과 개인의 삶을 구분하며 본인의 행복을 추구하며 잘 살아가려고 노력 중이란 답변을 주셨습니다.

중요한 것은 L씨의 행복인데 행복하냐고 물었을 때 행복한지는 모르겠으나 예전보다 많이 웃고 많이 더 표현하려 노력하다 보니 심리적인 안정감을 느끼게 되는 것 같아 행복보단 본인의 삶에 만족한다 정도로 표현을 했으며 이번 예는 내향적인 사람이 외향적으로 성향이 바뀐 예를 얘기해 볼까 합니다.

강원도 강릉시 소재 고객 C씨의 Home Training 및 Care를 할 때의 이야기입니다. 고객에 대한 업무일지 및 Training 당시 녹취 내용을 참고하였으며 C 고객과의 상담으로 이루어진 이야기가 아닌 고객 Training 혹은 Care 시 일상생활 소소한 이야기에 대한 대화를 발췌함에 동의하여 주셔서 감사하단 말을 먼저 전합니다. C 고객의 경우 학교 다닐 때(대학추정) 모든 일에 냉소적이다라고 보일 만큼 내향적이었다고 합니다. 내향적인 것이 좋지 못한 것은 아니지만 자신감이 없어 보이고 매사에 열정이 없는 것 같다라는 말을 자주 들어 스트레스를 받을 정도였다라고 회상하며 얘기했었습니다. 그런데 취업을 하고 동기들이 동호회 활동을 하는 것을 보고 본인도 평소 축구 보는 것을 좋아하여 축구 사내 동호회 활동을 시작하게 되었으며 잘하지 못한 실력이지만 꾸준히 노력하고 연습까지 했다고 하는데 중요한 것은 본인의 노력에 늘은 실력만큼이나 축구 동호회 회원에서 총무를 역임할 정도로 신임을 얻었는데 이때 성향이 바뀐 것으로 본인은 추정했습니다. 총무를 하며 운동 스케줄을 잡고 직장인 대회를 출전하고 회원들 참여 독려하고 동호회 일이라면 본인이 나서서 무엇을 주도하며 누군가를 이끌어 간다는 것이 처음에는 힘들었으나 해야만 하니 할 수밖에 없었다라고 회상을 했습니다.

본인의 인생에서 처음으로 누군가의 앞에 나서서 무언가를 하는 위치에 있다 보니 많은 고충도 있었지만 전에 본인을 보던 편견과는 달리 적극적이고 매사에 열정적이다라는 얘기를 많이 들었으며 본인 또한 외향적으로 본인이 많이 바뀐 것 같다라고 얘기를 하면서 성향이 내향적에서 외향적으로 그때 변한 것을 느끼고 있었는데 결정적으로 MBTI 검사를 하게 된 계기가 회사업무 외 사내 이벤트 프로그램이 있는데 그때 건강심리 관련 정밀 진단을 받을 때 ENFP-A라는 결과지를 받았다고 얘기하였습니다. 제가 처음 C 고객을 만났을 때는 외향적으로 처음 만나는 사람과 의사소통함에 있어 쑥스러움이나 상대에 대한 불편하게 생각한다 혹은 불편한 자리라는 것을 못 느낄 정도로 본인이 원하는 방향성을 먼저 제시하며 이야기를 리드해 가려 하는 열정을 보였던 것으로 기억되었는데 본인이 어렸을 때는 이랬다며 얘기해 주는 것에 소소한 놀람이 있었다고 기억됩니다.

제가 여기에서 얘기할 수 있는 것은 MBTI라는 성향별 검사가 주위 환경에 따라 바뀌기도 하며 본인이 평생을 살아온 것을 얘기해 주는 것은 아니다라는 말을 하고 싶고 본인이 최근 몇 년을 어떤 성향을 띠며 살아왔는지를 얘기해 주는 것으로 충분히 성향 변화를 겪을 수 있으며 본인의 노력여하에 따라 원하는 성향으로 달라질 수 있다 생각한다는 것입니다.

하나의 예를 쓰자면 상대방에게 작은 고민을 듣는 입장에 대한 누군가는 내향적인 성향으로 올곧이 상대방의 생각과 내 생각을 비교해 가며 조용히 상대방의 말에 귀를 기울여 공감을 해주는 것, 또 누군가는 내향적인 성향이지만 상대방과 대화를 통해 잘못된 점을 고칠 수 있게 조언을 해주는 것, 그리고 또 누군가는 외향적인 성향으로 상대방의 같은 고민에 대한 본인의 이야기로 경험담을 들려주는 것, 마지막으로 누군가는 외향적인 성향으로 상대방의 같은 고민에 대한 본인의 이야기를 하되 본인의 잘못을 이야기하며 실수를 인정하고 해결책을 제시해 주는 것, 상위 내용들은 주변에서 자주 있는 일이기도 합니다. 제가 정말 얘기하고 싶은 것은 본인의 색깔이 남과 같지 않음을 꼭 시험 문제를 풀 듯 정답과 오답을 나누고 남들하고 다른 자신을 시험 문제의 오답 마냥 틀리다고 얘기하며 자신감을 잃거나 자존감을 낮추는 그런 사람이 아닌 남과 다른 본인의 색깔을 고유색깔이라 여기며 자신을 특별하게 생각하고 본인이 자신을 사랑할 줄 알아야 누구에게나 사랑받을 준비가 되어 있다는 말을 하고 싶고 위에 얘기했던 성향이 달라진 분들의 이야기를 전한 이유는 MBTI의 심리기능에 따라 주기능이라 부르는 1차기능부터 4차기능까지의 4가지 분류되는 위계를 설명하고 싶었습니다.

주기능은 의식적으로 가장 선호하며 활발하게 사용되는 기능이며 개인 성격의 핵심이라고 볼 수 있는 부분입니다. 부기능은 주기능을 보조하여 상호 보완적으로 활용되는데 자신의 외/내향성과 반대되는 성향의 기능입니다. 3차기능은 부기능의 반대기능으로 의식과 무의식의 사다리 역할을 하게 되며 유희기능으로 부르며 잘 사용하지는 못해도 의식은 하고 있기 때문에 사용자의 또 다른 모습을 투영해 주는 기능입니다. 마지막으로 4차기능은 주기능의 반대기능으로 무의식적인 부분이며 덜 발달된 기능입니다. 이 때문에 열등기능으로 부르고 자신에게 있어 콤플렉스(Complex)가 되어 필요 이상으로 과하게 사용하거나 정반대로 아예 사용하지 않아 좋지 못한 결과를 가져오기도 합니다.

추가적으로 부연설명을 쉽게 한다면 첫 글자의 I 혹은 E의 경우 내향 혹은 외향의 성향을 강하게 띠고는 있지만 그것은 개인성격의 핵심이며 I(Introversion, 내향)라 내향적인 면만 갖고 있지 않고 뒤에 오는 부수적인 상호 보완적 활용으로 사용되는 E(Extroversion, 외향)가 있음을 얘기하는 것이고 이는 위에서 얘기한 위계 관련된 내용입니다.


ex) ENFJ의 경우 4차기능 위계

**주기능** Fe(Feeling Extroversion) 외향 감정

**부기능** Ni(iNtuition Introversion) 내향 직관

**3차기능** Se(Sensing Extroversion) 외향 감각

**4차기능(열등기능)** Ti(Thinking Introversion) 내향 사고

하위 MBTI별 성격 얘기하면서 나오는 부분이라 구체 설명이 필요하여 이렇게 앞에 설명함에 있어 조금이라도 도움이 되었으면 좋겠습니다(하위 MBTI별 성격장애 관련 설명에 모든 이들이 그렇다는 것이 아닌 불건강한 이상성격에 대한 주기능~3차기능의 루프상태를 겪고 있는 분들을 얘기하는 것이니 참고 부탁드립니다.).

MBTI 16가지 성향에 따라 표현하는 말들이 있습니다.

## 내향(Introversion)을 띠는 앞글자가
## I 결과의 사람들

- **청렴결백한 논리주의자 ISTJ**(잇티제) 사실에 근거하여 사고하며 이들의 행동이나 결정 사항에 한 치의 의심을 사지 않는 현실주의자형
- **만능 재주꾼 ISTP**(잇팁) 대담하고 현실적인 성향으로 다양한 도구 사용에 능숙한 탐험형
- **용감한 수호자 ISFJ**(잇프제) 소중한 이들을 수호하는 데 심혈을 기울이는 헌신적이며 성실한 방어자형
- **호기심 많은 예술가 ISFP**(잇프피) 항시 새로운 것을 찾아 시도하거나 도전할 준비가 되어 있는 융통성 있는 성격의 매력 넘치는 예술가형
- **용의주도한 전략가 INTJ**(인티제) 상상력이 풍부하며 철두철미

한 계획을 세우는 전략가형

- **논리적인 사색가 INTP(인팁)** 끊임없이 새로운 지식에 목말라 하는 혁신가형
- **선의의 옹호자 INFJ(인프제)** 조용하고 신비로우며 샘솟는 영감으로 지칠 줄 모르는 이상주의자형
- **열정적인 중재자 INFP(인프피)** 상냥한 성격의 이타주의자로 건강하고 밝은 사회 건설에 앞장서는 낭만형

## 외향(Extraversion)을 띠는 앞글자가 E 결과의 사람들

- **엄격한 관리자 ESTJ(엣티제)** 사물이나 사람을 관리하는 데 타의추종을 불허하는 뛰어난 실력을 갖춘 관리자형
- **모험을 즐기는 사업가 ESTP(엣팁)** 벼랑 끝의 아슬아슬한 삶을 진정으로 즐길 줄 아는 이들로 명석한 두뇌와 에너지 그리고 뛰어난 직관력을 가지고 있는 사업가형
- **사교적인 외교관 ESFJ(엣프제)** 타인을 향한 세심한 관심과 사교적인 성향으로 사람들 내에서 인기가 많으며, 타인을 돕는 데 열성적인 세심형
- **자유로운 영혼의 연예인 ESFP(엣프피)** 주위에 있으면 인생이 지루할 일이 없을 정도로 즉흥적이며 열정과 에너지가 넘치는 연예인형

- **대담한 통솔자 ENTJ**(엔티제) 대담하면서도 상상력이 풍부한 강한 의지의 소유자로 다양한 방법을 모색하거나 여의치 않을 경우 새로운 방안을 창출하는 리더형
- **뜨거운 논쟁을 즐기는 변론가 ENTP**(엔팁) 지적인 도전을 두려워하지 않는 똑똑한 호기심형
- **정의로운 사회운동가 ENFJ**(엔프제) 넘치는 카리스마와 영향력으로 청중을 압도하는 리더형
- **재기발랄한 활동가 ENFP**(엔프피) 창의적이며 항상 웃을 거리를 찾아다니는 활발한 성격으로 사람들과 자유롭게 어울리기를 좋아하는 넘치는 열정의 소유자형

# 표로 보는 MBTI

## (세계World%/남자Man%/여자Female%)

| 구분 | | T Thinking(사고) | | F Feeling(감정) | |
|---|---|---|---|---|---|
| | | J Judging (판단) | P Perceiving (인식) | J Judging (판단) | P Perceiving (인식) |
| I Introversion (내향) | S Sensing (감각) | ISTJ 잇티제 W11% M15% F7% | ISTP 잇팁 W5% M9%F2% | ISFJ 잇프제 W14% M8%F19% | ISFP 잇프피 W9% M8%F10% |
| | N iNtuition (직관) | INTJ 인티제 W2% M3%F1% | INTP 인팁 W3% M5%F2% | INFJ 인프제 W2% M1%F2% | INFP 인프피 W4% M4%F5% |
| E Extraversion (외향) | S Sensing (감각) | ESTJ 엣티제 W9% M11%F6% | ESTP 엣팁 W4% M6%F3% | ESFJ 엣프제 W12% M8%F17% | ESFP 엣프피 W9% M7%F10% |
| | N iNtuition (직관) | ENTJ 엔티제 W2% M3%F1% | ENTP 엔팁 W3% M4%F2% | ENFJ 엔프제 W3% M2%F3% | ENFP 엔프피 W8% M6%F10% |
| −A Assertive(적극적/확신에찬) | | | | −T Turbulent(격동/격변) | |

CHAPTER

# 2

# 각 유형별
# 성향은?

이 Chapter에서 각 유형별 성향 관련
알아가는 시간을 가져봅시다.

# 내향(Introversion)

## 청렴결백한 논리주의자 ISTJ(잇티제)
내향(Introversion)+감각(Sensing)+사고(Thinking)+판단(Judging)

- **주기능 Si 내향 감각**(과거의 경험을 토대로 안정적인 선택을 하거나 기존에 반복되던 전통의 가치를 존중하는 데 가장 두각을 드러냅니다.)

- **부기능 Te 외향 사고**(뚜렷하고 구체적인 목적을 가지고 체계적으로 일을 추진하거나 스스로의 영향력을 행사하는 데 뛰어난 편입니다.)

- **3차기능 Fi 내향 감정**(내면의 자아를 탐구하고 스스로의 진정성을 보유, 개개인의 가치와 개성을 중요시하는 데 서투른 편입니다.)

- **4차기능 Ne 외향 직관**(연관성이 희박한 여러 항목의 연결고리를 찾아내거나 발산적이고 자유로운 상상, 개방적 사고에 큰 어려움을 겪습니다.)

## 기능위계에 따른 성격장애—
## 회피성 성격장애(Si/Fi)

종종 자신의 개인적인 감정을 너무 많이 꺼내놓고 극도로 부정적인 과거의 경험에 의해 상처를 받기도 합니다. 이러한 유형은 사회적 상황과 다른 사람들과의 상호작용을 충동적으로 피하기도 합니다. 이들은 지나치게 예민하고, 다른 사람들의 말이나 행동 속의 감정적 의도를 과장하거나 오해하여 부정적으로 인식할 수 있습니다. 때때로 자신의 부정적인 감정을 다른 사람들에게 투사하기도 합니다.

(Fi)동시에 Si는 이들 안에서 "만약 내가 이런 식으로 행동한다면, 나는 스스로에게 매우 화가 날 거야. 그러니 그런 식으로 행동하는 모든 사람 또한 분노를 느껴야만 해!"라는 말을 건네기도 합니다.

이 유형의 고질적인 문제는 다른 사람들의 의도와 동기를 신뢰하고 그들의 사적인 정보를 공유하기를 꺼리는 것입니다. 심지어 가족이나 가장 가까운 친구에게조차 이들은 지나치게 예민하기 때문에 상처받지 않기 위해 타인들과 깊은 관계를 맺는 것을 거부합니다. 아스퍼거 증후군을 앓는 ISTJ에게서 이러한 모습을 흔히 볼 수 있을 것입니다. 만약 Ne/Te가 잘 기능했더라면 이들은 과거를 놓아주는 것의 필요성을 느껴 건강한 상태를 유지했을 것입니다. 또한 더 큰 목표를 성취하기 위해서 새로운 무언가를 시도할 것입니다. 반면에 이들 중 일부는 끝내 삶의 대부분을 완전한 은둔자로 보내기도 합니다.

세계적으로 11%가 한국에서 14.7%로 가장 많은 사람들이 이 ISTJ 유형으로 남성은 15%, 여성은 7%에 해당하여 남성이 ISTJ 유형인 경우가 많고 신경성 A(Assertive, 적극적/확신에 찬) 2.03%, T(Turbulent, 격동/격변) 2.21%라는 여러 통계자료에 나와 있습니다.

여러 통계자료를 둘러보았을 때 상기는 일반적인 분포도를 기준으로 하였으며 그 외 통계자료에는 한국 전체인구의 25%가 이 ISTJ에 해당한다는 내용이 있어 전형적인 한국인 성향에 해당한다고 설명하기도 하는데 조용하고 책임감이 강하며 신뢰할 수 있는 사람들이 많고 일반적으로 '성실한 사람'이 어떤가에 대해 떠오르는 이미지가 이 ISTJ 유형에 가깝다고 얘기들 합니다. 또한 쉽게 학창시절 주변인으로 덧붙여 설명해 보면 학교 선생님들이 좋아하는 성실한 학생의 표본적인 느낌으로 생각해 볼 수 있으며 이는 지능지수 IQ(Intelligence Quotient)가 16개 유형 중 10위에 해당하지만 수능성적 평균 1위(자연계 2위/인문계 1위)에 해당한다는 통계자료에서 말해주듯 지능지수보다 학업을 위한 본인의 노력에 의한 성실한 학생 표본으로 은사님들께 비쳐지는 것이라 생각됩니다.

튀는 것과 갑작스러운 변화를 싫어하고 단정하고 정돈된 느낌을 선호하며 본인의 경험에 의존하는 경향이 있어서 검증되지 않는 것을 잘 믿지 않아 사기를 잘 당하지 않는 편이라고 하며 중요한 결정에는 본인이 직접 경험했던 과거의 내용에 근거해서 판단하고 조직적이며 침착하고 보수적인 면이 있어서 일반적인 회사나 학교 같은 조직에 잘 적응하여 공무원, 공공기관 등 짜여진 틀이 있는 회사를 직장으로 선호합니다. 장남, 장녀 같다는 얘기를 많이 들으며 굉장히 원칙적인 성격으로 현실성이 높고 책임감이 강하므로 내향(Introversion) 유형 중 가장 성공하는 유형으로 자료에 나오는데 이는 성공을 말할 때 목표를 이루었냐는 보편적인 질문에 Yes를 말할 수 있어서라 할 수 있겠습니다. 앞서 얘기했듯 ISTJ의 경우 이상보다 현실성이 높아 본인 목표설정을 현실성에 맞춰 하기 때문이다 정도로 정리할 수 있겠습니다. 현실적이라 평범한 삶과 계획 즉 주변인들이 생각할 수 있는 그 평범함을 살아가기 위해 계획하고 실천하는 노력이 탁월하다라고 얘기할 수 있겠습니다.

학생 신분에는 충실한 학교생활을 하고 직장인 신분으로 안정적인 직장생활을 연인과 행복한 연애를 하다 결혼 후 아이를 낳고 가장 신분으로 화목한 가정을 꾸리는 것 등 보편적인 그냥 평범한 삶을 목표로 살아가는 분들이 많으며 이는 ISTJ 분들은 본분에 충실하다라는 표현도 좋을 것 같습니다.

성향으로 볼 때 책임감이 강하고 계획적인 성향으로 개성이 부족하고 재미가 없다라고 비춰지는 경우가 다수 있고 이것은 새로운 것에 개방성, 직관력이 낮아 당장의 눈앞에 보이는 문제들을 해결하는 것에는 큰 문제는 없으나 전체적인 그림을 보는데 타 유형보다 이 ISTJ 분들은 조금 부족한 유형이며 안정적이고 체계적인 직장에 잘 어울린다는 말은 항상 틀 안에 갇혀 사는 유형이라는 소리로도 볼 수 있으며 고집이 강하다는 이미지를 많이들 갖고 있습니다. 계획적인 ISTJ 유형인지라 일반적으로 조직을 꾸려나가는 일은 능하지만 관용이 부족하고 일을 추진해 나가는 것에 융통성이 부족해 동료직원 혹은 후임들이 애를 먹기도 한다는 단점도 있습니다. 파릇파릇 싱그러운 서로 알아가는 연애과정에서 이 ISTJ 유형은 선입견이 심하고 낯가림이 있는 편이라 먼저 다가가는 편은 아니라 상대방이 만약 ISTJ 유형이라면 이 사람이 나를 좋아하는지 싫어하는지 알아채기란 엄청 힘든 일이 될 겁니다. 하지만 위에 계속 얘기하였던 계획적인 성격으로 서로의 연인관계일 때 연인과의 만남이 있을 시 계획적인 일정들로 미리 계획하지 않은 일정은 생기지도 만들지도 않고 본인과 함께하는 순간만큼은 누구보다 본인에게 충실한 하루를 함께한다 느끼고 생각하시는 분들이 통계적으로 많아 연인으로도 괜찮은 유형이라고 생각되어지며 부모와 자식관계, 특히 자라나는 성장과정에서 ISTJ 유형은 보수적이라 통제하려는 경향이 강하고 감정적인 공감(유대감 형성 부족) 또한 부족하여 Trouble이 잦아 부모도 자식도 힘든 경우가 많습니다.

덧붙여 종합적인 ISTJ 유형에 대해 설명을 해보려 합니다. 위에서 얘기한 것과 같이 계획적이며 통계적으로 타 유형보다 불법적인 일을 보는 것도 하는 것도 싫어하며 그와 반대로 정리정돈은 또 엄청 좋아하고 잘합니다. 청소 시, 업무 시, 학업 시 등 웬만한 일에도 Detail(세부적)을 따지며 변화를 좋아하지 않고 감정표현에 많이 서툴기도 합니다. 위에서 얘기한 책임감을 너무 생각하고 본인이 생각하는 책임감만큼 본인의 윗사람에게 충성심 또한 강하며 타인, 사물, 동물 등 어떤 행동에 대해 혹은 어떤 행동을 하지 않는 경우에도 그것을 판단하려는 경향이 강하고 판단에 대한 경향이 강한 만큼 자신의 자아 또한 큰 자아를 지녀 Identity(독자성) 또한 강하며 유머와는 조금 거리가 멀고 완벽주의자라 어떤 것도 강박이 될 수 있는 성향을 갖고 있습니다. ISTJ의 경우 위에서 설명했듯 지식이 많은 만큼 잡지식 또한 많고 그에 따라 정교한 말솜씨를 갖고 있기도 하며 낯가림이 있어 간혹 혼자 있기를 선호하기도 하고 혼자 무슨 일을 하는 것을 두려워하지 않으며 반대로 무엇을 혼자 하는 것을 때론 선호하기도 합니다. 하지만 간혹 지인들에게 솔직히 모르는 것을 모른다고 말하며 간혹 얼간미(멍청한데 귀여운 매력), 멍뭉미(강아지 같은 귀여움) 등 귀여운 매력을 보여주기도 하고 남들보다는 독특하고 희귀하며 귀한 취미를 갖는 분들이 많다는 통계도 있습니다. 위에 이런 성향을 갖고 있는 ISTJ 유형에게 High Risk High Return(높은 위험에는 높은 수익이 따른다는 경제 용어)이나 이상적인 말로 현실성에서 모험을 하는 말들보다 No Pain, No Gain(고통 없이 얻는 것도 없다)라는 말과 같이 조금 더 현실적인 3개의 조언을 해주고 싶습니다.

# 첫 번째,
## 계획에 오차범위를 생각해 볼 것

계획을 실행할 때 방해 요소는 내 자신이 될 수 있음을 인지하고 마음가짐부터 달라져야 하기 때문에 계획을 세우고 Image Training을 하며 미리 머릿속으로 계획한 것을 토대로 경험해 보고 오차범위를 줄여나갈 것을 추천하며 여러 개의 계획을 한 번에 실행하려 하기보단 만약 위에서 얘기했던 본인 목표가 평범한 삶을 원한다면 10년 후의 나의 평범한 삶을 주제로 1년~10년까지(이때 쉬운 것은 내가 원하는 10년 후의 평범한 나의 무엇이 되려면으로 시작하여 역순으로 풀어나가는 것이 쉬울 수도 있다는 것을 알려주고 싶습니다.) 연간 계획을 세우고 연간 계획에서 세밀하게 주간 계획을 세우고 그것을 또 일간 계획으로 나누는 작업이 먼저 되어야 할 것입니다.

계획 세분화가 중요한 것은 사람이 어떤 목표나 목적을 가진 후 그 목표나 목적이 장기화가 될 가능성이 높은 일의 경우 본인이 가고자 하는 길에 자꾸 물음이 생길 수가 있고(Self-Distrust) 본인이 목표를 이루기 전 먼저 제풀에 지쳐 포기를 하는 경우가 많기 때문에 계획 세분화를 통하여 본인이 가고자 하는 길에 물음과 포기보단 잘 가고 있다는 믿음과 내가 오늘 해야 할 일을 목표에 따라 한 계획 세분화를 이루었다는 성취감이 자신감과 자존감을 높여 자아에 큰 힘이 될 것이며 작은 사소한 일들도 목표를 가지고 연간에서 주간으로 주간에서 일간으로 세분화하는 계획이 무엇보다 실패를 줄이고 원하는 목표에 다가가는 지름길이 될 것임이 자명한 사실이기 때문입니다.

　혹여 장애물을 만나더라도 앞서 얘기했던 Image Training으로 미리 겪어볼 수도 있고 본인이 계획 후 생각지 못한 장애물을 실행 과정에서 만났다면 성급하게 생각하여 본인이 판단 후 해결하려는 행동보단 본인이 생각지 못한 장애물을 만났다는 그 결과물에 유추해 볼 때 본인의 부족함을 인정하고 주변 지인에게 조언을 구하는 것 또한 인생의 지혜로움이라 생각할 수 있겠습니다.


*의욕적인 목표가 인생을 즐겁게 한다.*
*-Robert Schuller-*


## 두 번째,
## 사소한 것에 의미부여하는 행동은 멀리할 것

　의미부여를 하는 것이 나쁜 것이 아니라 사소한 것에 의미부여를 하여 본인이 어떤 행동을 하도록 원인제공 한다는 것이 좋지 못한 행동으로 좋은 의미부여는 약이 되지만 좋지 못한 의미부여는 병을 만드는 원인이 될 수 있으며 사소한 것에 의미부여 행동을 한다는 것은 강박증(강박장애, Obsessive-Compulsive Disorder)의 원인이 될 수 있다라는 생각을 해야 합니다. 강박적 사고(Obsession)와 강박행동(Compulsion)을 보이는 강박 및 관련 장애의 대표적인 질환으로 볼 수 있는 강박증은 본인의 의지와 무관하게 어떤 생각이나 충동, 장면이 침투적이고 반복적으로 떠오르는 강박사고를 경험하며, 강박사고나 완고하게 따르는 규칙에 따라 일어나는 반복적인 행동 또는 심리 내적인 행위인 강박행동을 보이는 현시대 흔한 정신질환입니다.

　예를 들면 집 현관문을 덜 닫고 나와 나쁜 일을 당할 것 같은 생각이 반복적으로 떠오르는 것이 강박사고이고 이로 인한 불안을 겪지 않으려 반복적인 현관문 확인하는 행동이 강박행동에 해당하게 되는 것입니다. 그럼 어떻게 하면 사소한 의미부여가 현시대 흔한 정신질환 중 하나인 강박증이 아닌 올바른 의미부여가 될 수 있는지를 생각해 볼 필요성이 있습니다. 본인이 생각하고 행동하는 초점의 마음가짐이 불안에 의한 것이 아닌 욕구에 의해 생각하고 행동하는 것으로 초점을 맞추는 것이 중요한데 이는 의미 없는 사소한 일에 의미부여 하는 것이 아닌 가장 의미부여에 기본적인 역할을 생각하고 행동하는 것이 필요하다는 이야기입니다. 쉽게 본인이 이 행동을 해야 하는 이유가 어떤 욕구를 만족하기 위함인지 생각하고 행동해야 하고 그 행동이 강박이 되지 않으려면 불안감에 의해 하는 반복적인 행동이 되어서는 안 된다는 것입니다.

　의미 없는 일에 의미부여해서 괜한 징크스(Jinx) 만들지 말고 확실한 동기부여가 필요한 일에 의미부여를 함으로 필요에 의해 행동하는 것을 자각하는 것이기에 누구보다 솔선수범하며 열정적인 사람이 될 것이고 또 그렇게 되는 것이 중요하다 생각합니다.

이 동기부여를 잘하고 의미부여를 잘만 한다면 다른 누구보다 결과에서 얻는 큰 성취감과 프라이드(Pride)를 느낄 수 있다 생각합니다. 이 성취감과 프라이드로 인해 다른 중요한 일을 또 시작할 때 열정이 식지 않도록 도와줄 것이라 믿습니다.

제가 남들보다 열정이 빨리 식지 않고 자꾸 도전하는 것도 어떤 일을 계획하고 이뤘을 때의 성취감과 내가 이 일을 잘 마쳤다는 프라이드를 강하게 느끼고 있기 때문이라고 생각합니다.

의미부여 혹은 사소한 동기부여를 잘 못 한다고 다 강박증으로 이어지는 것은 아니지만 어떤 일을 과도하게 신경 쓰며 자신의 심리상태의 불안정을 가져오는 일 그리고 그 불안한 마음에서 비롯되는 행동들이 쌓이다 보면 어느새 불안함이 습관이 되어버릴 수 있습니다. 그 습관이 되어버린 불안함이 작은 불씨로 넓고 높은 산이 다 불타듯 당신의 마음을 좀먹다 무기력함을 만들고 비상식적인 행동을 선택할 가능성을 만들기도 합니다. 그래서 이 심리적 불안감을 경계해야 하며 무조건 다 의심하며 불안증을 키우는 것보다 어떤 것에 과한 집착을 멀리하고 불안증을 심하게 할 수 있는 습관은 좋은 습관으로 바뀔 수 있게 조금 더 노력해야 할 것입니다. 좋은 습관이든 나쁜 습관이든 어떤 습관을 고친다는 것 자체가 많이 힘들고 어렵다는 것은 저 또한 잘 알고 있지만 꼭 교정이 필요하다 말할 수 있습니다. 생각하고 말하고 행동하는 데 있어 불안감을 기본적으로 수반되어 오는 행동들은 무의식적으로 행동하는 것이 아닌 의식적으로 행동하며 확인할 수 있도록 노력하며 바뀔 수 있도록 해야 합니다. 불안함은 확인이 필요한 것이기에 반대로 의식적으로 확인하며 본인이 인식할 수 있는 상태로 바뀐다면 불안증 자체도 현저히 줄 것으로 예상합니다. 그리고 위에서 말했지만 요즘 흔한 정신질환인 강박증으로 뇌질환 중 하나인 뇌경색 발병 확률 또한 높아진다는 연구 결과가 있으며 건강에 악영향을 줄 소지가 다분하다는 것 또한 꼭 인지하셨으면 좋겠습니다.

> *교육의 위대한 목표는 앎이 아니라 행동이다.*
> *−Herbert Spencer−*


## 세 번째,
## 유대감은 좋은 Synergy를 낸다

본인 인생에서 꼭 많은 사람을 만나고 사귀며 살아갈 필요는 없지만 사람은 혼자 살아가는 동물이 아닌 둘 이상 여럿이 모인 사회를 구성하며 살아가는 동물이기 때문에 나 아닌 타인과의 관계 또한 중요합니다.

ISTJ의 경우 타 유형보다 타인을 배척하는 성향이 조금 높은 통계를 내고 있는데 필요에 의해서 만남을 유지하려 하는 경향이 있기도 하지만 중요한 진실은 유형상 낯가림으로 인하여 타인을 배척 아닌 배척하는 경우가 많기 때문이라고 할 수 있습니다. 이 낯가림은 살아오면서 많이 달라지기도 하는데 낯을 가리지 않는 사

MBTI 別 바람 이루기

람이 시간이 지나고 낯을 가리기도 하고 낯을 가리던 사람이 반대로 낯을 가리지 않는 사람이 되기도 합니다.

이는 주변 환경에 따라 많이 변화되는데 ISTJ 유형의 경우 기본적으로 타인을 보면 판단하려는 경향이 있고 그 경향에 따라 선입견을 갖는 경우가 많아 타인에게 다가가는 것이 힘들다는 생각을 해볼 수 있는데 인간관계에 있어 다 나쁜 사람들만 있는 것도 아니고 다 좋은 사람들만 있는 것 또한 아니기 때문에 타인을 판단하고 선입견을 갖는 생각과 행동은 옳지 못하단 얘기를 해주고 싶으며 타인을 바라보는 시각을 흐르는 물처럼 조금은 유하게 받아들일 필요성이 있다라 말하고 싶습니다. 부연설명을 하자면 타인을 보는 시각을 저 사람이 어떠한 잘못된 행동이 없이 싫어하는 고정관념을 만들지 않게 노력해야 하는 데 가장 중요한 것은 본인의 직관력을 키우는 것입니다.

ISTJ의 유형의 경우 앞서 유형설명에서 얘기했듯 본인의 판단 근거가 경험을 통하여 하게 되는데 이 경험에 하나를 추가만 해주시면 됩니다. 타인의 행동으로 인한 고정관념에는 역지사지(易地思之)로 저 사람이 왜 저렇게 행동하는지를 생각해 보며 그 타인의 입장을 고려해 보고 잘못된 행동이 없는데도 그 타인이 싫다면 그 이유가 선입견이 아닌 다른 이유를 찾아볼 것을 추천합니다. 그리고 꼭 좋은 사람이 될 필요는 없지만 싫은 행동을 하는 타인에게서 나쁜 행동이란 것을 알며 본인을 되돌아보는 것 또한 필요합니다.

*만나는 모든 사람에게서 무언가를 배울 수 있는*
*사람이 이 세상에서 가장 현명하다.*

*−Talmud−*

## 만능 재주꾼 ISTP(잇팁)

내향(Introversion)+감각(Sensing)+사고(Thinking)+인식(Perceiving)

- **주기능 Ti 내향 사고**(엄밀한 논증과 사고활동의 전개, 어떠한 현상이나 문제의 원인 등을 논리적으로 파고들어 분석하는 데 가장 두각을 드러냅니다.)
- **부기능 Se 외향 감각**(현실적인 문제를 두고 남들(자신 포함)과 타협하는 데 뛰어난 편입니다.)
- **3차기능 Ni 내향 직관**(머릿속 생각을 토대로 이론이나 예측이 필요한 상황에서 서투른 편입니다.)
- **4차기능 Fe 외향 감정**(보편적이고 평균적인 가치의 추구, 일반적이거나 상황에 적합한 행동양식을 취하는 데 어려움을 겪습니다.)

## 기능위계에 따른 성격장애−
## 분열성 성격장애(Ti/Ni)

이들은 다른 사람과의 중요한 상호작용의 중요성을 거의 느끼

MBTI 別 바람 이루기

지 못하기 때문에 사회적으로 무능하다는 평가를 받습니다. 이들은 자기만의 추상적인 세계에서 살며 지속적으로 스스로의 미래를 예측하고자 하는데 이는 Ti로 문제해결을 위한 틀을 짜고 Ni로 이것을 거의 정확하게 조준하기 때문입니다. 이 2가지 기능은 현실 세계와의 어떠한 접촉도 거부한 채 모든 종류의 정교한 시스템과 암시를 추구할 것입니다. 이는 자멸적인 행동을 반복하는 격입니다. 이들은 강력한 아이디어를 갖고 있다고 할지라도 이것을 실행에 옮기는 것에 신경 쓰지 않습니다. 이들이 규칙과 법 등의 행동의 표준을 무시하는 것은 흔한 일인데 외부적인 영향을 파악해 줄 어떤 기능도 작동하지 않기 때문입니다. 만약 Se/Fe가 잘 기능했더라면 이들은 다른 사람들과 연결되는 것의 가치를 알고 다른 사람들의 요구, 선호, 습관, 외모 등에 주위를 기울였을 것이라 생각합니다.

세계적으로 5%로 남성이 9% 여성이 2%이며 한국에서는 3.11% (14위)로 성격성 A(Assertive, 적극적/확신에 찬) 1.32%, T(Turbulent, 격동/격변) 1.79% 그 외 국내 통계로 4.7%(10위)가 ISTP 유형이라는 통계도 있습니다. 만능 재주꾼으로 불리는 ISTP 유형은 감정표현을 잘하지 않으며 과묵하고 무뚝뚝하며 허세도 없고 거짓말을 잘 못 하는데 자기주장이 강하고 솔직하여 오해를 많이 받기도 합니다. 절제된 호기심으로 인생을 관찰하는데 미래의 인생을 관찰하는 시간보다 지금 현재를 살아가는 데 충실하려 생각하며 과도한 생각은 잘 하지 않습니다. 본인의 생각에 범주를 정해두며 그 이상 생각은 하지 않는다는 표현이 맞을 것 같고 무언가를 잘 시작하지 않지만 시작하고 흥미를 느끼면 지속적으로 하는 편이라 시간이 지남에 따라 그 꾸준함에 빛을 보며 상황을 파악하는 민감성과 신중한 성격으로 문제상황에서 냉정함을 잘 유지하는데 이는 노력하는 만큼 보상을 받는 시스템보다 본인이 최소한의 노력으로 최대 보상을 받는 효율적인 일을 하고 싶어 하며 그런 일을 할 때 능력이 빛을 발하기도 합니다.

도구를 다루는 능력이 뛰어나 물건을 고치는 일에 능숙하고 보통 정해진 일을 좋아하지만 남의 시선을 잘 신경 쓰지 않고 충동에 따라 행동하기도 합니다. 하지만 타인이 본인이 싫어하는 언행을 하더라도 참을 때까지 참아보다 얘기하는 성향이라 듣는 이가 더 미안해지기도 합니다.

조용한 밤을 좋아하고 혼자 있는 시간을 잘 즐기기 때문에 주변인들과 만나거나 연락하는 데 소극적입니다. 이는 인간관계를 넓히는 것보다 개인주의 성향이 강하기 때문이기도 하고 사람들이 많은 곳을 좋아하지 않는 성향 때문이기도 합니다. 타인의 감정에 둔감하다는 얘기를 많이 하는데 이 또한 개인적이고 독립성향이 강하기 때문입니다.

유형별 부모, 자녀들의 성향도 하기에 조금 기재해 보겠습니다. ISTP 유형의 부모는 ISTJ 유형의 부모랑 다르게 보수적으로 자녀를 통제하기보단 개방적으로 부모역할을 하며 개방성에 맞게 자녀들이 스스로 생각하고 행동하는 것을 교육하고 선호하는 만큼 그 행동에 대한 책임 또한 스스로에게 있음을 가르치려 노력하는 ISTP 유형 부모들이 많다는 결과가 있습니다. 개방적으로 부모역 할을 하는 만큼 자녀들의 사생활 또한 존중하기 때문에 자녀들과 트러블이 많지 않다고 하지만 자녀들의 감정적인 면을 이해하는 데 어려움을 겪는 것을 여러 번 보았습니다.

반대로 ISTP 유형의 자녀의 경우 혼자서 잘 놀기 때문에 개인적 인 시간을 즐기며 하고 싶은 것만 하고 하기 싫은 것은 절대 안 하 며 간섭을 싫어하고 어떤 상황이든 적응력이 뛰어난 장점을 갖고 있습니다. ISTP 유형의 자녀에게 권위주의적이며 많은 간섭은 자 녀와 멀어지는 길임을 상기(想起)하셨으면 좋을 것 같고 감정표현 이 어려워 본인에게 스트레스가 되어 만병의 근원이 될 수 있는 위 험성과 순간적인 만족을 추구하기도 하는 성향에 위험성을 얘기해 보며 창조적이고 실용적인 성향에 대해 고찰해 보는 시간이 ISTP 유형에게 도움이 되고 필요할 것 같아 상기 3개의 항목의 조언을 해드리려 합니다.

## 첫 번째,
## 서툰 감정표현이 어려워 쌓여가는 스트레스(Stress)

감정표현을 어떻게 하느냐에 따라 누군가한테 호감이 될 수도, 비호감이 될 수도 있다 생각합니다. 하지만 타인에게 비춰지는 본인의 모습이 호감이고 비호감을 떠나 누군가에게는 이 감정표현을 잘할 수 없어 심리적인 스트레스로 건강 악화를 야기할 수 있다는 것을 말하고 싶습니다.

흔히 많은 사람들이 감정표현이란 단어를 생각할 때 좋고 싫음, 슬픔, 힘듦 등을 표현하는 것이 감정표현이라 생각하며 이 감정표현이라는 것은 주변인보다 본인 위주의 심신상태를 표현하는 것이지만 주변인과 공감대를 형성할 수 있는 본인 의사소통 매개체의 하나가 감정표현이라고 저는 생각합니다. 이 감정표현을 언제 어떻게 하느냐에 따라 즉 적재적소 상황에 맞게 표현이 되어야 주변인과 공감형성과 소통이 잘된다라 저는 말하고 싶습니다. 그런데 조언을 하는 ISTP 유형의 경우 솔직한 성향이지만 타인에게 지나치게 감정표현을 잘 하지 않는 것은 자기중심적이지만 감정적인 대처보다는 최대한 이성적으로 생각하고 대처하려 노력하려는 그런 일련의 과정이 오랜 시간이 지나오며 감정표현 자체를 못 하게 된 것 같습니다. 감정표현 자체가 서툰 것이 잘못이 아니라 감정표현을 하고 싶은데 어떻게 표현해야 할지 몰라 스트레스를 받고 병을 얻은 고객들을 상담하며 많이 보게 되었는데 항상 그렇듯 행동교정이 쉽지만은 않지만 또 언제나 그렇듯 천천히 하나씩 노력해 가다 보면 큰 결과물을 만들어 낼 수 있는데, 그중 한 방법이 기본적인 감정표현 기쁨, 슬픔, 노여움(화) 등 감정을 표현하기 위해 상황을 생각으로 파악하게 예시를 만들어 준 후 그에 따른 감정을 마음속으로 담게 하고 얼굴로 표현한 뒤 말로 표현하게 하는 순서로 꾸준히 노력하게 도움을 주니 많은 변화가 있었습니다. 정말 감정표현이란 것은 상대방과의 소통이라 지나치지만 않다면 감정표현은 꼭 필요하다라 말할 수 있습니다.

*감정은 무한한 것인지도 모른다.*
*감정을 표현하면 할수록 더 많이 표현해야 할 것이다.*
*−E.M.Forster−*

## 두 번째,
## 순간적인 만족에 위험성

ISTP 유형은 보통 인생을 이상적보단 현실적으로 생각하며 살아가는 유형이지만 충동적으로 순간적인 만족을 찾아 행동하기도 하는 유형입니다. 어떻게 보면 현실적으로 생각하기 때문에 충동적인 순간만족을 위해 행동하는 것이 무엇이 잘못이냐고 생각하고 말할 수도 있을 것입니다. 하지만 충동적인 순간만족이 좋은 결과를 만든 본인의 경험이 있으신가요?라고 질문한다면 제대로 대답해 줄 수 있으신가요? 충동적인 순간만족이 좋은 결과를 만든다는 것을 얘기할 수 있다고 말하는 것은 어찌 보면 자기위안이나 자기합리화를 하여 얘기할 가능성이 농후하다 생각됩니다.

제가 염세주의자나 낙관주의자는 아니지만 충동적인 행동이 좋은 결과를 도출하려면 과연 어떤 것들이 있을까라는 것부터 먼저 생각해 볼 필요성이 있을 것 같습니다. 타인, 주변인이 아닌 본인, 자신만 생각하는 충동적인 행동은 누군가에게는 피해를 주며 본인에게는 후회를 남기는 것이라 생각하는데, 이는 충동적인 행동은 일상생활과 거리가 있는 일탈 혹은 준법과는 거리가 있는 불법이라는 생각이 강하게 들기 때문입니다. 더불어 과연 순간적인 만족을 위해 충동적인 행동을 하는데 누가 좋은 결과를 생각하고 행동할 수 있는 사람들이 얼마나 될까라는 본질적인 질문이 되는 것입니다. 앞서 얘기한 이 본질적인 질문이 도움이 될 것입니다. 미성년자의 경우 자아정체성이 성년자들보다는 떨어지게 되며 자아정체성이 떨어짐과 같이 책임감도 성년자들보다는 부족하기 때문에 일탈과 불법에 노출이 쉽게 되며 순간적인 만족 혹은 흥분상태에서 충동적인 행동을 더 쉽게 하는 것이라 설명할 수 있으며 성년자도 자아정체성 발달이 올바로 적절하게 이루어지지 못할 경우 개인의 심리적 불균형을 초래하고 사회적 삶을 살아가는 데 어렵게 만든다고 얘기할 수 있어 미성년자, 성년자 모두 자아정체성이 올바로 발달하게 도움을 주어야 순간적인 만족을 위해 하는 행동의 위험성에서 벗어날 수 있다 할 수 있겠습니다.

*의지를 갖고 그대가 생각한 대로 살지 않으면*
*그대는 사는 대로 생각하게 된다.*
*−Paul Valery−*

MBTI 別 바람 이루기

# 세 번째,
## 창조적이고 실용적인 성향의 고찰

ISTP 유형은 보통 현재에 충실히 살아가려 노력하기 때문에 현실적인 생각에 고민을 많이 하고 그 고민을 해소하는 과정에서 다른 사람은 생각지도 못한 창조적이고 실용적인 해결책이 나오기도 하는데 이는 틀에 박히고 통념적인 생활을 싫어하며 객관적 원리에 관심이 많고 시사적인 분석이나 문제에 열중하는 성향이 있어 가능한 것이고 노력을 절약하면서 일의 능률을 높이려 생각하고 행동하는 부분이 타 유형에 비해 탁월하기에 가능한 것입니다. 하지만 제가 이 Page에서 말하고 싶은 것은 이 창조적이고 실용적인 성향에 대해 고찰이 필요하다는 것을 말하고 싶어서입니다. 물론 필요에 의해서 창조적이고 실용적인 부분이 환경에 따라 필요하다 생각하지만 너무 실용적이고 창조적인 면이 정도를 벗어나 지나치다면 문제가 발생할 소지가 다분하다 판단되며 ISTP 유형의 여러 고객 혹은 직장 내 후배들을 보면 편의를 위해 실용적이란 명목으로 기본을 해치는즉, 기본적인 틀을 무시하여 편리함을 추구하다 문제의 발단이 되는 경우를 많이 보았습니다. 이런 생각이 누군가에게는 고리타분한 것으로 생각할 수 있겠지만 기본은 지킬 필요성이 있는 것이라 얘기하고 싶은데 이 기본은 무엇을 어디에서 어떻게 하는지에 따라 그 환경에 맞게 달라지는 것이라고 생각해 볼 수 있는데 한 예시로 제조동종업계의 다른 회사를 생각하면 빠를 것 같습니다.

회사마다 사람마다 추구하는 가치가 다르기에 그에 따른 회사의 기본적인 업무방식이 다를 것이라 생각되며 업무방식 외 불량률도 다를 것이라고 판단됩니다. 같은 동종제조업이지만 한 곳은 직원들이 기본을 지키고 발전시키는 방식으로 한 회사는 직원들이 기본을 무시하고 실용적인 방식을 선호하여 베테랑(Veteran) 선임들이 후임들을 교육하며 기본이 왜곡된 회사 더는 말을 하지 않아도 결과는 불 보듯 뻔하지 않을까요?

창조적인 것, 실용적인 것은 기본을 벗어난 범주에서 이뤄지는 것이 아닌 기본을 토대로 좀 더 나은 것을 만드는 것이라 생각합니다.

*창조적이라고 해서 옆길로 벗어나서는 안 된다.*
*일상적인 것을 관찰해서 더욱더 좋게 하려고*
*노력하는 것으로 충분하다.*
*−Antoni Gaudi−*

### 용감한 수호자 ISFJ(잇프제)
내향(Introversion)+감각(Sensing)+감정(Feeling)+판단(Judging)

- **주기능 Si 내향 감각**(과거의 경험을 토대로 안정적인 선택을 하거나 기존에 반복되던 전통의 가치를 존중하는 데 가장 두각을 드러냅니다.)
- **부기능 Fe 외향 감정**(보편적이고 평균적인 가치의 추구, 일반적이

거나 상황에 적합한 행동양식을 취하는 데 뛰어난 편입니다.)

- **3차기능 Ti** 내향 사고(엄밀한 논증과 사고활동의 전개, 어떠한 현상이나 문제의 원인 등을 논리적으로 파고들어 분석하는 데 서투른 편입니다.)
- **4차기능 Ne** 외향 직관(연관성이 희박한 여러 항목의 연결고리를 찾아내거나 발산적이고 자유로운 상상, 개방적 사고에 큰 어려움을 겪습니다.)

## 기능위계에 따른 성격장애– 분열형 성격장애(Si/Ti)

열등기능 Fe는 사회적/개인적 관계에 대한 무의식적 욕구를 충족시키려는 시도를 완전히 포기하게 됩니다. 분열형 성격장애를 가진 사람들은 사회적으로 수용이 거의 불가능할 정도로 특이한 생각과 행동을 하고 있는 것으로 여겨집니다(그들 스스로 보기에도 그렇게 보입니다.). Ti는 "사회적인 의식에서 어떤 논리도 발견하지 못하겠어."라고 생각합니다. 그리고 Si는 "이 일이 지난번에 얼마나 끔찍했는지 생각해 봐."라는 말을 상기시켜 위험을 회피하며 스스로를 고립시키도록 만들어 이러한 생각을 강화합니다. 만일 Ne가 잘 기능했더라면 새로운 접근법을 찾기 위한 시도를 계속하도록 일깨웠을 것입니다. ISFJ 버전에서 Si는 극도로 위험을 회피하도록 하며 새롭고 낯선 그 어떤 것도 시도하기를 거부하게 만듭니다. Fe가 잘 기능하는 ISFJ라면 다른 이들에 대한 의무를 다하고 전적인 고립 속에서 사는 것을 피하기 위해서 위험을 감수할 필요가 있다는 것을 인정했을 것입니다. 깊이 살펴보면 정말로 사회적 연대와 의식(Fe)을 원하지만 그것에 너무 서투른 나머지 이들은 단순히 노력하기를 포기합니다.

세계적으로 14%로 남성 8%, 여성 19%이며 한국에서 7.66%(4위)로 신경성 A(Assertive, 적극적/확신에 찬) 5.02%, T(Turbulent, 격동/격변) 2.64%이며 그 외 국내 통계로 8.4%(3위)가 ISFJ라는 통계도 있습니다. 성실한 방어자형인 이 ISFJ 유형은 가족, 친구 등 본인 주변인들에 대한 사랑, 헌신, 배려 등이 타 유형보다 각별히 많고 이상적인 생각을 많이 하지만 현실적인 고충에 이상적인 생각을 접어두는 경우가 많고 매사 본인이 하고자 하면 자신이 힘들 정도로 계획을 철저히 세워두고 행동하는데 계획 자체를 세우는 데 특화가 되어 있다라고 생각할 수 있을 정도로 계획을 정교하게 세우며 이는 본인이 계획 1을 실행하기 위해 장애물 혹은 실패 4, 5, 6까지도 염두해 두고 계획을 세우는 경우가 많고, 앞서 얘기했던 현실적이라 웬만한 일은 잘 참으며 내색을 잘 하지 않습니다. 일을 할 때 혼자 하는 것을 때론 선호하지만 이는 겉은 부드럽지만 속은 강한 유형인 ISFJ 유형 본인이 기억력이 좋기 때문에 타인에게 대하는 언행을 많이 조심하며 본인은 타인에 대한 헌신과 배려를 하지만 정작 본인은 부탁을 잘 하지 못하기 때문이기도 합니다.

타인에 대한 감정표현 자체도 많이 서툰 편인데 이는 본인이 감정표현을 했을 때 주변인들의 걱정거리를 본인이 만들어 주는 행동은 아닐지라는 생각이 한편으로 차지하고 있기 때문이기도 하며 주변인들의 행복을 위해 본인의 희생이 따른다면 그 희생을 감수하는 것이 본인 마음이 편해 그렇게 행동하는 경우가 많은 유형으로 항상 본인이 도움 될 거라 믿고 도움을 주고 싶어 하는 마음을 강하게 가지며 주변 환경의 변화, 주변의 어떤 상황들의 변화를 불안해하고 두려워하지만 일면식도 없는 약자를 보면 선뜻 나서서 도와주려 하기도 합니다.

어떤 상황, 어떤 일이 벌어져도 본인이 알고 지내는 지인을 먼저 배신하는 일이 거의 없습니다. 이는 ISFJ 유형의 인간관계는 신의 (信義)를 우선으로 생각한다라 얘기할 수 있을 것 같습니다.

우선적으로 타인에게 쓴소리를 잘 못 하지만 도움되는 조언을 많이 해주려 노력하며 그렇게 행동하는 것이 본인의 가족 혹은 친구 등 본인이 그들의 지인이라는 책임감 때문에 그렇게 행동하기도 합니다.

유형별 부모, 자녀들의 성향도 하기에 조금 기재해 보겠습니다. ISFJ 유형의 부모의 경우 자녀를 양육할 때 의무감과 책임감에 사로잡혀 자녀를 양육하고 일반적으로 자녀의 일상적인 필요를 제공하는 데 탁월하며 실용적입니다. 자녀가 경험하는 문제에 대해 부모로서 충분히 열심히 일하지 않았다고 느껴 자신 탓을 할 수 있으며 자녀를 삶의 위험으로부터 보호하려는 동기에 지나치게 보호적이 될 수 있습니다. 자녀들에게 올바른 일을 하고 사회의 규칙을 준수하도록 가르치기를 원하는 확고한 규율주의자로 볼 수 있으며 본인 자신을 돌보는 것보다 자녀를 먼저 생각하고 자녀에게 헌신 적이며 책임감이 강합니다.

ISFJ 유형의 자녀의 경우 호기심은 많지 않으나 성실하고 계획 적이라 재미없고 의미 없는 일이라도 끝까지 하는 모습을 볼 수 있 으며 부모에게는 착한 아이, 친구들에게는 조용한 아이, 교사에게 는 모범생으로 평가받습니다. 노는 것을 좋아하지 않는 편이라 집 에서 지내는 것을 선호하는 편이고 자녀 본인의 자유보다는 부모 가 정한 틀에 맞추는 편이고 갑작스러운 변화를 잘 따르기 힘들어 합니다(기존의 질서가 무너진다고 생각하기 때문입니다.).

ISFJ에게 조언은 타 유형에 비해 기억력이 좋아 생길 수 있는 문제점과 주변의 변화는 달갑지 않게 받아들이는 사람들이 많은데 변화를 대하는 자세에 대한 조언이 조금은 필요한 것 같아 몇 자 적고 싶고 본인의 정교한 계획에 따른 본인의 심신에 대한 혹사가 타 유형보다 번아웃 증후군(Burnout Syndrome)을 자주 겪을 수 있음 에 조언을 해보려 합니다.


## 첫 번째,
## 좋은 기억력이 때로는 독

ISFJ 유형의 기억력은 타 유형보다 좋은 편인데 이는 분명 그들 만의 큰 장점으로 작용이 되지만 한편으로 생각해 보면 주변인들과 트러블(Trouble)이 발생되는 시발점이 되어 단점으로 보여지기도 하는데 그것은 좋은 기억력으로 주변인들과의 언행, 언쟁 등 기억을 하고 있다. 문제의 소지가 될 수 있는 상황에서 기억을 되뇌어 문제를 증폭시키는 것을 다수의 경험과 고객 상담에서 있었으며 반대로 좋은 기억력으로 중재자 역할을 하는 경우도 있었지만 보통은 전자의 상황을 많이 겪었던 것 같습니다. 제가 일상생활을 할 때 선입견으로 주변인들이나 타인을 바라보는 사람도 아니며 타인의 심리를 파악하려 노력하고 행동을 분석하고 MBTI를 구분하는 사람 또한 아니지만 상담 혹은 어쩔 수 없는 상황으로 인한 MBTI 유형 분류를 해야 하는 상황에서는 저도 모르게 그런 기억들이 떠오르는 경험 또한 다수 있어 이 얘기는 꼭 하고 싶었습니다. 분명 ISFJ의 성향상 모두를 감싸고 챙기는 착한 마음씨의 소유자들이지만 좋은 기억력과 타인에 대한 헌신, 배려로 거의 마음속에만 두었던 솔직한 성향이 만나 시너지(Synergy) 효과를 만들어 내는 것 같아 한편으로는 마음이 안쓰러운 것 같습니다. 분명한 것은 나쁜 의도로 그런 상황을 만드는 것은 아니며 ISFJ 유형이 본인이랑 더 가까운 혹은 조금 더 약자라 판단되는 사람을 도와주려다 그런 경우가 많다는 것을 얘기하고 싶습니다. 문제가 발단된 상황에서 좋은 결과를 위해 행동을 하고 싶다면 절대 알아야 할 것은 과거에서 문제가 된 언행을 반복하지 않는 것과 감정적인 대처보다는 조금 더 이성적인 사고로 문제의 발단이 되는 것을 명확한 사고로 판단을 하여 대처하는 노력이 필요할 것입니다.

상기 기재한 보완사항들이 ISFJ 유형의 분들이 원하는 좋은 결과가 될 것이라 믿어 의심치 않으며 행동하다 좋지 못한 결과가 나온 것은 잊지 않고 같은 실수를 하지 않으려 생각하고 보완점을 찾는 것이 중요합니다.

*과거를 기억 못 하는 이들은 과거를 반복하기 마련이다.*
*-George Santayana-*

## 두 번째,
## 어떤 누구나 주변의 변화는 두렵고 불안하다

주변의 변화 즉 주변 환경의 변화나 주변인의 변화 등을 수용적인 태도로 변화를 받아들이고 적응하려 하기보다 비수용적인 태도로 변화하는 환경에 대한 거부감을 느끼고 부적응하는 모습을 보이는데 변화를 부정적으로 생각하며 꺼려 하는 성향이 타 유형보다 이 ISFJ 유형이 많이 보입니다. 이는 일반적이거나 상황에 적합한 행동양식을 취하는 데 뛰어난 편이고 평균적인 가치의 추구를 선호하는 성향 때문이기도 합니다. 업무환경변화에 대한 한 부분을 생각해 보면 변화가 전체적인 흐름을 끊어 방해 요소가 되기도 하지만 보통 변화를 통해 상황에 반전을 꾀하는 경우가 많습니다. 물론 100% 변화를 통해 상황이 반전되는 것이 아니며 변화가 도전적인 부분이라 업무적인 변화에 대한 성공과 실패가 명확하지 않음에도 결과가 있어야 하기 때문에 다가가기 어려운 부분도 있다 생각되지만 바꿔 생각해 보면 업무 환경의 변화가 기본을 해하지 않으며 편리함을 추구한다면 수용적인 태도로 바뀔 필요성이 있다 사료됩니다. 변화가 부정적으로 받아들일 수밖에 없는 것은 상황에 적합한 행동양식을 취하는 성향에 본인의 경험으로 유추를 함에 있어 부정적인 견해를 갖고 출발하기 때문에 의구심과 부정적인 면으로 변화된 환경에 대처하기 때문이라 생각됩니다. 변화가 무조건 옳다 혹은 좋다 얘기하고 싶은 것이 아닌 상황에 따라 변화가 꼭 필요할 때가 있으며 변화에 대한 본인 소견이 좋지 않다면 실제 좋지 않은 상황에 대한 결과를 직접 평가하고 비교 분석하여 주변에 상황을 인지하게 하고 결과가 좋지 못하지만 변화해야 함을 받아들인다면 좋지 못한 그 변화에 변화를 주는 꼬리에 꼬리를 무는 방식의 환경적인 변화에 적응하며 본인의 상황대처능력 발달에 기여하고 조금 더 나은 사람이 될 수 있게 도움을 줄 것이라 얘기하고 싶습니다.

*변화를 유도하면 리더가 되고*
*변화를 받아들이면 생존자가 되지만*
*변화를 거부하면 죽음을 맞게 된다.*
*−Rayno−*

## 세 번째, 타 유형보다 자주 겪을 수 있는
## 번아웃 증후군(Burnout Syndrome)

ISFJ 유형은 어떤 일을 시작 전 계획을 세부적으로 세우고 행동하는데 이 세부적인 계획을 세우기만 하는 것이 아닌 지키려 노력하는 성향 때문에 일을 끝마치면 번아웃 증후군(Burnout Syndrome)이 타 유형보다 심각한 경우가 많습니다. 이 번아웃 증후군은 ISFJ 유형과 같이 1가지에 집중하고 몰두하다 축적된 심신의 피로감으로 무기력증에 빠지며 이런 영향으로 일을 하지 않거나 심리적으로 부정적인 상태가 되는 것인데 기력이 없고 쇠약해진 느낌이 들며 쉽게 짜증이 나거나 화가 나고 감정의 소진이 심해 심리적 에너지 고갈 상태를 보이기도 하는 등 복합적인 문제를 보이기도 합니다. 열정적이기 때문에 그만큼 소비한 심신의 안정을 위해 노력해야 함을 당연시 생각해야 하는데 안정을 취할 시간조차 아까워 생각지 않고 목표에 다가가려 노력하는 모습이 한편으로 대한민국 평범한 일부 사람들의 일반적인 모습으로 보이지만 이는 참 좋지 못한 것입니다. 물론 어쩔 수 없는 상황이라면 행동을 할 수밖에 없겠지만 구분이 되어야 한다는 점을 얘기하고 싶습니다. 왜냐하면 열정적으로 무언가에 몰입하는 힘을 빼는, 쉽게 힘만 빼고 휴식하지 않으면 누적된, 쌓여버린 스트레스를 나중에 감당하기 힘들어진다는 것입니다.

이는 쉽게 생각해 볼 필요성이 있는데 어떠한 일을 할 때 열정적으로 일을 하다가도 장애물에 의해 가로막힐 때가 오는데 그 막힐 때 끝까지 자리를 지키고 묵묵히 해내는 것이 옳고 좋은 것이 아닌 시간 낭비일 때가 많음을 우린 너무도 잘 알고 있지만 오기(傲氣)로 하는 경우가 있으며 보통은 끝마쳐야 하는데 잘 풀리지 않아도 하다 보면 혹은 시간이 더 지나가면 마무리가 힘들어질 것 같아 무리하는 감이 있어도 하는 경우가 있는데 어차피 막히면 뚫고 가는 것보다 돌아가는 것이 효율적이라는 생각으로 잠시 Tea Time이라도 하며 심신에 안정을 시켜주는 Relax Point라도 있어야 더 효율적이며 일상생활을 하며 과도하게 무리를 했다고 한다면, 본인이 느끼기에도 이것은 나에게 스트레스를 주었다는 느낌이 들면 그때그때 풀어주는 것이 자신에게 바람직한 것입니다.

좋은 휴식 뒤에 도약이 일어날 수 있으며
그렇게 해서 인생은 더 강하고 날카로워진다.
−Seneca−

## 호기심 많은 예술가 ISFP(잇프피)
내향(Introversion)+감각(Sensing)+감정(Feeling)+인식(Perceiving)

- **주기능 Fi 내향 감정**(내면의 자아를 탐구하고 스스로의 진정성을 보유, 개개인의 가치와 개성을 중요시하는 데 가장 두각을 드러냅니다.)
- **부기능 Se 외향 감각**(현실적인 문제를 두고 자신을 포함한 남들과

타협하는 데 뛰어난 편입니다.)

- **3차기능 Ni 내향 직관**(머릿속 생각을 토대로 이론이나 예측이 필요한 상황에서 서투른 편입니다.)
- **4차기능 Te 외향 사고**(뚜렷하고 구체적인 목적을 가지고 체계적으로 일을 추진하거나 스스로의 영향력을 행사하는 데 큰 어려움을 겪습니다.)


## 기능위계에 따른 성격장애─
## 편집성 성격장애(Fi/Ni)

전형적인 음모론자입니다. 자신의 개인적인 가치관에 지나치게 집착하고 있으며 눈에 보이는 모든 것들이 그 가치를 공격하거나 공격하려고 한다는 음모론을 갖습니다. 정당한 이유 없이 다른 사람의 의도를 늘 불신하는 이러한 사람들은 자신만이 진정으로 '진실'을 알고 있는 유일한 사람이라고 확신합니다. 열등기능인 Te나 Se는 때때로 모든 곳에서 볼 수 있는 사악한 음모를 드러내고자 다른 사람들의 관심을 끌려는 무의식적인 욕망을 이끌어 내기도 합니다. 만약 Te/Se가 제대로 작동했더라면 아마도 대부분의 가설이 실제로 일어나지 않는다는 경험적 증거를 관찰할 수 있었겠지만 전적으로 내부 검증 시스템에만 의존하기 때문에 Ni는 Fi의 감정적인 의혹을 합리화하기 위해 무엇이든 하려 할 것입니다.

세계 9%로 남성 8% 여성 10%, 한국 6.61%(5위)이며 신경성 A (Assertlive, 적극적/확신에 찬) 1.96%, T(Turbulent, 격동/격변) 4.65%로 그 외 국내 통계로 5.9%(7위)라는 통계도 있습니다. 성인군자 유형의 ISFP는 사람이나 사물을 다양한 시각에서 바라보고 편견을 갖지 않으며 소심하지만 솔직하고 진실된 성격으로 타인에게 관심 주기를 좋아합니다. 타인이 본인을 보는 이목에 신경을 쓰고 고민하는 유형이기도 하며 타인이 본인을 어떻게 생각할지에 대한 생각과 행동을 하기 때문에 타인에 대한 배려심 또한 많은데 특히 타인에게 민폐를 끼치는 것을 극도로 꺼려 하는 유형이기도 하며 성향이 물 흐르듯 흐름에 맡기는 것을 좋아해 어느 곳, 어느 분야에서든 사람들과 잘 지내는 유형입니다. 차갑게 보이지만 낙천적이고 말이 많이 없고 본인의 감정표현을 잘 못 해 쌓아두었다가 한 번에 터지기도 하지만 주변인들의 고민거리나 이야기를 잘 들어주는 유형이며 관찰력이 좋고 본인이 말을 하면 지키려고 끝까지 노력하는 유형입니다. 사람이 많은 곳을 선호하지 않고 일을 할 때도 혼자 일하는 것을 선호하는데 이는 매사에 조심스러우며 마음에 없는 말을 잘 못 하고 주변인과 의미 없는 것에 감정소모를 하는 것을 꺼려 하는 성향에 비롯된 것으로 유추해 볼 수 있습니다. 이 같은 내용은 평소 전화보다 메시지를 선호하는 것을 보면 알 수가 있는데 전화나 마주 보며 얘기를 할 경우 목소리, 행동, 표정 등에 본인의 감정을 나타내 상대방에게 상처를 주거나 피해를 줄 수 있다는 생각을 갖고 있어 평소 꼭 필요한 일이 아니라면 메시지로 본인 의사표현하는 것을 선호합니다.

유형별 부모, 자녀들의 성향도 하기에 조금 기재해 보겠습니다. ISFP 부모의 경우 부모의 교육으로 인하여 자녀들이 깨달음을 얻는 방식보다는 자녀들이 직접 경험하며 깨달음을 얻는 방식을 선호합니다. 자녀들과 친구 같은 사이가 되길 바라며 활동적이지 못한 아이들을 이해하기 힘들어합니다.

ISFP 자녀의 경우 주변인(형제, 자매, 친구 등)들과 조화로운 환경 속에 지내길 바라며 본인을 꾸미는 것, 머리나 옷 등 멋을 낼 수 있는 것을 좋아하고 동물, 식물 등을 키우고 가꾸는 것을 좋아합니다. 어떤 것을 설명하거나 이야기할 때 무척이나 구체적이고 상세히 이야기하고 ISFP 자녀들의 계획을 세우는 것을 보게 되면 세세한 계획보다는 유연한 계획 세움을 선호한다는 통계도 있습니다. ISFP 자녀의 성격상 칭찬할 때는 구체적으로 무엇을 어떻게 한 것이 잘한 것인지 칭찬해 주어야 조금 더 자신의 생각을 적극적으로 표출할 수 있는 힘이 될 수 있으며 ISFP 자녀의 경우 자신의 생각을 적극적으로 표출할 수 있게 도움을 주어야 자녀의 발전하는 모습을 볼 수 있을 것입니다.

ISFP에게 3가지 조언은 조화로운 환경을 선호하는 성향이라 주변인을 잘 믿고 주변 환경에 의한 피해를 볼 여지가 많기 때문에 타인 혹은 주변인으로부터 자신을 보호할 수 있는 수단이 필요할 것 같으며 남의 부탁을 거절하기 어려워하는 성향 또한 강하기 때문에 주변인 혹은 타인의 부탁 거절의사 표현과 규칙의 틀이 꼭 답답함을 가져오는 것만은 아니라 자신을 변화시킬 수도 있음을 얘기해 주고 싶어 몇 자 적어보았습니다.

## 첫 번째, 주변인들 혹은 타인으로부터 자기 보호수단 필요

ISFP 유형의 경우 주변과 조화로운 환경에서 생활함을 추구하여 남을 잘 의심하지 않으며 주변인을 잘 믿는 성향을 보이는데 이말은 ISFP 유형이 주변인들에게 상처를 줄 가능성보다는 ISFP 유형 자신이 상처받을 가능성이 많다는 것으로 해석해 볼 수도 있으며 이는 본인 자신이 생각하고 선호하는 조화로운 주변 환경과는 다르게 주변인, 타인들이 자신을 이용하려는 것을 인지하지 못하는 경우가 많고 주변인, 타인들로부터 피해 혹은 상처를 받는 경험이 잦아질수록 피해망상, 대인기피증 등 정신질환을 겪을 가능성이 농후하여 주변 외적인 것들에서 자신을 보호할 수 있는 수단이 꼭 필요하다라 말할 수 있습니다. 자신의 삶에서 본인이 우선이 되어야 하지만 ISFP 유형은 주변 환경을 생각하여 자신의 피해를 감수하는 경우도 곧잘 있어 제가 이렇게 얘기하는 것이며 타인에 대한 무조건적 경계나 의심을 해야 한다라 얘기하는 것이 아니라 주변과의 조화로운 환경을 선호하는 성향 때문에 주변인이나 타인들에게 피해를 보는 경우가 빈번히 발생했고 앞으로도 발생할 수 있기 때문에 타인의 접근하는 방식 혹은 태도를 보아 자신에게 접근하는 근본적인 이유를 찾고 자신에게 피해 혹은 상처를 줄 소지가 있다 판단되면 본인 자신을 위해 진지하게 받아들이고 생각하여 자신이 먼저 거리를 두는 방법을 선택해야 한다고 얘기하고 싶습니다. ISFP 유형을 상담하다 보면 타인에게 상처를 많이 받아 마

음속에 간직하고 있다는 생각을 했기 때문에 이런 얘기를 해주고
싶었던 것 같습니다.


> *위험은 자신이 무엇을 하는지 모르는 데서 다가온다.*
> *−Warren Buffett−*


## 두 번째,
## 부탁의 거절의사 표현

ISFP 유형은 다른 사람들이 본인을 어떻게 생각할지에 관심을
갖고 신경 쓰는 성향을 보이는데 이는 다른 사람이 본인을 생각할
때 좋은 모습으로 기억되길 바라는 마음 때문에 타인의 부탁을 거
절하기 어려워하는 것으로 생각해 볼 수 있으며 타인의 부탁을 무
조건 수용한다의 개념으로 접근하기는 어렵지만 거절을 의사표현
하는 것을 극도로 꺼려 하며 대부분의 부탁에 수용적 태도를 보이
는 것은 사실이라는 것입니다. 타인의 부탁을 수용적 태도로 취함
에 있어 본인이 피해가 있더라도 본인이 말한 것에 책임지려 노력
하는 태도를 보이는데 이는 자신의 재능이나 시간 낭비 등이 되는
경우 또한 발생하는데도 불구하고 부탁을 수용한다는 것에 본인
의 어려운 결정이 필요로 해야 될 것 같다고 말하고 싶습니다. 물
론 어려운 상황에 처한 사람을 목격하고 도와주는 것이 인류애이

지만 보통은 부탁을 거절 못 한다는 것을 알고 도움을 바라며 접근하는 사람, 그냥 아무에게나 부탁이라는 이름으로 부탁을 남발하며 한 명이라도 도와주길 바라는 사람(어려운 상황에 처하지 않았음에도 혹은 본인 혼자 할 수 있음에도 불구) 등이 있음에도 거절의사를 표현하지 않고 본인의 시간적, 물적, 재능적 등 낭비를 한다는 것은 너무 이타적인 행동이며 혹여 본인의 거절의사에 부탁을 했던 사람이 자신을 본인만 생각하는 이기적인 사람이라 본인을 생각할 수 있다는 부담감이 있다라 생각한다면 그렇게 생각하는 그 사람이 정말 이기적이고 타인을 배척하며 배타성을 띠는 사람이다라 말하고 싶은데, 이기적이라고 말하는 사람은 모순이 있어 보이므로 다른 사람에게 이기적으로 비치는 모습에 불안하여 부탁을 들어줄 필요성은 없다라 강하게 얘기하고 싶고 인류애에 관한 상황을 제외 부탁을 수용하는 판단적 근거는 자신의 도움이 필요한 이유가 되어야하며 이유가 타당하지 못하다면 부탁의 거절의사를 반대로 타당하고 자신이 도와주지 못하는 이유를 분명히 밝혀야 부탁하는 입장이 거절의사를 제대로 수용할 수 있도록 하는 것이 중요합니다.

*거절할 것이라면 처음부터 거절하는 것이 친절하다.*
*−Publilius Syrus−*

## 세 번째,
## 때론 규칙의 틀이 나를 변화시킨다

ISFP 유형은 규칙이란 틀에 묶이는 것을 비선호하는 성향이라 규칙이란 틀을 어렵게 생각하는 것이 당연하다 생각되어지는데 한편으로 생각해 보면 본인이 상식적이며 일정한 선을 넘지 않는 행동을 하여 타인이 상식에 어긋나는 행동이나 선을 넘는 행동을 이해하지 못함을 이해할 수 있으며 본인 자신이 생각하는 규칙이란 어려운 틀보다는 일정한 선은 넘지 않으며 자유를 추구하는 것을 선호하기 때문에 규칙이란 틀을 자연스레 어려워하는 것으로 보여지는데 이는 곧 규칙을 받아들이는 과정에서 자유를 침해하는 부분이 있다는 것에 반항적으로 받아들여 규칙이란 틀을 비선호한다라 얘기할 수 있습니다. 이 규칙이 자신의 자유를 구속한다거나 침해한다고 생각하기보다는 규칙이 있어 집단 혹은 사회를 유지시키는 역할을 한다 생각하고 생각의 전환이 필요하며 규칙과 규범이란 틀 안에 마땅히 자유를 만끽할 수 있음을 말하고 싶습니다. 규칙과 규범이란 틀 안에서 자신만의 자유를 갖는 것과 타인에게 해를 끼치는 것을 알면서도 주변의 상황에 거리낌 없이 본인 하고 싶은 행동을 하는 방종(放縱)을 자유라 생각하고 행동하는 것은 자신이 원하는 자유를 폄하하는 것이라 생각되며 간혹 방종이라는 단어가 본인의 자유라 생각하는 사람들이 있기에 규칙과 규범이란 틀이 어찌 보면 본인 자신을 변화하고 발전하는 계기를 만드는 하나의 촉매역할을 하기도 하며 사회 혹은 집단의 규칙 안에 자유를 추구하며 사회와 집단에 융화되고 변화하는 본인의 모습을 보게 되면 분명 감회가 새로울 것입니다. 앞서 얘기했던 선을 지키고 상식적인 행동을 하는 본연의 성향이 있기에 생각의 전환을 통해 규칙을 바라보는 시선이 조금만 바뀐다면 고리타분하고 필요하지 않은 것이 규칙이라 느끼기보다는 일종의 사람들 간의 작은 안전장치다 정도로 생각하는 것이 좋을 것 같습니다.

> *기꺼이 스스로 자제하지 않는 사람들을 위해*
> *규칙이 존재하는 것이다.*
> *−Chuck Yeager−*

## 용의주도한 전략가 INTJ(인티제)
내향(Introversion)+직관(iNtuition)+사고(Thinking)+판단(Judging)

- **주기능 Ni 내향 직관**(머릿속 생각을 토대로 이론이나 예측이 필요한 상황에서 가장 두각을 드러냅니다.)
- **부기능 Te 외향 사고**(증명되거나 사실로 판명된 것을 근거로 남들에게 내세우는 데 뛰어난 편입니다.)
- **3차기능 Fi 내향 감정**(생각 그대로의 감정을 표현하는 데 서투른 편입니다.)
- **4차기능 Se 외향 감각**(현실적인 문제를 두고 자신을 포함한 남들과

타협하는 데 큰 어려움을 겪습니다.)

## 기능위계에 따른 성격장애–
## ISFP 유형과 같이 편집성 성격장애(Ni/Fi)

전형적인 음모론자로 볼 수 있으며 자신의 개인적인 가치관에 지나치게 집착하고 있으며 눈에 보이는 모든 것들이 그 가치를 공격하거나 공격하려고 한다는 음모론을 갖습니다. 정당한 이유 없이 다른 사람의 의도를 늘 불신하는 이러한 사람들은 자신만이 진정으로 '진실'을 알고 있는 유일한 사람이라고 확신합니다. 열등기능인 Te나 Se는 때때로 모든 곳에서 볼 수 있는 사악한 음모를 드러내고자 다른 사람들의 관심을 끌려는 무의식적인 욕망을 이끌어내기도 합니다. 만약 Te/Se가 제대로 작동했더라면 아마도 대부분의 가설이 실제로 일어나지 않는다는 경험적 증거를 관찰할 수 있었겠지만 전적으로 내부 검증 시스템에만 의존하기 때문에 Ni는 Fi의 감정적인 의혹을 합리화하기 위해 무엇이든 하려 할 것입니다.

세계 2%로 남성 3% 여성 1%이며 한국 3.75%(13위) 신경성A (Assertive, 적극적/확신에 찬) 1.66%, T(Turbulent, 격동/격변) 2.09%로 그 외 국내 통계에서 한국 5.5%(8위)라는 통계도 있습니다. 전략가인 INTJ는 이상적인 것을 실현화하는 것에 큰 만족감을 얻으며 목표에 따른 계획을 세부적으로 상세히 만들고 실천하는 유형으로 타인에게 무신경하며 눈치를 잘 보지 않고 본인 할 일을 묵묵히 행동하는 독립적인 성향으로 혼자 일하는 것을 선호하며 감정표현을 잘 못 하고 감정적인 행동을 극도로 꺼려 하는데 이는 감정에도 책임을 느끼는 성향 때문이라 볼 수 있습니다. 본인이 하는 행동에 따른 결과에 책임회피하지 않고 끝까지 책임을 지려 노력합니다. 판단과 추정을 잘하는 유형이기도 하며 남들과는 다른 눈으로 상황을 보려 노력하고 예측이 되지 않는 상황이 발생하면 엄청난 스트레스를 받기도 합니다. 항상 합리적이고 올바른 방향으로 나아가길 희망하며 배움에 소홀하지 않으나 주변인과 대화 시 본인의 생각과는 다르게 상대방에게 공격적임을 느끼는 언행을 하기도 하는데 본인이 배운 지식을 통해 자신의 생각을 전달하려 하기 때문에 상대방에게 모욕감을 주거나 공격적인 상황이 발생할 수 있는데, INTJ의 경우 자신에 주장이 잘못되었음을 지적하는 상대에게 본인의 지식을 동원하여 논리적인 흠과 결점을 지적하며 공격적인 모습을 보이는 경우가 특히 많습니다. INTJ는 생각의 폭도 넓고 깊어 자기 능력에 대한 전망이 미래지향적인데 어떤 문제가 발생하더라도 이겨낼 수 있고 앞으로 나갈 수 있다는 자신감과 낙관적인 생각을 합니다.

　유형별 부모, 자녀들의 성향도 하기에 조금 기재해 보겠습니다. INTJ 부모의 경우 자녀가 무지함보다 지식을 갖추는 것이 나음을 강조하며 자립심, 명확한 진로, 비판적 사고력을 갖길 원합니다. 자녀에게 무엇을 생각할 수 있는지가 아닌, 어떻게 생각할 수 있는지를 교육하려 하며 통제에 벗어나는 혹은 통제하지 못하는 아동을 마주하면 곧잘 이성이 무너지며 스트레스를 많이 받습니다. 육아로 많은 만족을 얻으며 자녀를 통해 개인적인 성장을 하는 경우가 타 유형 부모보다 가장 많은 통계가 있습니다.

INTJ 부모의 경우 통제가 어려운 나이인 아동을 조금 더 이해하려고 노력해야 하는데 어릴수록 감정적으로 행동하는 것은 지극히 정상적이라는 것을 잊지 않았으면 좋겠습니다.

INTJ 자녀의 경우 자율적이고 독창적으로 어떤 상황도 한눈에 꿰뚫는 통찰력을 가지고 있으며 자신의 행동과 사고에 대해 주관이 뚜렷하고 시작한 일에 대해서는 대단한 집중력을 보입니다. 쓸데없는 말을 잘 안 하고 필요한 말은 하는 성향이라 평소 조용하고 온순하게 생활하지만 자신의 생각과 다른 의견이 부딪칠 때 친구, 교사, 형제, 자매 등 자신의 의사를 분명히 밝히는 편입니다. 자존심이 강하여 자존심 상할 일은 잘 하지 않고 철저한 준비성으로 빈틈을 보여주지 않으려 노력합니다. 이러한 태도가 때로는 친구나 담당 교사에게 부담을 주기도 하고 타인을 무시하는 것처럼 보일 때도 있습니다. 행동하기 전에 많은 생각을 하고 행동하고 결정한 행동들에는 거침없다 얘기할 수 있습니다. 외모에 무관심하고 성향상 생각하고 행동하며 말을 어른스럽게 하여 애늙은이라는 말을 듣는 경우가 많습니다.

INTJ 유형에게 해주고 싶은 3가지 조언은 칭찬에 인색하고 기대에 미치지 못하는 사람에게는 무안할 정도로 단호하며 강도 높은 비판을 하는 것이 쓴소리가 꼭 득이 되는 것은 아님을 알려주고 자아성찰하는 시간과 감정정리 하는 데 에너지를 쏟지 않는데 이는 현재가 아닌 미래를 봤을 때 본인에게 엄청난 마이너스가 될 소지가 다분하다는 것을 알려주고 싶고, 감정적인 언행을 극도로 꺼려 하지만 언쟁에 타 유형보다 감정소모를 많이 하며 특히 자신의 생각을 논리적으로 설명하며 상대방과 부딪칠 때 감정소모를 많이 하는 것에 대해 얘기하고 싶은데 앞서 두 번째 얘기하는 자아성찰과 감정정리와는 다른 의미에 조언을 해주고 싶습니다.

## 첫 번째,
## 쓴소리가 꼭 득이 되는 것은 아님을…

INTJ 유형의 경우 주변인에게 도움 될 것 같다 싶으면 진지하고 가감 없이 조언을 잘 하는데 특히 기대에 미치지 못하는 사람에게는 무안할 정도로 단호하고 강도 높은 비판을 잘 합니다. 정말 도움되는 이야기를 해주지만 타 유형에 비해 그 강도가 높은 편이라 듣는 사람의 경우 간혹 난색을 표하기도 하지만 한편으로 생각해 보면 INTJ 유형이 관심 없는 사람에게 가감 없이 조언하는 일은 드물기 때문에 관심을 받는 거라고 두둔해 주고 싶지만 좋은 이야기도 매번 듣는 것도 지겹고 힘들다고 하는데 강도 높은 비판을 자주 혹은 매번 하지만 칭찬에는 인색한 편이라는 것이 중론이라 칭찬에 인색하고 비판을 잘 하는 것을 본인이 인지하고 있다면, 정말 조언이 필요하다 생각되어진다면, 비판 보다 듣는 이의 도움이 되는 조언을 하되 강도 높다 생각되거나 비판의 어조가 아닌 단호하지만 강단 있게 얘기하며 조언을 듣는 이가 조언을 듣고 달라진 행동에 따른 결과가 어떨지를 얘기해 주며 문제가 되었던 행동에 대한 대안을 제시해 주는 방법도 좋은 방법이라 생각하며 혹여 비판을 상대방에게 했다 생각된다면, 이야기의 끝은 그 언행을 할 수밖에 없던 상대방을 이해하는 듯 얘기하며 칭찬을 해주는 것이 되려 상대방에게 조언보다 비판보다 더 좋은 결과를 만들 수 있음을 잊어서는 안 됩니다. 사람은 강도 높은 비판이나 쓴소리가 되려 듣는 이의 트라우마(Trauma)가 되어 언행을 함에 있어 보통 사람은 주저함과 두려움이 생길 가능성이 높기 때문에 더 실수를 자주 할 수 있음을 인지하고 있어야 합니다. 하지만 누군가에게 비판이나 쓴소리를 하고 칭찬이나 상대방의 자존감을 올릴 수 있는 그런 이야기를 해준다면 상대방의 언행은 비판이나 쓴소리를 했을 때보다 더 긍정적인 영향이 있을 것이며 그런 영향을 준다는 연구 결과나 논문 또한 여럿 보았던 것이 기억이 납니다. 칭찬에는 절대 인색하지 않되 실없다 느껴질 정도로 자주 하여서는 득이 없음을 꼭 기억해 주시면 감사하겠습니다.

*문제는 목적지에 얼마나 빨리 가느냐가 아니라*
*그 목적지가 어디냐는 것이다.*
*−Mabel Sewcomber−*

　　　　　　　　　　　　　MBTI 別 바람 이루기

## 두 번째,
## 자아성찰과 감정정리 필요

INTJ 유형의 경우 자아성찰하는 시간과 감정정리하는 데 타 유형에 비해 에너지를 쏟지 않는데, 이는 자기 능력에 대한 미래 지향적인 모습이 강하기 때문입니다. 본인의 외부적인 능력도 중요하지만 내부적으로 자아성찰을 하는 시간과 감정정리를 하는 시간은 외부적 능력을 키우는 것만큼이나 내부적 능력을 키울 필요성이 있는데 이는 심리적인 불안함 혹은 감정적인 부분을 명상이나 누군가에게 표현을 하며 심리적인 불만족 해소를 하며 심리적인 안정감을 찾기도 하는데도 불구, 에너지를 쏟지 않는다는 것은 심리적으로 안정적이지 못함을 얘기하기도 하는 것으로 생각되는데 쉽게 겉모습이 강하다고 마음 또한 강하다고 얘기할 수 없을 것입니다. 심리적인 문제를 해소시키지 않고 쌓이면 피부에 생긴 상처가 곪듯 마음도 곪아 병이 생기게 되는데 병원에서 피부 상처를 치료하듯 마음에 상처 또한 치료를 해야 되지만 마음을 잘 살피지 못하는 경우가 많습니다. 그리고 보통은 마음의 상처가 곪아 터지면 우울증, 조울증 더 커지면 좋지 못한 선택이라 얘기하는 본인의 삶을 포기하기까지 하는 등의 좋지 못한 결과로 많이 돌아옵니다. 그렇기 때문에 본인 스스로 마음을 살피고 일간 혹은 주간으로 감정정리가 필요하며 자아성찰 또한 수시로 하며 마음을 단단히 할 필요성이 있습니다.

자기 전 명상으로 하루를 마무리하는 것도 괜찮은 방법이며 지인들 혹은 가족들과 통화를 하며 마음에 소리를 조금씩 비춰 보이는 것 또한 좋은 방법이라 생각이 됩니다. 하지만 너무 주변인들을 감정 휴지통으로 생각해서는 안 되며 감정을 비추더라도 필요한 만큼 적당히 받는 사람이 받아들일 수 있는 만큼만 하기를 바랍니다. 아무리 크고 멋진 건물들도 기초를 단단히 하지 않고 안전함을 위해 부족한 부분을 재시공하지 않는다면 내부에 이상이 발생하게 되는 것인데 이는 구멍이 뚫리고 언젠가는 무너진다는 것을 이미 알고 있듯 심리적인 해소도 꼭 필요함을 잊지 않았으면 합니다.

> 외적인 영향에 좌우되고 싶지 않다면
> 먼저 자기 자신의 격렬한 감정부터 초월해야 한다.
> —Samuel Johnson—

## 세 번째,
## 언쟁에 감정소모는 득보다는 실

INTJ 유형은 감정적인 언행을 극도로 꺼려 하지만 언쟁에 있어 자신의 생각을 논리적으로 설명하며 상대방과 부딪칠 때 타 유형보다 감정소모를 많이 하게 되는데 특히 자신은 논리적으로 설명함에도 불구, 비논리적인 언행으로 언쟁을 하는 상대방에게 감정소모를 많이 하게 되는데 본인의 지식을 기반으로 혹은 사실을 기반으로 언쟁을 함에도 상대방의 자기주장이 강할 때 자신의 생각을 이해시키려 노력하기 때문에 감정소모가 많을 것이라는 것이 중론입니다.

언쟁에 있어 누군가에게 자신의 견해로 이해시키려 노력함에 물론 받아들이는 입장에서 잘 받아들이면 좋겠지만 보통은 개개인의 생각을 갖고 자기주장이 옳음을 얘기하는 것이기에 의사소통보다는 일방통행적인 의사라 얘기할 수 있겠으며 이때 감정적인 부분이 가미가 된다면 언성이 높아지고 행동이 커지며 말이 빨라지는 현상이 생기기에 감정적으로 접근하면 안 됨을 얘기하는 것이며 기초 지식이 많고 적음을 떠나 상대방을 배려하려는 자세보다는 자기주장을 앞세워 본인이 원하는 것을 얻고자 하는 행동에 감정적인 대처는 불필요하다라 얘기하고 싶습니다. 분명 이성적으로 접근하여 자신의 생각을 전달할 수 있음에도 상대방의 고성에 자신의 언성도 같이 높아지게 되는 것을 경계해야 하며 상대방이 말할 때 취하는 행동이 커짐에 같이 동요되지 않게 이성의 끈을 놓으면 안 됩니다. 언쟁에 있어 가장 멀리해야 할 것이 감정을 동반한 내용 명시인데 이성적으로 접근하여 언쟁 주제를 파악하고 주제에 대한 내용을 얘기할 때 감정적인 부분으로 다가간다면 주제에 대한 내용 전달이 어렵고 흔히 말싸움으로 번질 확률이 높기 때문에 이성적 내용 명시가 꼭 필요하다 얘기할 수 있습니다.

*이성이 인간을 만들어 낸다고 하면*
*감정은 인간을 이끌어 간다.*
*−Jean Jacques Rousseau−*

## 논리적인 사색가 INTP(인팁)

내향(Introversion)+직관(iNtuition)+사고(Thinking)+인식(Perceiving)

- **주기능 Ti 내향 사고**(엄밀한 논증과 사고활동의 전개 어떠한 현상이나 문제의 원인 등을 논리적으로 파고들어 분석하는 데 가장 두각을 드러냅니다.)
- **부기능 Ne 외향 직관**(연관성이 희박한 여러 항목의 연결고리를 찾거나 발산적이고 자유로운 상상 개방적인 사고에 뛰어난 편입니다.)
- **3차기능 Si 내향 감각**(과거의 경험을 토대로 안정적인 선택을 하거나 기존에 반복되던 전통의 가치를 존중하는 데 서투른 편입니다.)
- **4차기능 Fe 외향 감정**(보편적이고 평균적인 가치의 추구 일반적이거나 상황에 적합한 행동양식을 취하는 데 어려움을 겪습니다.)

## 기능위계에 따른 성격장애−
## ISFJ 유형과 같이 분열형 성격장애(Ti/Si)

열등기능 Fe는 사회적/개인적 관계에 대한 무의식적 욕구를 충족시키려는 시도를 완전히 포기하게 됩니다. 분열형 성격장애를 가진 사람들은 사회적으로 수용이 거의 불가능할 정도로 특이한 생각과 행동을 하고 있는 것으로 여겨집니다(그들 스스로 보기에도 그렇게 보입니다.). Ti는 "사회적인 의식에서 어떤 논리도 발견하지 못하겠어."라고 생각합니다.

그리고 Si는 "이 일이 지난번에 얼마나 끔찍했는지 생각해 봐."라는 말을 상기시켜 위험을 회피하며 스스로를 고립시키도록 만들어 이러한 생각을 강화합니다. 만일 Ne가 잘 기능했더라면 새로운 접근법을 찾기 위한 시도를 계속하도록 일깨웠을 것입니다. ISFJ 버전에서 Si는 극도로 위험을 회피하도록 하며 새롭고 낯선 그 어떤 것도 시도하기를 거부하게 만듭니다. Fe가 잘 기능하는 ISFJ라면 다른 이들에 대한 의무를 다하고 전적인 고립 속에서 사는 것을 피하기 위해서 위험을 감수할 필요가 있다는 것을 인정했을 것입니다. 깊이 살펴보면 정말로 사회적 연대와 의식(Fe)을 원하지만 그것에 너무 서투른 나머지 이들은 단순히 노력하기를 포기합니다.

세계 3%로 남성 5%, 여성 2%이며 한국 6.28%(7위)로 신경성 A(Assertive, 적극적/확신에 찬) 2.32%, T(Turbulent, 격동/격변) 3.96%이고 그 외 국내 통계로 4.3%(12위)라는 통계도 있습니다. 혁신가형인 INTP 유형은 본인의 관심 분야가 아니라면 말이 없고 조용하며 생각을 많이 하는데 비현실적인 공상을 많이 하며 감정과 기분 또한 생각을 통해 느끼는 경우가 많습니다. 이 유형의 경우 생각을 하고 직접적인 행동을 통해 배움을 얻는 것보다 독서를 하며 생각하고 느끼는 즉 책을 통해 경험하는 것을 선호합니다. 이는 현실적인 생각보다 이상적인 생각을 다른 유형보다 많이 하는 것으로 나타나며 타 유형이 INTP 유형과 친해지기 전까지 많이 이해하기 어렵다고 느끼는 한 부분이기도 합니다.

논리적이지 못한 의견을 수긍하기 어려워하며 반대로 논리적으로 옳음을 생각할 수 있는 의견의 경우 수긍이 빠른 편이며 본인이 논리적인 옳음이 먼저라 생각하기 때문에 주변인 설득할 때도 논리적으로 수긍할 수 있게 설득하기에 설득을 잘한다고 볼 수 있고 주위 INTP 유형을 보고 있으면 주변인들이나 타인에게 피해를 잘 주는 유형이 아닌데 이는 본인이 타인에게 피해를 주지 않아야 한다는 준법정신이나 사회성에 따라 행동하는 것이 아닌, 그냥 타인에게 관심이 없기 때문에 피해를 주지 않는 것으로 볼 수 있으며 주관이 뚜렷하고 나름 합리적이라 생각할 수 있습니다.

본인이 필요한 것이라 생각하는 것 외에는 자주 잘 잊어버리는 경우가 많아 건망증을 걱정하는 경우도 있으며 그중 타인 얼굴이나 이름 또한 자주 잊기도 하는데 이는 필요하지 않아 타인의 얼굴이나 이름을 기억하지 못하는 것이 아닌 생각이 많음에 따라 다른 사람과 이미지를 혼동할 여지가 많아 비롯되어지는 것이며 어떤 일을 처리하는 과정들을 보면 이 유형이 생각이 많다는 점을 눈여겨볼 수 있는데 INTP 유형의 경우 해야 할 일을 미루다 급하게 처리하는 성향이 아닌 어떤 일을 처리하는 데 있어서 과정을 생각할 때 다각도로 여러 방법을 모색하지만 그런 여러 가지 생각들로 시간이 지체되어 정작 행동을 미루다 일을 급하게 처리할 때가 적

MBTI 别 바람 이루기

지 않지만 무의미한 결과를 보여주는 일 처리를 하지는 않습니다. INTP 유형의 경우 결과를 중요시하는 경향도 강하기 때문에 일 처리의 결과가 나쁘지만은 않다는 것이 중론(衆論)이며 어떤 유형보다 변화에 강한 면모를 보이는 독특한 세계관을 지닌 유형이기도 합니다.

유형별 부모, 자녀들의 성향도 하기에 조금 기재해 보겠습니다. INTP 부모의 경우 자녀를 있는 그대로 개방적으로 받아들이는 인내심 있는 부모로 어떤 아이라도 침착하게 받아들일 수 있는 사람입니다. 자녀의 질문에 답하고 마음을 넓히는 데 많은 도움을 줄 수 있습니다.

INTP 자녀의 경우 자기주장이 강하고 간섭을 싫어하며 논리적, 분석적입니다. 주변의 일에 무심해 보이지만 단순하고 솔직한 면이 있습니다. 선호하지 않는 것에 쉽게 동화되지 않고 무의미한 노력이라고 생각하면 행동하지 않으며 부모의 요구가 본인에게 납득되지 않는다면 따르지 않는 경향이 강합니다. 주변 환경에 영향을 잘 받지 않고 독립심이 강하며 본인의 영역이라 생각되는 자신의 세계에 누군가 강제로 들어오는 것을 극도로 싫어합니다.

INTP 유형에게 3가지 조언은 사람들은 저마다 하고 싶은 일이 분명 존재하지만 INTP 유형의 경우 본인이 하고자 하는 것만 하려는 성향이 강하기도 하고 생각에 따라 하고자 하는 것도 여러 변수를 생각하여 미연에 행동을 포기하기도 하는 것과 지적 호기심이 많아 배움에 있어 부지런하지만 배운 것을 행동함에는 인색하다 생각되어지는 점, 공상과 상상 속에 있을 때가 많은 점에 현실적 접근이 필요한 부분을 얘기하고자 합니다.

## 첫 번째,
## 때론 맞지 않는 옷도 입어보는 경험이 필요

사람들은 저마다 선호하는 일과 기피하는 일이 있기 마련이지만 INTP 유형의 경우 본인이 선호하는 것만 하는데 본인이 상상하는 데 어려움이 많고 위험 부담이 있다 생각되면 여러 변수를 고려하여 상상에서 행동을 포기하는 모습을 많이 보이는데 이는 습관처럼 생각에 따른 행동의 제약이 되는 것이며 한편으로 생각해 보면 생각의 두려움 틀 안에 갇혀 행동을 통해 얻는 지혜가 아닌 생각의 두려움만 늘어 행동기피를 보이게 되는 경우가 많다 볼 수 있습니다. 정말 명확한 것은 상상이 행동을 통한 경험을 대신 할 수 없다는 것이며 생각한 것을 곧 행동으로 옮겨야 경험이 되고 지혜가 쌓여 행동이나 사건에 따른 문제해소 방법을 다양하게 생각할 수 있게 되며 다방면으로 위험상황 대처능력이 향상됨을 알고 있어야 합니다. 사람은 상상만으로도 행동하는 효과를 볼 수 있다는 연구결과나 논문 등 많지만 값어치로 환산해야 한다면 직접 행동으로 얻는 경험이 상상에 경험보다 값어치가 더 높다 얘기할 수 있는데 상상에는 여러 문제들을 마주할 때 정확한 자신의 한계점을 만들지

MBTI 別 바람 이루기

못하지만 현실에서 행동하며 마주한 여러 문제에 대처를 하며 자신의 생각에 한계점과 신체적 한계점 등 자신의 한계점을 마주하며 자기 발전의 원동력, 자기계발의 원동력으로 삼을 수 있다 생각합니다. 물론 상상의 두려움에서 벗어나 행동함이 처음에 어려울 것이 당연합니다. 사람이니까 당연히 두려운 것이 당연하겠지만 생각을 바로 행동으로 옮기라는 말이 아닌 발생할 수 있는 문제점들에 대해 대비를 미리 하며 행동하라는 것을 얘기하는 것입니다.


> 인성은 쉽고 조용하게 계발될 수 없다.
> 시련과 고통의 경험을 통해서만
> 영혼은 강해지고 야망이 고무되고 성공이 이뤄질 수 있다.
> −Helen Adams Keller−


## 두 번째,
## 배움은 앎보다 사용하는 데 뜻이 있다

INTP 유형은 높은 직관력으로 통찰하는 재능과 지적 호기심이 많은데 행동으로 배우기보다 책을 통해 배우는 것을 선호하며 생각은 창의적인데 실천이 부족한 모습이 많이 보입니다. 지적 호기심에 따른 독서에서 배움을 선호하여 정작 행동으로 옮기는 것에 취약하다는 것은 지적 호기심을 만족하면 앎으로 끝나고 배운 것을 사용하지 않는다는 점은 참 어리석은 행동이 아닐까 생각해 봅니다.

쉽게 설명하기 위해 더하기, 빼기의 예를 들겠습니다. 편의점에서 본인에게 필요한 물건들을 사고 계산할 때 소비자는 현금으로 지불하기 전 상품의 가격과 소유하고 있는 현금을 빼고 남은 금액으로 다른 필요물품을 구매하려 우선 계산을 본인이 먼저 해보고 남은 금액에 맞춰 필요물품을 더 구매하는 경우와 결제 시 카드 결제를 하기 때문에 필요물품 내용에 맞춰 구매하는데 금액을 알고 비슷한 제품이지만 조금 더 싼 제품을 사려고 한다면 물품 가격비교에 빼기를 사용하고 계산 시 물품들의 가격을 더한 금액을 우선 생각해 볼 수 있습니다. 이처럼 배운 것은 일상생활에 쓰거나 필요에 의한 지식 습득은 꼭 필요하지만 자신에게 불필요한 지식이라도 지적 호기심이란 이유로 시간을 투자하는 것은 시간 낭비라 생각하게 되는데 순간의 지적 호기심(다방면 지적 호기심으로 지식을 습득하여 모르는 부분에서 알게 되어 타인에게 도움이 될 수 있는 상식적인 부분)이나 필요에 의한 자기계발을 위한 독서의 경우 마음의 양식이라 얘기할 수 있을 정도로 중요한 삶의 밑거름이 될 수 있다는 것은 동의합니다. 하지만 배우고 사용하지 못하는 것은 독서가 취미생활이 아닌 이상 유한한 삶의 시간을 올바로 사용하지 못하는 것은 아닐까 하는 생각을 하게 됩니다.

헛되게 소비된 시간만큼 미래에 후회되는 일은 없으니 필히 배움에 게으르지 않되 배웠으면 자신의 생활에 접목해서 사용할 수 있는 생각의 전환이 필요할 것입니다.

　　　　　　　　　　　　　　MBTI 別 바람 이루기

*정말 중요한 것은 배움을 지속하는 것이다.*
*도전을 즐기는 것이다.*
*그리고 모호함을 인내하는 것이다.*
*−Martina Horner−*

## 세 번째,
## 현실적 접근 필요

INTP의 경우 대화를 할 때 명석함과 창의성이 참 좋다는 생각을 많이 하게 되었는데 상상에 관련된 이야기를 하다 보면 현실적 접근보다 이상적 접근으로 생각을 많이 한다는 것을 알 수 있는 부분들이 대화에 드러나며 평소 공상과 상상 속에 있을 때가 많다는 것을 인지할 수 있었습니다. 상상은 이상적 접근과 현실적 접근을 구별할 필요성이 있다 없다 구별하는 것은 별 의미가 없는 것이 맞지만 이상적 접근만 한다면 현실적인 부분 하나하나 비관적으로 보이는 경우가 많으며 이상만을 추구하다 보면 현실적 접근이 어려워 사회성이 떨어지고 여러 심리적인 요소로 인한 기피현상을 발현할 가능성이 농후하다 생각되어집니다. 그러나 상상을 할 때 현실적 배제를 하지 않고 이상적임과 현실적임을 적절히 융화될 수 있도록 본인 자신이 조절한다면 타 유형보다 문제에 접근하는 방식(논리적인 사고)이 뛰어나기 때문에 문제에 접근하고 해소하는 결과물을 생각하고 유추해 본다면 본래 상상하였던 이상적인 결과물들만 있어 현실적인 접근이 까다로운 결과물들이 더 나은 현실적인 결과(이상현실, 理想現實)를 만들어 낼 수 있다 자신 있게 말할 수 있습니다. 이상적인 상상이 나쁘다고 단정하여 얘기하려는 것이 아니고 공상과 상상(이상적인 상상을 많이 하는 편) 속에 있을 때가 많은 INTP 유형에게 상상할 때 조금 더 현실적 접근을 한다면 본인 자신이 현실을 살아가는 데 도움되는 결과물을 더 많이 만들 수 있음을 인지하였음 하는 마음에서 꺼낸 이야기이며 이상주의자는 발끝으로 걷고 현실주의자는 발꿈치로 걷는다는 말이 있습니다. 이 말은 이상주의자는 완벽주의와 이상을 꿈꾸는 것이며, 현실주의자는 실용과 실제적인 것에 치중하는 것이라는 말뜻을 내포하고 있습니다. 현실을 살아가는 데 있어 공상과 상상은 본인 자신뿐만 아니라 주변도 변화시킬 수 있는 힘이 있지만 이상적 상상만으로는 변화시키기에는 어려움이 있음을 인지해 주셨으면 좋겠습니다.

*상상력은 현실과의 전쟁에서 쓸 수 있는 무기다.*
*−Jules de Gaultier−*

내향(Introversion)+직관(iNtuition)+감정(Feeling)+판단(Judging)

- **주기능 Ni** 내향 직관(머릿속 생각을 토대로 이론이나 예측이 필요한 상황에서 두각을 드러냅니다.)
- **부기능 Fe** 외향 감정(보편적이고 평균적인 가치의 추구 일반적이거나 상황에 적합한 행동양식을 취하는 데 뛰어난 편입니다.)
- **3차기능 Ti** 내향 사고(엄밀한 논증과 사고활동의 전개 어떠한 현상이나 문제의 원인을 논리적으로 파고들어 분석하는 데 서투른 편입니다.)
- **4차기능 Se** 외향 감각(현실적인 문제를 두고 자신 포함한 남들과 타협하는 데 큰 어려움을 겪습니다.)

## 기능위계에 따른 성격장애–
## ISTP 유형과 같은 분열성 성격장애(Ni/Ti)

이들은 다른 사람과의 중요한 상호작용의 중요성을 거의 느끼지 못하기 때문에 사회적으로 무능하다는 평가를 받습니다. 이들은 자기만의 추상적인 세계에서 살며 지속적으로 스스로의 미래를 예측하고자 하는데 이는 Ti로 문제해결을 위한 틀을 짜고 Ni로 이것을 거의 정확하게 조준하기 때문입니다.

이 2가지 기능은 현실세계와의 어떠한 접촉도 거부한 채 모든 종류의 정교한 시스템과 암시를 추구할 것입니다. 이는 자멸적인 행동을 반복하는 격입니다. 이들은 강력한 아이디어를 갖고 있다고 할지라도 이것을 실행에 옮기는 것에 신경 쓰지 않습니다. 이들이 규칙과 법 등 행동의 표준을 무시하는 것은 흔한 일인데 외부적인 영향을 파악해 줄 어떤 기능도 작동하지 않기 때문입니다. 만약 Se/Fe가 잘 기능했더라면 이들은 다른 사람들과 연결되는 것의 가치를 알고 다른 사람들의 요구, 선호, 습관, 외모 등에 주의를 기울였을 것이라 생각합니다.

세계 2%로 남성 1%, 여성 2%이며 한국 6.25%(8위)로 신경성 A(Assertive, 적극적/확신에 찬) 1.65%, T(Turbulent, 격동/격변) 4.60%로 그 외 국내 통계 3.8%(14위)라는 통계가 있습니다. 이상주의자형인 INFJ 유형은 인내심이 강하며 모두에게 친절하려 노력하고 본인이 비합리적이거나 정당하지 못하다고 느낀다면 약자의 편에서 소리를 내주는 유형으로 나이가 어리거나 약자라 판단되는 상대방에게 함부로 막말을 하거나 언행이 거친 것을 좋아하지 않는 바른 도덕성과 예의를 중요시하는 성향이 강하며 구속받거나 강요당하는 것을 꺼려 하는 독립지향적으로 자기주관이 뚜렷하고 혼자 있는 개인시간을 선호하는데, 이는 주변인과 갈등이나 사회적으로 문제가 있어서 개인의 선택적 고립이 아닌 타인에게는 유하고 자신에게는 엄격하여 자아성찰 등을 하며 개인정비시간을 보내는 것을 선호하기 때문이며 혼자 있는 개인시간을 선호하지만 외로움도 잘 타며 마음속에 항상 질문이 준비되어 있는 사람처럼 평소 모든 것에 의문과 질문이 많은 호기심 가득한 유형으로, 어떤 한 부분보

MBTI 別 바람 이루기

다 전체를 보는 눈이 좋고 인간관계, 업무적인 측면 등 복합적으로 살펴보았을 때 타 유형보다 가장 호불호가 나뉘는 유형으로 볼 수 있는데 본인 목적에 의해 의미를 부여해 열정적으로 임하는 모습은 정말 본받아야 하는 좋은 모습이라 생각하지만 본인의 한계점을 넘어서는 것에 큰 자부심과 자긍심을 갖고 한계점을 넘어서지 못하면 극심한 스트레스를 동반하며 쉽게 지치는 모습을 볼 수 있고 주변에도 좋지 못한 나비효과를 불러일으켜 안 좋은 영향을 주기도 하는데, 이는 한편으로는 이성적이며 감성적이고 반항적으로 생각되지만 보수적인 면도 강하다는 특이하고 이해하기 힘든 INFJ 유형의 성향이 있기 때문이라 생각됩니다.

유형별 부모, 자녀들의 성향도 하기에 조금 기재해 보겠습니다. INFJ 부모의 경우 자녀의 의견과 생각을 펼칠 수 있도록 환경을 조성하는 편이라 집안 분위기는 대체적으로 자유로우며 자녀들에게 편견은 잘 갖지 않습니다. 자녀에게 예의는 필수라 생각하고 자녀의 태도나 행동방식을 정확히 꿰뚫어 보기도 합니다. 자녀에게 자신의 가치관과 지혜를 최대한 흡수시키려 노력하는 편이라 주제에 구애받지 않고 자녀와 의견을 나눌 수 있는 것이라면 무엇이든 대화 주제가 되어 이야기하는 것 또한 큰 특징입니다.

INFJ 자녀의 경우 고민이 많은 편으로 학업이나 진로 등 여러 가지 고민을 하며 어릴 때부터 "왜"라는 물음을 많이 합니다. 자녀 자신의 의견을 말보다는 의견이 명확하고 간결하게 전달되는 글로 표현하는 것을 선호하고 한 집단에 잘 어울리는 것 같아 보이면서도 겉돈다는 표현을 할 정도로 집단과 다른 생각하는 경우도 많습니다. 주변인과 친해지기를 많이 어려워하지만 친분을 쌓으면 대부분 절친한 친구가 됩니다.

INFJ에게 할 3가지 조언은 혼자 있는 개인시간을 선호하지만 외로움 또한 많이 타기도 하고 성향상 타인에게 친절하고 잘하려 노력하지만 타인에 대한 상처가 마음속에서는 남아 있어 겉과 속이 다른 부분이 있어서 외로움과 고독에 관한 것, 비합리적이거나 비도덕적, 예의가 없는 등 여러 좋지 않은 상황에서 본인 기준에 맞지 않은 즉 합리적이지 못한 상황에 불의를 참지 못하는데 현실에 부딪혀 좌절할 가능성이 높은데, 본인 탓이 아님에도 본인 탓으로 여겨 실의에 빠져 심신이 힘들 가능성이 많은 것, 인내심이 강하여 끝까지 참으려 노력하지만 인내심의 한계점에서 터진 분노는 쌓아두었던 분노라 그만큼 상황 수습하기가 어렵다는 것을 얘기하려 합니다.

## 첫 번째,
## 외로움과 고독

INFJ 유형은 타인에게 친절하고 잘하려 노력하지만 타인이 본인에게 주었던 상처가 마음속에 오래 남아 있어 겉과 속이 다른 부분도 존재하는데 자아성찰과 개인정비시간을 위해 혼자만의 개인

시간을 갖는 것을 선호하는 INFJ 유형에게 그런 시간이 때로는 타인에 대한 상처와 고독과 외로움으로 심리적 동요가 크지만 타인을 탓하기보다 자책하는 편이 강하므로 자아성찰이나 개인정비시간이 어떻게 보면 더 고독하고 외로움을 잘 느낄 수 있는 시간이 되어 자책으로 인한 자존감이 낮아지는 심리적 동요가 크다 얘기할 수 있으며 이런 심리적 동요로 본인 스스로가 트라우마(Trauma) 혹은 딜레마(Dilemma)에 빠져 슬럼프(Slump)를 겪게 되는 경우가 많습니다. 이렇게 얘기만 들으면 꼭 개인정비시간이 자아비판시간으로 사용한다고 얘기하는 것으로 인지하기 쉽지만 절대 그런 뜻이 아니며 보통은 올바른 자아성찰로 개인의 좋은 역량을 키우는 분들이 보편적이지만 그런 보편적인 분들 또한 고독과 외로움에 노출되어 있는 것은 같지만 상황이 달라 아직은 겪지 않았을지라도 확률적으로 봤을 때 당장은 겪지 않았지만 앞으로 겪을 확률이 매우 높다고 얘기할 수 있습니다.

제가 정말 얘기하고 싶은 것은 고독과 외로움을 두려워하라는 말을 하려는 것이 아닌 혼자만의 여유로운 시간, 이 개인정비시간을 통해 앞을 생각하고 싶다면 오늘을 반성하는 것은 좋지만 꼭 본인 실수에 대한 반성이 되어야 합니다. 타인의 실수나 타인의 이기심으로 일어난 일들이 본인의 일이 되어서는 안 되며 자존감을 높이려거든 오늘 타인의 허물을 보았다면 그 허물이 본인의 허물 대하듯 해야 같은 실수를 반복하지 않고 실수를 줄일 수 있는 정말 개인정비시간이 되는 것입니다. 혼자 있는 시간이 본인 스스로 홀로 할 수 있는 본인만의 공간과 시간을 갖은 것이라 생각하며 정말 개인정비시간을 훌륭히 잘 사용할 수 있도록 미리 계획해야 본인이 선호하는 개인정비시간이 의미가 있는 것임을 얘기하고 싶습니다.


> *외로움을 느끼는 것은 나다움이 없기 때문이며,*
> *자기 내면이 궁핍하기 때문이며,*
> *우리 인간이 단편적인 존재에 불과하기 때문이다.*
> *−Arthur Schopenhauer−*


## 두 번째,
## 현실에 부딪힌 좌절

INFJ 유형은 비합리적이거나 비도덕적, 예의가 없는 등 여러 좋지 않은 상황에서 본인 기준에 맞지 않는 합리적이지 못한 상황에 불의를 참지 못하는데 여러 현실의 문제에 부딪혀 이런 불합리적임을 보며 좌절할 가능성이 높습니다.

여기서 말하고픈 현실의 문제는 여러 가지 문제가 있을 수 있지만 보통은 개인이 사회를 살아가며 발생할 수 있는 다수의 사회적인 문제 혹은 도의적인 책임에 관한 내용을 얘기하는 것인데, 인지하기 쉽게 예를 들면 개인이 단체를 위한 희생을 어떻게 생각하는지에 대해 지극히 필자 본인의 개인적인 소견을 첨가해 부연설명을 조금 해보려 합니다. 개인이 단체를 위한 희생은 당연하다라 생각하는 사람이 잘못됨을 얘기하는 것이 아님을 오해 없이 읽어주시면 감사하겠습니다.

먼저 단체를 위해 희생해야 하는 당사자 개인이 독자 본인이라고 생각을 하면 과연 희생을 과연 정당화할 수 있을까?라는 생각을 우선 해보며, 개인의 희생이 공공의 이익에 부합하는 것인지에 대해 차선으로 생각을 하게 합니다. 한 개인의 희생을 단체로부터 요구 혹은 강요를 받아 본인의 의지와는 다르게 희생을 한다면 이것은 과연 올바른 공동체인가라는 물음이 머릿속에 남게 됩니다. 일반 한 회사를 생각하며 얘기를 이어가 보면 가계의 금전적 지출에 대한 수입 혹은 개인의 꿈을 위한다는 등 공통의 목적으로 회사에 출근하는 직장인들을 생각할 수 있으며 슬픈 현실이긴 하지만 한 단체는 이런 여러 공통된 목적을 가진 개인들이 모여 만들어지며, 이런 공통된 목적을 가진 공동체에서 개인이 희생이 필연적으로 발생할 수밖에 없는 구조이지만 개인의 희생이 발생했을 때 그 희생이 공공의 이익을 위한 것 혹은 최선책일 때는 개인의 희생에 대해 마땅히 제대로 보상이 이뤄져야 한다는 결론에 그렇지 못한 결과를 보면 INFJ 유형의 경우, 앞서 얘기와 같이 좌절하게 되는데 이러한 좌절에 본인 탓보다는 교훈을 삼고 더 개인이 발전할 수 있는 기회로 삼아야 하고 그 발전한 모습으로 비슷한 일을 혹시라도 겪게 된다면 슬기롭게 이겨낼 수 있는 지혜를 갖게 노력해야 할 것입니다.

*당신의 성숙함의 척도는*
*당신이 좌절하는 동안*
*얼마나 정신적으로 변화하느냐에 달려 있다.*
*−Samule Ullman−*

## 세 번째,
## 몰아 터져버리는 분노

INFJ 유형은 평소 인내심이 타 유형에 비해 강하며 최대한 끝까지 참으려 노력하는 성향을 갖고 있지만 이런 INFJ 유형 또한 참다 분노가 터지기도 하는데 이렇게 쌓아두었던 분노가 터지게 되면 상황정리가 쉽지 않고 한 번에 몰아 터진 분노는 자신에게도 상대방에도 상당히 좋지 못하기 때문에 분노를 표출하는 자신만의 방법을 찾아야 합니다. 분노를 굳이 표출하지 않더라도 미리 상대방에게 경고의 의미가 될 수 있도록 혹은 분노를 표출하기 전 서로가 서로에게 좋지 못한 상황을 만드는 일을 방지하고 서로의 인연이 악연이 될 수 있는 이런 상황에서 자신을 경계하고 더 이상 다가오지 않아야 한다는 언행으로 주의를 줄 수 있도록 하는 방법이 가장 이상적이지만 내향적이라 언행을 하기 쉽지 않다면 같은 행동양식을 보여줌으로써 즉 내가 화나거나 분노하면 이런 행동을 한다는 것을 미리 얘기해 줌으로써 지인들에게 자신을 경계하도록 미리 얘기해 두는 것 또한 좋은 방법입니다.

INFJ 유형을 분노조절장애를 갖고 있다라 생각하는 분들이 있는데 전혀 분노조절장애를 갖고 있는 것이 아니라 이 유형은 참다 진짜 본인이 이러다 더 이상 참지 못할 때, 그때야 분노를 표현하기 때문에 "왜? 평소랑은 다르지?"라는 생각과 함께 그렇게 보일 수 있음을 이해해야 합니다. 그리고 이 INFJ 유형이 분노를 표출하기 전에 미리 상황인지를 먼저 할 수 있도록 주변인들은 생각해 볼 필요성이 있다는 말을 전하고 싶고 INFJ 유형은 평소 인내만이 능사가 아님을 알아야 하며 앞서 얘기했듯 본인이 분노를 다스릴 필요성보다 분노를 표출하며 가슴의 응어리를 쌓아두기보다 표현하는 올바른 방법(활동적인 취미생활 혹은 감성적인 취미생활을 얘기할 수 있으며 운동, 음악 감상과 노래 등)을 깨우쳐야 자신이 한층 더 성숙됨을 인지해야 합니다. 특히 음악 감상을 하며 크게 노래를 따라 부르며 자신의 감정을 폭발하는 것을 많이 선호하며 가장 흔한 방법이기도 합니다.

분노는 무모함으로 시작해 후회로 끝난다.

−Pythagoras−

## 열정적인 중재자 INFP(인프피)

내향(Introversion)+직관(iNtuition)+감정(Feeling)+인식(Perceiving)

- **주기능 Fi 내향 감정**(내면의 자아를 탐구하고 스스로의 진정성을 보유, 개개인의 가치와 개성을 중요시하는 데 가장 두각을 드러냅니다.)
- **부기능 Ne 외향 직관**(연관성이 희박한 여러 항목의 연결고리를 찾아내거나 발산적이고 자유로운 상상 개방적 사고에 뛰어난 편입니다.)
- **3차기능 Si 내향 감각**(과거의 경험을 토대로 안정적인 선택을 하거나 기존에 반복되던 전통의 가치를 존중하는 데 서투른 편입니다.)
- **4차기능 Te 외향 사고**(뚜렷하고 구체적인 목적을 가지고 체계적으로 일을 추진하거나 스스로의 영향력을 행사하는 데 큰 어려움을 겪습니다.)

## 기능위계에 따른 성격장애-
## ISTJ 유형과 같은 회피성 성격장애(Fi/Si)

종종 자신의 개인적인 감정을 너무 많이 꺼내놓고 극도로 부정적인 과거의 경험에 의해 상처를 받기도 합니다. 이러한 유형은 사회적 상황과 다른 사람들과의 상호작용을 충동적으로 피하기도 합니다. 이들은 지나치게 예민하고, 다른 사람들의 말이나 행동 속의 감정적 의도를 과장하거나 오해하여 부정적으로 인식할 수 있습니다. 때때로 자신의 부정적인 감정을 다른 사람들에게 투사하기도 합니다.

MBTI 別 바람 이루기

(Fi)동시에 Si는 이들 안에서 "만약 내가 이런 식으로 행동한다면, 나는 스스로에게 매우 화가 날 거야. 그러니 그런 식으로 행동하는 모든 사람 또한 분노를 느껴야만 해!"라는 말을 건네기도 합니다. 이 유형의 고질적인 문제는 다른 사람들의 의도와 동기를 신뢰하고 그들의 사적인 정보를 공유하기를 꺼리는 것입니다. 심지어 가족이나 가장 가까운 친구에게조차 이들은 지나치게 예민하기 때문에 상처받지 않기 위해 타인들과 깊은 관계를 맺는 것을 거부합니다. 아스퍼거 증후군을 앓는 ISTJ에게서 이러한 모습을 흔히 볼 수 있을 것입니다. 만약 Ne/Te가 잘 기능했더라면 이들은 과거를 놓아주는 것의 필요성을 느껴 건강한 상태를 유지했을 것입니다. 또한 더 큰 목표를 성취하기 위해서 새로운 무언가를 시도할 것입니다. 반면에 이들 중 일부는 끝내 삶의 대부분을 완전한 은둔자로 보내기도 합니다.

세계 4%로 남성 4%, 여성 5%이며 한국 13.39%(1위)로 신경성 A(Assertive, 적극적/확신에 찬) 2.78%, T(Turbulent, 격동/격변) 10.61% 그 외 국내 통계로 6.5%(6위)라는 통계가 있습니다.

낭만형인 INFP는 다른 사람에게 날카롭지 않고 부드러우며 상냥하고 사려가 깊으며 이해심이 많고 세심하다는 인상을 주는 유형으로 주변의 눈치를 많이 본다고 생각할 수 있게 행동하는 것을 자주 볼 수 있는데 다른 사람의 언행을 보며 그 사람과 공감대를 형성하고 교감하는 것이 타 유형보다 발달되어 그렇게 행동하는 것임을 자주 겪다 보면 알 수 있으며 타인의 단점보다는 장점을 보려 노력하며 장점을 보는 데 그치지 않고 주변인들의 가능성을 보고 성취하는 데 도움을 주는 역할을 잘 합니다.

조금은 우울하고 아웃사이더 같은 기질을 가지고 있다 생각하기 쉬운데 이는 혼자 있는 시간을 좋아하는 것 때문이며 개인시간을 이들은 혼자 있는 시간이 본인들의 재충전시간으로 이용되어지기 때문으로 얘기할 수 있습니다. 평소에 몽상가라 생각이 참 많은 편인데 이상적인 생각도 많이 하지만 본질적인 고민들을 많이 하며 시간이 날 때 책을 읽거나 인터넷 기사를 읽거나 무언가를 습관적으로 많이 읽는 것 또한 볼 수 있으며 INFP 유형의 경우 새로운 아이디어와 정보를 잘 수용하는 편으로 창의력 또한 높이 평가할 수 있습니다.

유형별 부모, 자녀들의 성향도 하기에 조금 기재해 보겠습니다. INFP 부모의 경우 자녀에게 정직, 동정심, 배려 등의 도덕성을 가르치려 노력합니다. 자녀를 옆에서 지지하며 사랑스럽고 따뜻하게 자녀의 마음을 여는 부모가 되는 것을 목표로 하여 엄격한 부모보다 자율성을 선호하는 부모입니다. 특히 자녀들의 순수한 호기심을 옆에서 보는 것을 즐거워하며 자녀에게 많은 격려를 합니다.

INFP 자녀의 경우 공감하고 창조하며 이해하는 데 재능이 있으며 주어진 틀에 힘들어하는 경우가 많습니다. 산만하고 주어진 행동양식을 그대로 수행하기 어려워하여 사회성을 발달시키는 데 있어 상대적으로 힘들 수 있습니다. INFP 유형의 자녀 부모라면 정신적 충격을 받을 가능성이 높은 고함이나 엄격한 처벌 혹은 주위의 비판 등을 멀리할 필요성이 있습니다. 대신 자녀와 공감대 형성해 주고 격려를 아끼지 않는 것이 자녀에게 큰 힘이 될 것입니다.

INFP 유형에게 3가지 조언은 복잡한 상황에서는 인내심으로 잘 버티는 모습을 볼 수 있지만 되려 반복되는 일에 인내심의 한계점이 보인다는 것, 주변 상황을 주시하고 변화에 민감하게 반응하는 유형으로 볼 수 있는데 물론 상황을 인지하고 이해하며 적응력이 좋아 별 무리 없이 상황정리를 하지만 큰일보다 작은 일에 더 예민하게 반응하며 멘탈을 제대로 추스르지 못하는 경우가 자주 발생한다는 것, 주변 상황이 발생되면 일단 주시하며 상황파악을 먼저라 생각하는 성향상 나서서 신속한 대처를 하기 어려워한다는 것을 얘기해 보려 합니다.

## 첫 번째, 반복되는 일에도 잃지 않는 인내심 필요

INFP 유형은 복잡한 일이나 그러한 상황에서 타 유형보다 인내심을 갖고 문제를 해결하려 노력하며 최선책을 찾아 마무리하는 모습을 곧잘 볼 수 있지만 반대로 반복되는 일에 인내심이 부족하여 마무리를 잘하지 못하는 모습을 볼 수 있는데 이는 곧 반복적으로 해야 하는 생각과 행동에 취약하다는 뜻이기도 함으로 반복적인 생각이나 행동 혹은 그냥 일상의 그런 반복적임에 익숙해질 필요성이 있습니다. 일상은 복잡한 일이나 그러한 상황보다 반복적인 행동과 생각을 많이 하는 것이 대부분인데, INFP 유형의 경우 이런 반복적인 생각과 행동 혹은 일상이 뭔가 불안하게 느껴지는 경우가 많다는 것을 내담자 혹은 고객들과의 상담에서 여러 번 느끼기도 하였습니다.

이런 불안감으로 반복적임보다 새로운 것을 찾고 그 새로운 상황에 어느 정도 적응을 하면 지겨움이라는 감정과 불안한 감정이 교차로 또 나타나는 것을 느낀다고도 하는 고객도 있었습니다. 새로운 상황에 적응을 하면 또 다른 새로운 상황으로 자신을 몰아가고 그러한 생각과 행동을 한다는 것이 잘못된 것은 아니지만 직업이나 일상생활에서 혹은 인간관계에서 계속 새로운 일과 새로운 사람을 만나는 등 그러한 새로운 상황의 변화를 추구하는 모습이 자신에게서 나타나는 것에 문제의 초점을 맞출 수 있겠습니다. 누군가는 새로운 것에 도전하는 것을 어려워하지만 INFP 유형의 경우 새로운 상황을 즐기는 것으로 보이며 안주보다는 도전하는 것을 선호하는 편으로 보이지만 안주에서 느끼는 것이 불안함이 아닌 편안함이며 안주는 무조건적인 편안함을 추구하는 목적이 아니라 상황에 따라 본인의 능력을 발산하며 새로운 변화를 만들 수 있게 노력한다면 본인 자신이 새로운 상황으로 찾아가는 것이 아닌 새로운 상황을 기존 안주하는 상황에서 할 수 있다는 것을 인지하며 생각과 행동의 변화가 필요하다라 얘기할 수 있겠습니다. 반복적인 일이 무료하다라 생각하기보다 그 반복적인 상황에서 더욱 값진 것을 찾기 위해 노력할 줄 알아야 합니다. 좋아하는 같은 책을 여러 번 읽고, 좋아하는 같은 영화를 여러 번 감상을 하며 본인이 놓친 부분을 찾듯 그렇게 새로움을 반복적인 일에서 찾으려 노력하다 보면 분명 발전이 있을 것입니다.


*재능보다는 훈련, 열정, 행운이 우선이다.*
*그러나 이보다 더 중요한 것은 인내심이다.*
−James Baldwin−


## 두 번째, 예민함이
## 멘탈(Mental) 붕괴를 키운다

INFP 유형은 타 유형보다 예민하여 주변 상황을 주시하고 변화에 민감하게 반응하는 유형으로 볼 수 있는데 주변 상황을 주시하기 때문에 주변 변화를 이해하려 노력하고 유형 특성상 적응력이 좋기 때문에 그 변화된 상황에 적응을 잘하며 혹여 상황정리가 필요한 경우 상황정리를 하는 데 있어 별 무리는 없으나 타 유형들은 큰일에 멘탈(Mental) 관리가 힘들어한다면 INFP 유형은 도리어 작은 일에 예민하게 반응하며 멘탈을 추스르지 못하는 경우가 꽤 있습니다. 덧붙여 더 설명해 보자면 많이 예민한 INFP 유형은 큰일에는 도리어 마음을 크게 쓰며 상황에 대해 판단을 빨리하고 그 상황을 정리하고 벗어나는 방식을 조금 유하게 생각하고 받아들이는 대담한 모습을 보이며 멘탈 관리(큰일을 겪었더라도 타 유형보다 회복 속도가 많이는 아니지만 조금 더 빠르게 보일 정도)를 잘하는 경우가 꽤 많지만 작은 일에는 큰일보다 더 예민함이라는 칼날이 날카롭게 서며 신경질적인 반응을 보이는 경우가 많아 보이는데 이는 주변 환경의 영향을 많이 받는 유형이고 본인 자신이 과거의 경험을 토대로 안정적인 선택을 하는 경우가 서툴고 드물다는 것을 본인 스스로도 인지하고 있어 큰일보다 작은 일에 더 실수하지 않으려 신경을 더 쓰기 때문으로 볼 수 있지만 중요한 것은 그 신경 쓰는 와중에 주변에서 부정적인 언행을 하는 사람들이 있어 예민함이 더 날카로워질 때가 있다는 것을 INFP 유형 본인 스스로가 인지하고 있어야 달라질 수가 있는데, 본인이 갖고 있는 예민함이 신경질적으로 변하게 된 후 멘탈의 붕괴를 초래할 수 있는 가능성이 높아지고 또한 스스로의 심리적인 동요를 경계해야 함 또한 잊지 않고 있어야 멘탈을 전보다는 더 잘 추스릴 수 있을 것이며 멘탈 붕괴를 겪은 후 선택한 그 결정을 후회할 일이 줄어들 것이라 얘기하고 싶습니다.

우울증이나 낮은 자존감으로 자신을 진단하기 전에
먼저 당신이 실제로 단지 불쾌한 사람들에
둘러싸여 있지 않은지 확인하라.
−Sigmund Freud−

MBTI 別 바람 이루기

# 세 번째,
# 신속한 대처가 어려움

INFP 유형의 경우 타 유형보다 주변 상황의 변화를 인지하면 일단 주시하며 상황을 파악하는 것이 먼저라 생각하는 성향이라 자신 스스로 나서서 신속한 대처를 하기 위해 노력하는 것을 많이 어려워합니다. 쉽게 신속한 대처가 어려워 쉽사리 먼저 나서지 못하는 경우가 있다 얘기하는 것입니다.

신속한 대처가 어렵다는 얘기는 뚜렷한 목표를 가지고 일을 추진해 나가는 것에 어려움을 느끼는 성향으로 스스로 영향력을 행사하기 어려워하는 기능위계에 따른 것이기도 하지만 가장 중요한 것은 상황파악을 하기 위해 시간적인 투자가 필요한 성향이 가장 크게 작용하는 것으로 볼 수 있습니다. 세밀히 상황을 판단한 뒤 상황정리를 하기 위해 움직이는 것은 비유하자면 숲을 보려 하기보다 나무를 보려는 성향이 강해 전체적인 문제에 대한 해결책이 어려워 빠른 대처가 힘들다 얘기하는 것입니다. 그렇다면 신속한 대처의 어려움을 겪는 INFP 유형은 상황에 따라 시간적인 부분에 맞춰 행동할 수 있도록 개인 행동양식의 수정이 필요합니다. 상황에 맞게 판단하는 개인 행동양식의 수정이 필요하다 얘기하는 것인데 이는 본인의 행동을 시간적으로 생각하여 구분하는 것을 최우선으로 하고 행동의 우선순위를 나누는 노력을 해야 합니다. 즉 본인 스스로가 발생한 상황을 정리하기 전 우선 생각해 보아야 할 것이 시간적인 여유가 있고 없고를 최우선으로 판단한 뒤 시간적인 여유가 있을 때는 본래의 행동양식처럼 세밀히 상황을 주시하며 해결책을 찾는 것이 도움이 될 것이며 시간적인 여유가 없어 신속한 대처가 필요할 때는 세밀히 상황파악 하는 것보다 전체적인 문제점을 찾으려 노력한 뒤 전체에서 문제의 중심이 되는 것을 해결할 수 있도록 노력하는 개인 행동양식의 수정이 필요하다 얘기하는 것입니다. 상황에 맞게 행동양식의 수정이 처음에는 당연히 힘들지만 시간적 우선순위에 따른 행동을 해야 한다 만큼은 잊지 않으며 기억하고 노력하셨으면 합니다.

*신속한 행동이 생존을 담보한다.*
*−Rupert Murdoch−*

MBTI 別 바람 이루기

{ **외향**(Extraversion) }

## 엄격한 관리자 ESTJ(엣티제)
외향(Extraversion)+감각(Sensing)+사고(Thinking)+판단(Judging)

- **주기능 Te 외향 사고**(뚜렷하고 구체적인 목적을 가지고 체계적으로 일을 추진하거나 스스로의 영향력을 행사하는 데 가장 두각을 드러냅니다.)

- **부기능 Si 내향 감각**(과거의 경험을 토대로 안정적인 선택을 하거나 기존에 반복되던 전통의 가치를 존중하는 데 뛰어난 편입니다.)

- **3차기능 Ne 외향 직관**(연관성이 희박한 여러 항목의 연결고리를 찾아내거나 발산적이고 자유로운 상상이나 개방적 사고에 서투른 편입니다.)

- **4차기능 Fi 내향 감정**(내면의 자아를 탐구하고 스스로의 진정성을 보유하며 개개인의 가치와 개성을 중요시하는 데 큰 어려움을 겪습니다.)

## 기능위계에 따른 성격장애-
## 경계선 성격장애(Te/Ne)

뛰어난 지도력과 과장된 성과로 다른 사람들을 통제하고 현혹시키고 싶어 합니다. 이러한 경향은 사람들이 그들의 '비전 있는' 리더십 스타일에 따르기를 거부할 때 분개하는 모습으로 나타납니다. 모순적으로 다른 사람에게 극도로 의존하게 만들고 아무리 열심히 창조성을 발휘하며 남에게 일을 시킨다고 할지라도 결코 균형감을 찾지 못하도록 만듭니다. 내면에서 Te는 구조와 규율을 요구하지만 Ne는 창조적 자유를 위한 충동성의 과시를 위해 이를 계속 반박합니다. 때때로 Ne의 충동적인 모험을 제어하는 것에 실패했다는 것을 간과하는데 Te를 통해 다른 사람들에게 권위에 따르도록 강제할 수 있는 권력과 영향력 있는 위치를 유지하기 위해 어떤 일이든 하려고 할 것입니다. 만약 Fi/Si가 잘 기능했더라면 자신이 찾고 있는 것을 밖에서는 찾을 수 없다는 사실을 알아차렸을 것입니다. 가끔이나마 스스로를 위해 오로지 자기 존재만을 위해 사는 방법을 배워야 하며 잠시나마 외부 결과에 대해 잊어버려야 합니다.

세계 9%로 남성 11%, 여성 6%이며 한국 4.56%(11위) 신경성 A(Assertive, 적극적/확신에 찬) 2.77%, T(Turbulent, 격동/격변) 1.79%로 그 외 국내 10.7%(2위)라는 통계가 있습니다.

관리자형인 ESTJ는 질서정연한 것을 선호하여 주변의 정리정

MBTI 別 바람 이루기

돈이 잘되어 있으며 지식욕이 많고 솔직하며 직설적이고 자기애가 강하며 독립적이지만 성적으로 생각하고 체계적인 계획을 세우며 시작한 일은 반드시 마무리를 하고 싶어 하며 근면성실한 모습으로 팀을 이끄는 리더의 임무를 가장 잘 수행할 수 있는 유형으로 본인이 원해서 리더가 되는 경우보다 주변인들로 하여금 팀의 리더가 되는 경우가 많습니다. 감정적 공감이나 교감이 타 유형보다는 조금 서툴며 보수적인 성향이 강해 일반적인 사회적 가치에 반하는 행동을 하는 주변인들을 보고 공격적인 언행을 보이기도 하며 이들은 인간관계, 업무, 일상생활 등 본인만의 매뉴얼을 가지고 본인의 틀 안에서 생활하는 모습을 보이기도 하고 낭만적으로 원활한 주변인들과 관계를 맺는 유형이지만 외향형 중 내향형으로 가장 많이 오해받기도 하는데 이는 본인이 필요한 관계 외적으로 에너지 사용하는 것을 지양하고 혼자 있는 시간을 자기계발 하는 시간으로 생각하며 선호하는 성향 때문입니다.

유형별 부모, 자녀들의 성향도 하기에 조금 기재해 보겠습니다. ESTJ 유형의 부모의 경우 양육을 자신이 해내야만 하는 어려운 일이라 생각하며 자녀가 사회에서 건강한 일원으로 살아갈 수 있도록 자녀에게 구체적이고 실질적인 도움이 될 수 있는 방법을 알려주는 현실적이고 체계적인 부모 유형이며 자녀가 현명하고 지혜롭게 성장하기를 바라고 때론 자녀의 불복종을 용납하지 못하여 순종과 존중을 요구하는 엄격한 스타일의 부모 유형으로도 볼 수 있는데 이는 자녀를 보호하고 안전히 양육하려는 성향이 강하기 때문입니다.

ESTJ 유형의 자녀의 경우 생각이 분명하고 논리가 있어 부모나 교사들로부터 간섭받는 것을 싫어하며 목표의식이 분명하고 경쟁에서 이겨야 한다 생각하여 철저히 계획하고 뚜렷한 목표의식을 갖고 지나치게 노력하고 계획에 맞게 실행합니다. 장난도 잘 치는 활발함과 명랑함이 있지만 장난이나 행동에는 절제가 있습니다. 예의가 바르며 사교적이고 모범적으로 솔선수범하며 책임감이 강한 성향을 보입니다.

ESTJ에게 할 3가지 조언은 수집된 정보나 개념의 연결고리를 이해하고 엮어나가는 것을 다소 힘들어한다는 것, 합리적으로 생각하는 성향 때문에 누군가는 그 합리적임에 불공정을 느낄 수 있다는 것, 본인이 얼마나 효율적으로 일을 수행하는지를 과시하는 모습이 간혹 보이는 것에 대한 이야기를 해보려고 합니다.

## 첫 번째,
## 개념의 연결고리

ESTJ 유형은 암기하는 과목이나 일에는 강하지만 수집된 정보나 개념의 연결고리를 이해하고 엮어나가는 것을 다소 힘들어하는 성향을 보입니다. 그래서 수집된 정보나 개념의 연결고리를 이해하며 엮어나가 일 처리를 하는 데 있어 부족한 면모를 보이지만

MBTI 별 바람 이루기

기능위계에 따라 뚜렷한 목적을 두고 체계적인 계획을 세워 일 처리를 하기 때문에 앞서 얘기했던 부분을 주변인들이 부족한 면모라 생각하기 어려우며 부족하다 알아차리기가 매우 어렵다 할 수 있습니다. 하지만 삶을 살아가며 발생하는 일이나 문제가 뚜렷한 목적이나 목표를 두고 체계적인 계획을 세워 할 수 있는 일보다는 수집된 정보나 개념을 이해하고 연결고리를 찾으며 벌어질 일들을 앞서 보는 선견지명(先見之明)의 지혜가 필요한 일들이 많이 발생되지만 그때그때 상황에 맞게 대처함에 있어 자신의 사고와 언행이 부족하다 느끼고 어렵다 생각되어지는 것을 본인이 더 잘 느낄 수 있다면 조금이라도 발전 가능성이 있어 다행이라 생각되며 이런 자신의 부족함을 인지하지 못하거나 그런 상황에 자기합리화를 하여 자신의 부족함을 덮으며 부족함의 사고화하지 않으려는 것은 발전 가능성이 없음을 먼저 인지하고 있어야 합니다.

자신의 부족함을 인지하고 있다면 다음 순서는 일이나 문제의 흐름 파악 '사고(思考)의 연결고리 찾기'하는 것인데 이는 일이나 문제가 발생한 원인과 밀접하게 관계가 있어 꼭 생각해 볼 필요성이 있으며 원인이 명확해지면 해결방안을 찾는 것도 자연스레 명확해질 것이라 생각되어지지만 일단 중요한 것은 해결방안을 찾는 것에 집중하기보다는 문제나 일이 발생하게 된 원인을 먼저 찾는 것이 우선이며 개념의 연결고리를 이해하기 위해서는 일이나 문제가 된 상황에서 놓치는 부분이 없게 1~10(순서에 맞게 구분하여 사고하기)까지 생각해 보고 역순(10~1)으로도 일이나 문제가 된 상황을 생각할 수 있는 사고력이 필요하며 결론이 도출되면 이론에 맞는 검증 또한 꼭 필요하며 이런 노력들로 하여금 발전성이 보일 것입니다.

> 그간 우리에게 가장 큰 피해를 입힌 것은
> "지금껏 항상 그렇게 해왔어."라는 말이다.
> *—Grace Brewster Murray Hopper—*

## 두 번째, 나한테는 합리적인 판단 누군가에게는 불공정함

ESTJ 유형의 경우 합리적으로 생각하며 공정한 것을 선호하는 성향 때문에 억울한 대우 즉 불공정한 것을 보면 참지 못하고 맞서려는 경향이 강합니다. 하지만 자신이 합리적이라 생각하고 판단하여 행동한 결과물이 누군가에게 또 다른 불공정함이 될 수 있다는 것을 알고 있어야 합니다. 쉽게 설명하면 '나'는 되지만 '너'는 안된다는 식의 모순으로 보일 수 있는 언행들을 경계해야 합니다. 앞서 얘기했는데 ESTJ 유형은 합리적으로 생각하는 것을 선호한다고 분명 말했는데 여기서 합리적의 주체가 누구인가에 따라 공정함이 될 수도 불공정함이 될 수도 있으며 합리적의 주체가 본인이나 타인이 되는 것이 아닌 공공(公共)이 주체가 되어야 합리적과 공정에 멀어지지 않고 가까워질 수 있어 ESTJ 유형이 선호하는 것처럼 합리적이며 공정한 것이 될 수 있습니다.

단언컨대 합리적의 주체가 자신 혹은 타인이 되어 어느 한쪽으로 주체가 치우치며 누구라도 피해를 보게 되는 상황이 발생하게 된다면 그것은 결코 합리적이나 공정이라고 볼 수 없을 것입니다. 주체의 치우침은 누군가의 이기심으로 누군가는 피해를 보게 되는 구조라 얘기하고 싶으며 그 누군가가 얘기하는 합리적임과 공정이라는 이름으로 누군가의 실속을 챙기려는 목적의 행동은 결국 자기합리화이며 모순된 행동임을 알아야 하고 그 이기심을 경계할 필요성이 있습니다. 혹여 자신의 이기심에 비롯되어서 하는 행동의 정당성을 부여하기 위해서 합리화나 공정을 앞세운다면 본인의 무지의 부끄러움을 알아야 하는 언행임을 잊지 말고 기억해야 합니다. 무지의 끝은 화를 키워 더 큰 화를 불러오기 마련이라 앞서 얘기한 이기심과 주체의 치우침을 경계하고 구분하여 참된 합리적임과 공정함을 생각하여 판단하고 언행에 주의를 기울인다면 ESTJ 유형 본인 행동의 옳고 그름을 파악할 때 적어도 의구심보다는 명확함이 남으며 스스로의 영향력을 키우고 발전할 수 있는 계기가 될 수 있습니다.


*공정함이란 남에게서 더 많은 것을 받지 않는 것이다.*
*−Leo Tolstoy−*

# 세 번째,
## 효율적인 업무수행 과시는 실

ESTJ 유형의 경우 타 유형에 비해 자기 자신이 어떤 일을 할 때 얼마나 효율적으로 업무 수행하는지 과시하는 것에 관심이 많은 편인데 이는 기억력이 좋은 ESTJ 유형이라 과거의 경험을 기억하고 이를 토대로 좋은 결과를 얻기 위해 위험한 Lisk가 있는 방식보단 안정적인 전통의 방식(본인이 자기계발을 하며 평소 쌓아왔던 지식 중 도움이 될만한 즉 Data화가 되어 100%는 아니지만 최대한 본인이 하는 일이 성공할 수 있는 가능성이 높은 방식)을 선호하며 부단히 노력하는 것이 크기 때문에 본인 자신의 효율적인 업무수행을 과시하고 싶어 하는 경우가 많습니다. 하지만 이런 자신의 효율적인 업무수행능력을 과시하는 것은 Plus가 되기보다 Minus가 되는 경우가 많은데, 효율적으로 업무수행을 하며 자신의 가치를 높이는 데 분명 뛰어난 부분이 있지만 그만큼 주변인들의 시기 혹은 질투 또한 있을 것이며 이는 본인의 효율적인 업무수행이 장점인 것은 명확하다 말할 수 있지만 주변인들의 주의대상으로 비춰질 수 있다 볼 수 있는 부분이며 주의 대상 혹은 시기와 질투 등 주변인과의 관계에서 본인에 대한 Image가 좋지 못하여 악영향을 주기도 하며 그 주변인들이 적이 될 수 있고, 행동에 따라 본인에게 분명 도움이 될 수 있는 협력과 협동을 할 수 있음에도 그렇지 못한 행동을 하는 경우도 있음을 인지하고 혼자 효율적인 업무수행을 생각하기보다 함께 또 같이 효율적인 업무수행에 대해 생각하며 협력하고 협동할 수 있어야 정말 효율적인 업무수행이라 할 수 있을 것이기에 본인의 효율적인 업무 과시를 하기 전 주변을 살피는 지혜가 필요하며 과시욕을 보이는 것보다 업무를 함께하는 동료에게 도움의 손길을 주는 언행이 조금 더 과시욕보다 자신을 주변인에게서 인정받을 수 있음을 기억해 주셨으면 좋겠습니다.

*한 사람이 팀에 지대한 역할을 할 수 있지만,*
*한 사람으로 팀을 만들 수는 없다.*
*−Kareem Abdul Jabbar−*

## 모험을 즐기는 사업가 ESTP(엣팁)

외향(Extraversion)+감각(Sensing)+사고(Thinking)+인식(Perceiving)

- **주기능 Se 외향 감각**(현실적인 문제를 두고 자신 포함하여 남들과 타협하는 데 가장 두각을 드러냅니다.)
- **부기능 Ti 내향 사고**(엄밀한 논증과 사고활동의 전개 어떠한 현상이나 문제의 원인 등을 논리적으로 파고들어 분석하는 데 뛰어난 편입니다.)
- **3차기능 Fe 외향 감정**(보편적이고 평균적인 가치의 추구 일반적이거나 상황에 적합한 행동양식을 취하는 데 서투른 편입니다.)
- **4차기능 Ni 내향 직관**(머릿속 생각을 토대로 이론이나 예측이 필요한 상황에서 큰 어려움을 겪습니다.)

## 기능위계에 따른 성격장애-
## 연극성 성격장애(Se/Fe)

과장되고 공격적인 성적인 행동과 신체적 충동을 통해 자신을 드러내려는 경향을 보입니다. 외부세계를 반영하는 것이 유일하게 중요한 일이기 때문에 자신이 해야 할 사회적 의식에 참여하고 싶어 합니다. 그래서 어떤 방식으로라도 사람들에게 충격이나 감명 또는 다른 영향을 미치려 할 것입니다. 끊임없는 스릴과 갈등을 필요로 하기 때문에 다른 사람에 실제로 공감하는 일은 드물며 만약 Ti/Ni가 기능했더라면 문화적, 사회적 경향에 흐름에 따라 끊임없이 변화하지 않고 자신에게 주관적으로 중요한 것을 발견하여 균형감과 편안함을 찾았을 것입니다.

세계 4%로 남성 6%, 여성 3%이며 한국 2.94%(15위)로 신경성 A (Assertive, 적극적/확신에 찬) 1.62%, T(Turbulent, 격동/격변) 1.32% 그 외 국내 4.4%(11위)라는 통계도 있습니다. 뛰어난 직관력을 가진 유형인 ESTP는 오감이 잘 발달해 있으며 반항적이고 자유를 추구하며 주변인들과 감정적 공감은 서툴지만 다정한 면이 많고 순간을 살아간다 할 정도로 즉흥적인 면이 강해, 하고 싶은 것은 열정적으로 하지만 빨리 질려 하는 성향으로 끝이 흐지부지한 경우가 많습니다. 사람들의 성향을 단시간에 잘 파악하며 누군가와 경쟁이 시작되면 수단방법, 본인의 모든 것을 다해 경쟁하고 주변인들에게 관심받는 것을 즐겨 하며 좋아하고 자기주장이 강합니다.

또한 ESTP는 적응력이 좋은 편으로 이론적인 공부보다 현실적인 체험을 통한 경험을 선호하여 활동적인 성향으로 볼 수 있고 주변에 친구가 많으며 폭넓은 관심사와 취미가 다양하고 주변인들에게 솔직하며 직설적으로 조언을 많이 하고 긍정적이며 상상을 초월하게 아이디어가 많은 모습을 보이기도 하는데 미래보단 현실 지향적인 모습이 강해 주변 해결사를 자청하기도 하며 타고난 해결사 능력을 보이기도 하지만 문제의 시발점이 되는 경우도 많습니다.

유형별 부모, 자녀들의 성향도 하기에 조금 기재해 보겠습니다. ESTP 유형의 부모의 경우 자녀의 눈으로 즐길 수 있는 법을 알고 있으며 자녀를 동등한 가족 구성원으로 보는 시선을 가지고 있습니다. 자녀의 눈으로 즐길 수 있는 법을 알고 있다 상기에 기술하였는데 자녀 성향이 정적인 경우 부모의 에너지 활동을 부담으로 느끼기도 합니다. 자녀에게 규율과 체계를 잘 만들어 주지 못하며 활동을 통해 사람과 교류하는 것을 좋아하기 때문에 자녀와 정성적 유대감을 가지기 어려워하며 스스로 감정을 비합리적 시간 소모로 여겨 자녀가 감수성이 풍부하다면 아이와 갈등을 야기할 수 있으며 너무 정직하고 직설적으로 자녀에게 의사전달 하는 경향이 있어 자녀의 감정교류에 대해 잘 이해하지 못하고 자녀에게 훈육하는 것을 힘들어합니다. 하지만 자녀에게 이것저것 시도해 보자며 먼저 제안하고 자녀와 재밌게 놀아주고 자녀와 함께 보내는 시간을 좋아하며 융통성이 있습니다.

ESTP 유형의 자녀의 경우 타인이 정해준 도덕적 잣대가 아닌 자녀 자신 스스로가 정한 도덕적 잣대에 따라 사고하고 행동하며 겁이 없고 위험천만한 행동을 다른 유형에 비해 자주 하는 경향이 있어 청소년기 소위 일진이나 양아치 등의 비행을 겪는 아이들이 많습니다.

ESTP 유형에게 3가지 조언은 일의 우선순위를 나누었을 때 해야 하는 일보다는 하고 싶은 일을 먼저 하기 때문에 추후 나중을 돌아보면 해야 할 일을 제때 하지 못해 좋지 못한 결과로 이어지는 경우가 잦다는 것, 진지하지 못한 성격을 갖고 있는데 이는 솔직하고 직설적인 성향만큼 진지함이 필요하다는 것, 현실적으로 살아가는 모습이 강하기 때문에 장기적 안목이 부족하여 본인의 미래를 불투명하게 볼 수 있는 부분이 발생하기도 하는 것에 대해 이야기해 보려 합니다.

## 첫 번째,
## 오늘 할 일은 오늘 실행

사람들은 저마다 해야 할 일과 하고 싶은 일이 있으며 보통은 해야 할 일을 하고 싶은 일보다 먼저 실행하는 경우가 많지만 ESTP 유형의 경우 자유를 추구하고 즉흥적인 면이 강한 성향상 행동 우선순위가 타 유형과는 다르게 하고 싶은 일을 먼저 실행하며 해야 할 일을 바로 실행하지 않아 결과적으로 좋지 못한 결과가 많아 잦은 후회를 하게 되는데 잦은 후회에도 불구하고 고치지 못하고 반복한다는 것은 현재도 앞으로도 본인 자신에게 큰 걸림돌이 된다는 것을 재차 본인 자신이 지속적으로 인지할 수 있도록 생각하며 행동 개선이 될 수 있도록 노력하여 행동수정이 필요하다 얘기할 수 있는데 ESTP 유형이 간과하지 않고 바로 마주해야 하는 부분이 본인 자신의 반항적인 생각과 행동 성향 또한 갖고 있어 본인도 어떤 것을 우선적으로 실행하는 것이 옳은지 인지는 하고 있으나 앞서 얘기한 즉흥적인 면이 강하여 우선적으로 해야 하는 일을 하다 갑자기 하고자 하는 일이 생각이 나면 해야 하는 일을 미루고 하고 싶은 일을 우선적으로 실행하는 것으로 볼 수 있다는 것을 간과하면 안 된다는 것입니다. 반항적인 성향도 그렇게 행동하게 되는 한 부분을 차지하는 것도 물론 있지만 중요한 것은 본인이 제대로 문제에 대한 인지를 하고 있는지가 관건이 되는 것입니다. 잦은 후회에도 불구 상황에 대한 회피 혹은 자기방어기제를 사용하거나 자기합리화를 하는 등의 문제 직접적인 원인을 무시하고 외부로 문제의 원인을 찾으려는 행동을 한다면 자기발전 가능성이 낮고 자신의 내면을 좀먹는 행동이 되는 자존감과 자신감이 현저히 낮아지는 결과를 가져오기도 하여 여러 개인 문제의 시발점이 되는 것과 즉흥적인 자신의 행동 또한 경계하며 우선순위에 따라 하나씩 먼저 해야 하는 일을 마무리할 수 있게 주변 상황에 집중하고 노력한다면 좋지 못한 결과에 잦은 후회를 했던 지난날보다 좋은 결과를 가져와 웃는 날들이 더 많아지며 정말 하고 싶은 일이 어떤 의

미인지 그 정의 또한 알게 될 것입니다.

*한 걸음, 한 걸음 단계를 밟아 나아가라.*
*내가 아는 한, 무언가 성취하는 데*
*그것 말고 다른 방법은 없다.*
*-Michael Jordan-*

## 두 번째,
## 솔직하고 직설적인 만큼 진지함 필요

타 유형보다 더 솔직하며 더 직설적인 성향을 갖고 있는 ESTP 유형은 솔직하고 직설적인 표현을 잘하지만 진지하지 못하다라는 상대방의 견해로 인하여 잦은 오해를 받습니다. 진지하지 못하다 상대방이 느낀다는 것은 ESTP 유형이 주변인들에게 관심받는 것을 좋아하여 장난스럽고 가볍게 보이는 경우가 타 유형보다 조금 더 많아 상대방이 보편적으로 그렇게 느끼는 것이라 생각할 수도 있는데 ESTP 유형의 성향 중 하나인 솔직하고 직설적인 표현을 하며 상대방에게 자신의 의견을 전달하더라도 받아들이는 상대방은 앞서 얘기했던 ESTP 유형의 평소 성향으로 인지하여 가볍게 생각하거나 장난스럽게 받아들여 서로가 소통하는 데 불편함이나 오해가 발생할 요지가 다분하다 생각됩니다.

이런 상황을 해소할 수 있는 방법은 천천히 주변인들에게 본인이 진지할 때 나타날 수 있는 언행들을 인지할 수 있도록 보여주며 주변인들이 추후 언행만을 가지고 유추할 수 있도록 자신의 행동에 대한 일정한 양식을 두고 언행하여 상황에 대한 주변인들이 인지할 수 있게 돕는 것을 추천하며 주의해야 할 사항은 같은 상황에 다른 행동을 하는 것이 아닌 행동양식을 일정하게 유지해야 주변인들이 자신의 그러한 언행에 따른 학습효과를 만들 수 있기 때문에 굳이 본인 자신의 현재 상태를 주변인들에게 말하거나 표현하지 않더라도 충분히 주변인들은 주변 환경이나 상황에 따라 미리 학습되어 있는 행동양식에 맞게 자신의 언행이 이루어진다면 진지함을 표현하거나 강요하지 않더라도 문제가 될 수 있는 그런 잦은 오해의 소지가 있던 부분들이 줄어들거나 해소될 수 있습니다. 진짜 잊지 않아야 하는 것이 본인의 일정한 행동양식을 보여야 주변인들이 자신의 행동양식을 보고 본인에게 접근할 때 인지에 혼란을 주지 않으며 주변인과 소통에 무리가 없을 것입니다.

*인생에서 가장 큰 공백은*
*아는 것과 행동하는 것 사이에 있다.*
*−Dick Biggs−*

# 세 번째,
## 장기적 안목 필요

   장기적 안목이 필요함을 말하기 전 첫 번째 이야기에서 풀어 얘기했던 ESTP 유형의 즉흥적인 행동이 장기적 안목이 필요함과 연관되어 있는데 하고 싶은 일이 생각난다면 하고 있던 일의 마무리 전, 하고 싶은 일을 먼저 실행함으로 결과적으로 볼 때 잦은 후회를 하는 내용을 두고 얘기를 했었는데 그 즉흥적임에 미래를 생각하기에는 많이 불투명함이 보여지기 때문에 장기적 안목의 부재로 그 필요성을 얘기하고 싶었습니다. ESTP 유형의 즉흥적임이 무조건 단점이 되는 것은 아니며 타 유형과 또 다르지만 높게 평가하고 싶은 성향이 있는데 이것은 선호하는 교육방식인데 이 선호하는 교육방식이 무척이나 현실적인 유형이라는 것입니다. 즉 이론적으로 배우는 것보다 현실적 체험을 바탕으로 경험이라 생각하며 본인 자신이 직접 체험하는 방식의 교육을 선호하는 것을 높게 생각하는 것인데 이는 저자 본인 개인 생각이지만 이론은 장기적 안목을 키우는 데 꼭 필요한 것이지만 현실을 살아가는 데 실제 경험하고 느끼는 것이 어떤 일을 할 때 유사 경험으로도 인생에 많은 도움이 된다라 생각하기 때문에 직접 체험하는 방식의 교육을 선호하는 것에 높은 의미를 부여할 수 있는 것 같습니다. 하지만 자신의 바람을 이루기 위해 필요한 것은 긴 세월의 기다림이 될 수도 있는 장시간을 인내하고 견뎌야 하는 그런 장기적 안목을 갖춤과 자신의 상황에 맞고 현실에 맞게 대처하며 살아가는 것이 중요하다고 생각합니다.

이런 장기적 안목은 개인의 희망이란 이름으로 쓰일 수도 있으며 자신의 상황에 맞게 현실을 살아가며 계속된 검증을 하는 것은 개인의 의지가 될 것입니다. 어느 누구든 모두 시작 단계는 서툴기 마련이라 어디서부터 시작할지 몰라 방황할 수도 있는데 장기적 안목은 앞서 얘기한 이론적 지식으로 기본이 될 수 있는 목표설정 한 후 가상으로 현실적 접근을 하는 것을 추천하지만 개인의 불안감이 있을 때는 혼자 생각하는 것보다 지인에게 설명하고 서로 대화를 하며 검증하는 방식이 개인의 불안감을 해소할 수 있을 것입니다.


멀리 내다보는 안목이 없으면
큰일을 이루기 어렵다.
−안중근−


## 사교적인 외교관 ESFJ(엣프제)
외향(Extraversion)+감각(Sensing)+감정(Feeling)+판단(Judging)

- **주기능 Fe 외향 감정**(보편적이고 평균적인 가치의 추구 일반적이거나 상황에 적합한 행동양식을 취하는 데 가장 두각을 드러냅니다.)
- **부기능 Si 내향 감각**(과거의 경험을 토대로 안정적인 선택을 하거나 기존에 반복되던 전통의 가치를 존중하는 데 뛰어난 편입니다.)

- **3차기능 Ne 외향 직관**(연관성이 희박한 여러 항목의 연결고리를 찾
  거나 발산적이고 자유로운 상상 개방적인 사고에 서투른 편입니다.)
- **4차기능 Ti 내향 사고**(엄밀한 논증과 사고활동의 전개 어떠한 현상
  이나 문제의 원인 등을 논리적으로 파고들어 분석하는 데 큰 어려움을
  겪습니다.)

## 기능위계에 따른 성격장애—
## 자기애성 성격장애(Fe/Ne)

종종 충동적이며 다른 이들을 조종하려 하며 사람들로부터 끊임
없는 칭찬과 인정을 받고자 합니다. 새로운 사업에 투자를 받기 위
해 뛰어다니지만 결코 강력하고 주관적인 자신감을 키우지는 못하
며 Fe를 악용하여 사회의 문화적 기준에 대한 파악을 바탕으로 의
도적이게 사람들의 감정을 상하게 하고 화나게 만들기도 합니다.
이는 사람들이 어떻게 반응하는지를 궁금해하는 Ne의 호기심을 충
족시키기 위해서이며 만약 Ti/Si가 기능했더라면 이들은 개인적이
고 주관적인 균형감각을 찾았을 것이고 사람들의 칭찬과 무조건적
인 수용에 대한 집착에서 자유로워졌을 것입니다.

세계 12%로 남성 8%, 여성 17%이며 한국 8.35%(3위)로 신경성
A(Assertive, 적극적/확신에 찬) 3.99%, T(Turbulent, 격동/격변) 4.36% 그
외 국내 6.6%(5위)라는 통계도 있습니다.

세심형인 ESFJ는 원칙주의 성향이 강하지만 낙천적이며 긍정적이고 겉으로 티를 많이 내지 않지만 자존감이 높은 유형으로 평소 말이 많고 시끄러운 성향이지만 주변 상황에 따라 말없이 조용히 자리만 지키는 경우도 있으며 주변인의 마음을 공감하고 행동을 잘 이해하며 타인에게 선행을 베푸는 것을 즐기는 따뜻한 마음을 가졌습니다. 예의를 지키고 위계질서를 중요시 생각하며 정이 많은 편으로 한번 마음을 주면 배신하지 않고 헌신적이며 사교적이라 자연스럽게 분위기를 이끌 때가 많지만 노는 것을 선호하는 편은 아니며 주변인들에 대한 눈치는 굉장히 빠르지만 본인 관련된 눈치는 일부러 모르는 척하는 것처럼 보인다라 생각할 정도로 본인 관련된 눈치는 많이 부족하다 볼 수 있습니다.

외향인 유형 중에서도 가장 외향적 성향을 보이는 ESFJ 유형은 스트레스를 받으면 특히나 더 주변인들을 만나며 스트레스를 해소하는 편으로 외향적인 에너지가 많고 좋은 기억력을 지녔으며 자기주장이 강하지 않고 참을성도 좋으며 진짜 단순한 성향을 보이지만 세상 물정에 밝아 편하게 인생을 살아간다고 생각 들게 만드는 유형입니다.

유형별 부모, 자녀들의 성향도 하기에 조금 기재해 보겠습니다. ESFJ 유형의 부모의 경우 외향적 감정기능이 다른 사람들을 행복하게 하는데 헌신적이기 때문에 다른 성향들보다도 자연스러운 부모를 만든다 생각되고 자녀들에게 정서적인 지원을 할 때 빛을 발합니다. 가족 간 유대관계를 무엇보다도 중요시하는 성향으로 자녀들과 친밀하게 협력하는 것을 좋아하며 자녀에게 강한 도덕과 자기 수양을 발전시킬 수 있을 만큼 충분히 엄격하면서도 훌륭한 부모가 될 수 있습니다.

ESFJ 유형의 자녀의 경우 주변에 착하고 신뢰감을 주는 사람으로 평판이 좋고 대체적으로 대인관계가 원만하며 주변인들 일에 관심이 많고 고민상담을 잘 들어주는 데 반해 정작 본인이 슬프거나 심적 동요가 있는 일에는 혼자 아파하는 경우가 많은데 이들은 주변인들에게 본인의 그런 고민거리가 본인이 아파하는 것만큼, 힘들어하는 것만큼 주변인들도 본인과 같이 아프고 힘들게 하는 고통을 주는 것이라 생각하며 본인이 그들에게 피해 주는 것이라 느끼기 때문에 혼자 고통을 감내하는 것이 최선의 선택이라 여깁니다.

ESFJ 유형에게 3가지 조언은 주변인들의 말에 처음에는 동요로 시작되어 논리적이거나 사실적인 부분이 더해지면 현혹되어 넘어가 고생할 수 있는 귀가 얇은 성향을 띠고 있다는 것, 어떤 일을 할 때 최우선의 가치를 의무감으로 생각하고 행동하는 경우가 많은데 이 의무감에 대한 것, 본인이 속한 조직의 행동 결과가 좋지 못하였을 때 자책하고 자기검열을 통해 자신이 개선하려 노력하는 성향에 대해 이야기해 보려 합니다.

## 첫 번째,
## 주변인들에 의한 현혹

ESFJ 유형은 세상 물정에 밝아 인생을 참 편하게 살아간다고 얘기하는 사람들이 많겠지만 한편으로 주변인들의 마음을 공감하고 행동에 대해 이해하려 노력하는 타인에 대한 공감대 형성을 잘하는 유형이기도 하여 타인을 도울 때 인색하지 않는 편이라 그런 모습을 보고 접근하는 주변인들에게 배신을 많이 당하며 인간관계의 힘든 경험을 타 유형보다 많이 겪게 되는데, ESFJ 유형은 주변인들에게 배신을 당하더라도 주변인에 대한 믿음을 경계하거나 불안한 마음에 주변인의 손을 본인이 먼저 놓는 경우는 극히 드물다 할 정도로 주변인에 대한 믿음이 강하다 말할 수 있습니다.

인간관계에서 신의(信義)가 중요한 것은 두말할 것 없이 옳지만 본인 마음도 본인 스스로가 인지(Cognition)하지 못할 때가 있는 것도 사람입니다. 동물의 경우 본능에 충실하여 쉬운 결정을 하며 살아가지만 사람은 생각과 마음이 향하는 방향으로 움직이는 동물과는 다르게 여러 인지적 조건을 가졌으며 상황과 경우에 따라 같은 사람도 다른 행동을 하기도 하는 것이 사람이라는 것은 부정할 수 없는 사실일 것입니다. 이런 사실로 짐작해 볼 때 주변인들 중 한 사람에게 피해를 보게 되었을 경우 보통은 가까운 주변인들을 경계하고 불신하는 것이 일반적이지만 ESFJ 유형은 반대로 가해자의 상황과 행동을 이해하려 노력하는 행동을 보여주기도 하는 애석함을 보이기도 합니다. 사람을 본래 좋아하는 성향을 타고난

ESFJ 유형을 현혹하려는 주변인들이 적지 않지만 자신에게 해가 되는 사람을 구별하기 힘들며 구별하더라도 손절하기 또한 마음이 허락지 않아 피해 보는 상황이 늘어나며 이래저래 마음고생하며 힘든 시간을 보내는 상황이 적지 않음을 알기에 기존 주변인을 대하는 자세를 고치라고 말하기보다 목적을 갖고 자신에게 접근하는 사람을 구별하고 단호하게 거절해야 하며 그렇지 않으면 오늘 자신이 잃은 것에 몇 배를 앞으로 얼마나 더 잃을지 모른다는 것을 상기하셨으면 좋겠습니다.

*그릇된 믿음이 우리의 모든 불행을 자초합니다.*
*-Leo Tolstoy-*

## 두 번째, 모든 일에 최우선 가치가 의무감이 되어선 안 된다

ESFJ 유형은 타 유형과는 결이 다르게 겉으로 표현을 잘하지 않지만 자존감이 상당히 높은 성향을 갖고 있으며 무슨 일을 할 때 의무감에 최우선 가치를 두는 경우를 많이 볼 수 있고 이런 최우선적 추구하는 가치로 인하여 본인 자신 즉 개인이 발전하며 성공이나 자존감을 더 높여줄 수 있는 결과적으로 좋은 상황을 맞이한다면 더할 나위 없이 좋겠지만, 우선적 가치를 의무감으로 생각하는 이상 일이 좋지 못한 결과를 맞이할 경우 그 의무감으로 인해 책임감이 커져 자책하며 여러 심리적 동요를 겪고 본인 자신에게 위해(危害)가 되며 자신에게 가장 큰 원동력(높은 자존감을 갖고 있는 사람들은 이것이 본인 자신의 언행에 있어 큰 원동력이라 판단하게 되는 이유는 자신의 가치를 높이 평가하며 자신감을 갖고 긍정적인 언행을 할 수 있게 돕기 때문)이라고 할 수 있는 높은 자존감을 잃을 가능성이 많습니다.

앞서 말한 이런 심리적 문제 혹은 심리적 이상 발생으로 긍정적이고 낙천적인 본래의 성향과는 다르게 변화될 가능성이 농후하며 단편적으로 볼 때 의무감을 가질 필요성은 있지만 그 의무감이 과도한 책임감으로 수반되어 자신에게 부담감이나 피해를 줄 수 있다는 것을 느끼고 옳지 못한 행동임을 인지하고 있어야 합니다. 모든 일에 의무감으로 생각하며 그에 따른 책임감까지 수반되어 자신의 어깨에 세상 짐을 다 지고 인생을 살아갈 수 없다는 것을 일찍이 깨달아야 합니다. 앞서 이야기했지만 의무감의 필요성은 당연히 있지만 일의 경중(輕重)에 따라 의무감은 달라져야 하며 그 달라지는 의무감에 따라 책임감 또한 달라져야 하며 이 이야기는 책임을 회피하길 바라서 하는 이야기가 아닌 본인 유책을 정확히 파악 후에 다음 일을 대비하여 후에 커질 수 있는 일 즉 후한(後恨)을 예방하여야 좋지 못한 결과를 얻었을지라도 좋은 경험이 될 수 있다는 말을 하고 있는 것입니다.

*책임과 권위는 동전의 양면과 같다.*
*권위가 없는 책임이란 있을 수 없으며*
*책임이 따르지 않는 권위도 있을 수 없다.*
*—Max Weber—*

## 세 번째,
## 자책과 자기검열

ESFJ 유형의 경우 앞서 두 번째로 이야기한 내용과 일맥상통한 부분도 일부 포함되어 있는 이야기로, 하려는 일의 결과가 좋지 못한 결과를 맞이하였을 때 타인의 마음을 공감하는 능력이 뛰어나고 선행을 베푸는 것을 즐겨 하는 따뜻한 마음을 지닌 성향이라 타인이나 주변인들 탓으로 돌려 책임회피 하려는 경향보다 자책하고 자기검열을 통해 개선하려고 노력하려는 모습을 보입니다. 이는 한편으로 생각해야 할 것이 직위, 직급, 직책에 맞게 행동에 차이를 두어야 일에 대한 심리적 부담감이나 심리적 피해를 줄일 수 있습니다. ESFJ 유형의 경우 현재 이야기를 포함하며 앞서 얘기한 2가지 이야기 또한 심리적 문제로 발생할 수 있는 이야기들인데 이는 심리적 문제로 인하여 삶이 달라지는 경우를 적지 않게 접하여 심리적 부담감과 피해를 줄일 수 있는 현실적 조언을 하기 위해 노력하여야 ESFJ 유형이 어떤 바람을 가져도 그 바람에 닿을 확률을 높여줄 수 있다 생각하여 이야기함을 알아주셨으면 좋겠습니다.

본론으로 다시 돌아가 자책과 자기검열의 주된 취지는 잘못된 상황에 대한 개선의 의지라 그 목적은 나쁘지 않으나 빈번한 자책과 자기검열은 생각이 많아지고 감정의 기복이 심해지며 불안정한 자아를 만들기도 하여 불면증을 수반하는 등 여러 심리적, 육체적 건강상 악화를 야기하기도 하여 경계해야 함을 잊지 말아야 하며 자책은 상황의 반전을 꾀하지 못하며 타인에게 위안을 주고 보여주기 위한 행동으로 비춰질 수 있어 가급적이면 지양해야 하며 자기검열의 경우 절대 자신의 잘못만이 주된 목표가 되어 자신의 잘못을 찾으려는 노력만으로 달라지는 것은 없으며 문제의 원인을 찾으려는 자기검열의 경우 제3자의 눈으로 잘못된 부분과 문제를 직시하며 상황을 보려 노력해야 문제점, 개선점을 발견할 수 있으며 그 목적에 맞게 사고하며 행동하여 잘못된 결과를 반전시키고 목적에 맞게 개선할 수 있음을 명심해야 합니다.

*자신의 부주의로 생겨난 잘못은 즉시 책임을 져라.*

*—Gracian—*

## 자유로운 영혼의 연예인 ESFP(엣프피)
외향(Extraversion)+감각(Sensing)+감정(Feeling)+인식(Perceiving)

- **주기능 Se 외향 감각**(현실적인 문제를 두고 자신 포함한 남들과 타협하는 데 두각을 드러냅니다.)
- **부기능 Fi 내향 감정**(내면의 자아를 탐구하고 스스로의 진정성을 보유하며 개개인의 가치와 개성을 중요시하는 데 뛰어난 편입니다.)
- **3차기능 Te 외향 사고**(뚜렷하고 구체적인 목적을 가지고 체계적으로 일을 추진하거나 스스로의 영향력을 행사하는 데 서투른 편입니다.)
- **4차기능 Ni 내향 직관**(머릿속 생각을 토대로 이론이나 예측이 필요한 상황에서 큰 어려움을 겪습니다.)

## 기능위계에 따른 성격장애—
## 강박성 성격장애(Se/Te)

강박장애와는 다르며 주위 환경을 통제하기 위해 고집을 부리며 공격적이고 무뚝뚝하며 적대적이고 누군가의 감정을 상하게 하는 것을 조금도 두려워하지 않는 전형적인 불건강한 유형의 모습으로 비춰지며 Te가 외부 환경을 말도 안 되는 수준으로 통제하고 조직화할 것을 주장하기 때문에 내부적으로 다른 사람의 인정을 훨씬 더 많이 필요로 합니다. 반면에 Se는 공격적인 힘과 무차별적인 태도로 어떤 반대자들도 방해가 되지 않도록 밀어냅니다. 텃세를 부리며 힘을 과시할 명분을 찾기 때문인데 이러한 유형의 주기능-3차기능 루프는 가장 상대하기 까다롭습니다. 만약 Fi/Ni가 잘 기능했더라면 이들은 자신의 행동이 다른 사람들에게 부정적인 영향을 미친다는 사실을 더 잘 생각하고 공격적으로 모든 일에 책임을 맡는 것이 항상 최선의 방법은 아니라는 사실을 받아들였을 것입니다.

세계 9%로 남성 7%, 여성 10%이며 한국 6.36%(6위)로 신경성 A (Assertive, 적극적/확신에 찬) 2.79%, T(Turbulent, 격동/격변) 3.57% 그외 국내 5.3%(9위)라는 통계도 있습니다.

연예인형인 ESFP는 친화력이 좋고 사교적이라 타인과 쉽게 친해지는데 특히 낙천적인 성향을 갖고 있는 사람들과 빨리 친해지는 것을 볼 수 있으며 이들 성향으로 볼 때 기본적으로 좋고 싫음이 분명한데 인간관계 또한 좋아하는 사람과 싫어하는 사람이 분명하지만 일반적으로 사람들을 좋아하고 정이 많은 성향으로 냉철한 모습을 보여주기도 하지만 정이 많은 성향 탓에 거절을 잘 못하는 모습도 보이며 사교적인 성향으로 많은 사람들을 만나고 쌓인 본인만의 누적된 정보로 사람에 대한 통찰력이 좋으며 주변인들에게 재미와 즐거움을 주려 하고 밝은 분위기를 만드는 데 노력하는 성향이 있는 것만 봐도 알 수 있듯, 혼자 있는 시간을 선호하지 않으며 감정적인 성향이 강해 매사 충동적인 편이고 오감이 발달되어 예민한 신경을 갖고 있는 유형으로 어떤 일을 처리할 때 보통 막상 꼭 해야 할 때가 되어서야 행동으로 옮기지만 이들은 경중을 따져 행동하는 편으로 생각할 수 있는데 정말 중요한 일이라 생각을 하면 주저함이 없이 바로 행동하는 모습을 볼 수 있습니다.

생각이 단순하며 주변인들에게 개인적인 얘기들도 서슴없이 얘기하는데 개인사 비밀 얘기 또한 서슴없이 하며 주변인들의 마음의 문을 먼저 열기도 하고 이들은 고민하다 잠들고 일어나면 고민거리를 잊기도 하는 모습을 보이기도 하는데, 일상생활에서 주변인들과 갈등을 싫어하지만 문제가 발생하더라도 빠른 시간 안에 해결하는 것을 선호하며 뒤끝 있는 행동을 좋아하지 않기 때문에 본인 또한 그런 행동을 지양하고 현재 순간순간을 즐기며 모든 것을 경험으로 생각하며 인생을 이해하고 살아가기 때문에 유형별 평균 행복 지수가 가장 높은 유형이기도 합니다.

유형별 부모, 자녀들의 성향도 하기에 조금 기재해 보겠습니다. ESFP 유형의 부모의 경우 자녀와 여행 다니는 것을 좋아하며 자녀의 학업보다는 즐거움과 행복 그리고 사회성을 중요시하는 통제보다 개방적인 양육을 선호합니다.

ESFP 유형의 자녀의 경우 처음 만난 아이들과도 금세 친해질 정도로 친화력이 좋으며 공부보다는 친구들과 함께하는 시간을 즐기기 때문에 청소년기 일진이나 노는 아이로 인식되는 비율이 가장 높은 유형입니다. 억압당하는 것을 견디지 못하고 자유로우며 개방적인 성향입니다.

ESFP 유형에게 3가지 조언은 혼자 있는 시간을 힘들어하며 다른 누군가와 함께하는 시간을 귀중하고 행복한 시간으로 생각하고 정말 좋은 시간을 보낼 수 있고 보내고 있겠지만 개인만의 혼자 있는 시간 또한 다른 사람과 보내는 시간만큼이나 중요시 생각해야 한다는 것, 평소 말 자체는 많이 하는데 질이 떨어지고 말에 임팩트가 없으며 하고 싶은 말은 많은데 정작 하고 싶은 말은 잘 못 하며 체계적, 논리적이지 못한 부분이 있기 때문에 말을 할 때 요점과 더불어 부연설명을 많이 덧붙이는 것, 성향상 책임감이 따르는 일을 회피하려는 경향을 많이 보이는 것에 대해 이야기해 보려 합니다.

## 첫 번째,
## 개인시간 즐기기

ESFP 유형의 경우 누군가와 함께하는 시간을 선호하는 성향이 강하여 혼자 있는 개인시간 활용의 부재를 생각할 수 있으며 이런 개인시간 활용의 부재는 자아의 문제로 발전하는 경우가 많으므로 성향에 따라 주변인들과 함께, 같이 보내던 시간에서 벗어나 개인시간 활용의 필요성이 있는데 처음 시작하는 단계의 개인시간 활용은 누군가와 함께하는 시간이 아니라 혼자이기에 외롭고 많이 어색하며 해오던 일상과는 다른 양식이라 부자연스럽고 그 시간 자체가 견디기 힘들다 느껴질 수 있지만 분명 올바른 개인시간 활용을 경험하게 된다면 전보다는 다른 더 튼튼해진 자아를 만날 수 있고 넓어진 혜안(慧眼)으로 다양한 관점으로 세상을 보는 눈이 달라짐을 경험할 수 있는데, 이를 경험하기 위해서는 분명한 계획이 필요한데 앞서 얘기했던 처음 시작 단계에서 막상 홀로 개인시간을 활용하려면 무엇을 어떻게 해야 할지에 대한 생각이 막막하게 들게 될 것입니다. 이럴 때 주요한 것은 자아의 영향을 줄 수 있는 개인시간 활용과 개인혜안의 영향을 줄 수 있는 개인시간 활용에 대한 목표 설정인데 이런 목표설정은 목적에 따른 다른 행동양식을 생각해 봐야 한다는 것입니다. 이런 본래 행동양식과 다른 행동양식을 추구해야 하기 때문에 개인 스트레스를 고려할 필요성 또한 있으며 처음 시작하는 단계에서는 그 스트레스를 줄이며 달라진 행동양식에 대한 적응기가 필요함을 인지하며 개인 프로그램(Program) 설정을 해야 하는데 자신이 그나마 즐겁게 할 수 있는 것으로부터 시작해야 합니다. 더 튼튼한 자아의 목적을 둔 다른 행동양식을 조금 살펴보면 혼자 할 수 있는 취미생활에 초점을 두는 것을 생각해 볼 수 있으며 혜안(慧眼)에 목적을 둔 다른 행동양식은 자신이 가장 가깝게 생각하는 것을 더 자세히 보는 눈으로부터 시작할 수 있음을 얘기할 수 있으며, 쉽게 자신이 생각하고 있는 것 중 우선순위에 따른 다양한 정보를 찾으려 노력하고 그 내용을 자기 것으로 만드는 과정이 필요하다는 것입니다. 이 달라지는 행동양식에서 가장 중요한 것은 스트레스를 안 받을 수 없으며 적은 양의 스트레스를 받으려 지속적인 목표 개선 또한 필요할 수 있음을 인지하며 개인시간 활용을 해야 한다는 것입니다.

　　　　　　　　　　　　　　　MBTI 別 바람 이루기

*젊은 날을 회상하며 후회하지 않는 삶.*

*−Mark Twain−*

## 두 번째, 논리적이고
## 임팩트(Impact) 있는 언행이 필요

ESFP 유형의 경우 상대방에게 하고 싶은 말이 많으며 그에 따라 말 자체 또한 많이 하는데 언어습관을 보면 말에 부연설명을 덧붙이는 언어습관을 볼 수 있습니다. 이 언어적 습관은 상대방에게 본인이 하고자 하는 말의 의미를 정확히 전달하고자 부연설명을 하는 것으로 본인은 생각하는데, 상대방의 입장에서 생각해 볼 필요성이 있는 것이 자신이 생각할 때는 부연설명이라 생각되는 이야기들이 상대방이 생각할 때 ESFP 유형의 말에 체계적, 논리적이라 설명하고 있다 생각하기보다 말이 많아 꼬리에 꼬리를 무는 형태의 말이 되어(체계적, 논리적인 언어의 형태가 아니므로 상대방이 인지) 상대방의 입장에서는 말에 Impact가 없으며, 질이 떨어져 ESFP 유형의 본인이 전달하고자 하는 말의 의미와 의도를 전달받기 어려워하는 부분이 있음을 상대방의 언행에서 알 수 있습니다. 앞서 얘기했듯 ESFP 유형의 말에는 임팩트가 부족하고 말꼬리에 꼬리에 무는 부연설명이 많은 말에 질이 떨어지는 것으로 인지되기가 쉬우며 이런 것을 종합적으로 볼 때 상대방 입장에서 ESFP 유형의 말에 의미와 의도를 판단하기 어려운 것입니다. 그렇다는 것은 하고 싶은 말이 많음을 자제하며 말수를 줄이고 하고자 하는 말의 의미나 의도에 대한 요점정리를 말하기 전 생각을 정리하여 상대방에게 말해야 하며 필요에 따라 부연설명을 하되 ESFP 유형 자신이 전달하고 싶은 의미나 의도를 퇴색하지 않는 단어선택을 하여 말을 하는 언어습관이 중요할 것입니다. 일단 하고자 하는 말에 의도와 의미를 상대방에게 정확히 전달하려면 논리적으로 생각정리를 하여 Impact 있는 단어 선정을 통해 상대방 기억에 남을 수 있게 말을 해야 한다는 것을 ESFP 유형이 인지를 하며 언어습관을 바꿔야 할 것입니다. 처음부터 많이 힘들다 느낀다면 자신이 한 주제를 정하여 생각정리를 한 글쓰기 즉 요점정리를 한 내용을 글로 쓰고 그 글을 혼자 읽어보는 방법(혼자 소리 내 읽는 것을 추천)으로 더 쉽게 접근할 수 있을 것입니다.

> *말을 많이 한다는 것과 잘한다는 것은 별개이다.*
> *−Sophocles−*

## │ 세 번째,
## │ 책임감 익히기

ESFP 유형의 경우 앞서 얘기했지만 자신이 중요한 일이라 생각한다면 주저함 없이 바로 행동하는 모습을 보이지만 보통 어떤 일을 처리할 때 막상 꼭 해야 할 때 행동으로 옮기는 일의 경중을 따져 행동하는 유형이라 설명하였는데 통상 책임감이 따르는 일 즉 책임감을 느낄 수 있는 일의 경우 회피하며 자신이 먼저 나서서 선행하지 않는 경향이 강합니다. 이는 곧 책임감을 느끼는 일 특히나 막중한 책임감이 주어지는 일이라면 더더욱 회피하려 드는 모습을 볼 수 있는데 어떻게 보면 지극히 정상일 수도 있다 생각해 볼 수는 있습니다. 왜냐하면 책임감을 느끼는 일의 경우 심리적 부담감이 클 수밖에 없으며 그 부담감을 이겨내기란 여간 어려운 것이 아니란 것을 잘 알기 때문에 어떤 책임이 따르는 일을 하며 자신이 심리적 부담감을 이겨내기 힘든 부분과 굳이 자신이 나서서 선행하지 않아도 타인이 나서줄 것이라 생각하는 부분(안일함) 등 여러 가지 복잡한 내면의 상황을 겪게 되고 그에 따른 내면이 불안해지며 여러 복잡한 심경이 들기 때문에 책임감을 요하는 일의 경우 처음 시작부터 하지 않으려는 것이며 이런 순간이 반복되어 책임감을 요하는 일에는 거부감을 느끼게 된다는 것이며 이런 책임감 회피의 경향을 보이는 ESFP 유형을 이해할 수 있다 얘기하는 것이지만 책임감이 없이 혹은 책임감을 갖지 않고 무슨 일을 한다는 것은 의미가 없이 무의미한 시간을 보내는 시간낭비 정도로 생각할 수 있을 것입니다.

　ESFP 유형의 성향이 무책임하다는 것은 아니며 책임감에 대해 타 유형보다 심리적 압박감을 더 느껴 자신이 견디기 힘들다는 것을 인지하기 때문에 회피하는 경향으로 볼 수 있다는 것이며 이런 책임감 회피에서 벗어나 달라질 수 있게 변화를 주기 위해서는, 작은 일, 사소한 일에 자신이 책임감을 갖고 변화할 수 있게 지속적으로 자신을 노출시키며 부딪치고 주변인들의 책임감 있는 모습을 자신의 모습과 비교하고 생각의 전환 또한 함께할 수 있도록 노력하는 자세를 필요로 할 것입니다.

> *일의 크고 작음에 상관없이*
> *책임을 다하면 꼭 성공한다.*
> *—Dale Carnegie—*

## 대담한 통솔자 ENTJ(엔티제)
### 외향(Extraversion)+직관(iNtuition)+사고(Thinking)+판단(Judging)

- **주기능 Te 외향 사고**(증명되거나 사실로 판명된 것을 근거로 남들에게 내세우는 데 가장 두각을 드러냅니다.)
- **부기능 Ni 내향 직관**(머릿속 생각을 토대로 이론이나 예측이 필요한 상황에서 뛰어난 편입니다.)
- **3차기능 Se 외향 감각**(현실적인 문제를 두고 자신을 포함한 남들과 타협하는 데 서투른 편입니다.)
- **4차기능 Fi 내향 감정**(생각 그대로의 감정을 표현하는 데 큰 어려움을 겪습니다.)

MBTI 別 바람 이루기

## 기능위계에 따른 성격장애-
## ESFP와 같은 강박성 성격장애(Te/Se)

강박장애와는 다르며 주위 환경을 통제하기 위해 고집을 부리며 공격적이고 무뚝뚝하며 적대적이고 누군가의 감정을 상하게 하는 것을 조금도 두려워하지 않는 전형적인 불건강한 유형의 모습으로 비춰지며 Te가 외부 환경을 말도 안 되는 수준으로 통제하고 조직화할 것을 주장하기 때문에 내부적으로 다른 사람의 인정을 훨씬 더 많이 필요로 합니다. 반면에 Se는 공격적인 힘과 무차별적인 태도로 어떤 반대자들도 방해가 되지 않도록 밀어냅니다. 텃세를 부리며 힘을 과시할 명분을 찾기 때문인데 이러한 유형의 주기능-3차기능 루프는 가장 상대하기 까다롭습니다. 만약 Fi/Ni가 잘 기능했더라면 이들은 자신의 행동이 다른 사람들에게 부정적인 영향을 미친다는 사실을 더 잘 생각하고 공격적으로 모든 일에 책임을 맡는 것이 항상 최선의 방법은 아니라는 사실을 받아들였을 것입니다.

세계 2%로 남성 3%, 여성 1%이며 한국 2.73%(16위)로 신경성 A (Assertive, 적극적/확신에 찬) 1.47%, T(Turbulent, 격동/격변) 1.26% 그 외 국내 3.8%(13위)라는 통계도 있습니다. 대담한 리더형인 ENTJ는 본인의 안목에 자부심을 느끼며 논리적으로 계산하는 데 능숙하고 자기주장이 강하며 자기관리능력이 뛰어나고 주변인과 대립이 잦은데 이런 대립이 논쟁으로 이어진다면 인성을 내려놓고 논쟁을 하는 성향도 보이는데 이는 경쟁을 한다는 생각이 들면 경쟁에서 이겨야 한다는 자의식이 강하기 때문으로 볼 수 있으며 어리석은 행동을 용납하지 못하고 말도 안 된다고 생각할 수 있는 목표를 가지고 있는 경우가 많으며 한다면 무조건 하는 성향을 보이고 엄청 솔직하며 변화에 적응을 잘하고 때로는 변화를 선동하기도 합니다. 생각이 많고 효율적으로 업무가 진행되기를 바라며 그렇지 못할 경우 오랫동안 사용한 틀이라도 기존에 사용한 틀은 버리고 효율성을 높일 수 있는 새로운 틀을 찾아 효율적인 업무가 진행될 수 있게 틀을 새롭게 만들고 좋은 결과를 도출할 수 있는 상황으로 바뀔 수 있도록 철저히 준비하며 노력합니다. 충동적인 결정을 잘하기도 하고 사람들과 감정적 공감이 서툰 편이지만 다른 사람에게 조언을 할 때 기분 나쁘지 않게 차분히 잘 전달하며 본인의 필요에 의해 사교성이 발휘되는 편이고 이런 독립적인 성향을 보고 내향형으로 보는 경우가 종종 있습니다. 간혹 특이하게 본인의 생각을 혼잣말로 하는 것을 들을 수 있는 유형입니다.

유형별 부모, 자녀들의 성향도 하기에 조금 기재해 보겠습니다. ENTJ 유형의 부모의 경우 따뜻한 부모와는 조금 거리감이 있어 타고난 부모상은 아닐 수 있지만 책임감과 강한 의지가 있어 자녀를 양육하는 데 그 책임감으로 인한 최고의 열정을 보이며 헌신할 수 있는 부모입니다. 자녀와 정서적 교감을 많이 늘려야 하며 너무 강한 훈육을 할 수도 있으니 자녀의 미숙함을 이해하고 실수도 할 수 있다는 사실을 항상 염두해 둘 필요성이 있습니다.

ENTJ 유형의 자녀의 경우 어떤 상황에서도 상황 이면의 문제를 간파하는 능력이 있고 매사에 공정한 성격으로 원리원칙에 따라 행동하고 에너지가 넘쳐 매사에 적극적입니다. 자녀 본인의 원칙과 맞지 않으면 손윗사람, 친구, 동생 등 가릴 것 없이 도전하고 자신의 정당성을 끝까지 주장하며 논쟁을 하는데 거침없이 행동하고 자녀 본인의 잘못을 인정할 때 또한 과감하고 솔직히 행동합니다.

ENTJ 유형에게 3가지 조언은 자신이 일하는 분야나 하고자 하는 것에서 완벽주의를 추구하는 성향이라 주변인들이 겪는 고통이 있다는 것, 호기심이 많고 상상을 많이 해서 아이디어 도출은 되는데 의미 없는 생각으로 잦은 시간 낭비 또한 한다는 것, 소속감보다는 본질을 추구하며 본연의 업무 및 직무인 일을 통한 본인의 발전과 성취감을 중요시하는 성향이 강해 팀을 우선으로 생각하는 것이 아닌 효율성을 따져 단독 행동을 하는 경우가 잦음에 대한 얘기를 해보려 합니다.

## 첫 번째, 완벽주의로 인한 주변인의 스트레스(Stress)

ENTJ 유형은 자신의 분야에서 완벽주의를 추구하는데 완벽을 추구한다는 것은 실수에 대한 용납이 안 된다는 입장을 보이며 실수에 관대하지 못하기 때문에 주변인들은 이런 완벽함을 요하는 ENTJ 유형에게 스트레스를 곧잘 받게 되고 일을 함께하는 동료로서 엄청난 중압감 및 압박감으로 다가오기도 하며 완벽주의 추구가 서로서로 보완을 하며 완벽을 추구하는 것이 아닌 ENTJ 유형에 대해 앞서 성향에 대한 설명을 하였듯이 업무는 효율적으로 진행되기를 바라고 좋은 결과가 도출될 수 있게 노력하는데 업무에 효율적이지 못한 오래된 틀을 발견한다면 오랜 시간 사용한 업무 Process라도 기존의 틀을 버리고 효율적인 업무 Process를 갖출 수 있게 틀을 새롭게 만들기 위해 노력하며, 업무 효율성이 높아질 수 있는 방안을 철저히 준비하는 성향에 따라 자신이 미리 생각하여 계획한 효율적이며 좋은 결과를 도출할 수 있는 그런 본인의 계획에 따른 완벽을 추구하는 경우가 많고 그에 따른 Feedback 또한 자신의 생각을 통한 1차적 Feedback이 나오는 것이기 때문에 동료들 혹은 주변인들과의 의사소통을 통한 주변인, 동료들의 생각이 반영되어 있는 경우가 극히 드문 경우라 주변인, 동료들이 그런 업무진행 상황에 대한 거부감을 느낄 수 있다는 것을 ENTJ 유형은 인지하여야 하며, 주변인, 동료들과 함께 의사소통을 하여 효율적인 업무가 될 수 있게 보완하며 자신이 효율적이라 생각하는 즉 변화가 필요하다 생각되어 자신의 생각과 계획을 주변인, 동료들과의 의사소통하여 보완점이 발생한다면 수정하는 단계를 거쳐야 하며, 이런 수정하는 부분을 거치는 것을 기반으로 주변인, 동료들과 함께 완벽을 추구하는 업무진행방식으로 탈바꿈해야 개인의 이루고자 하는 바람에 한 걸음 더 다가설 수 있을 것입니다.

완벽주의 뒤에는
두려움이 도사리고 있다는 사실을 기억하라.
두려움에 맞서 인간의 권리를 찾는다면,
역설적으로 당신은 더 행복하고
더 생산적인 사람이 될 수 있다.
−David M. Burns−


## 두 번째,
## 사색은 힐링(Healing)이 될 수 있다

　ENTJ 유형의 경우 호기심이 많고 생각을 많이 함에 따라 아이
디어 또한 도출되는 경우가 있지만 의미 없는 것에 대한 생각으로
시간낭비와 에너지 소모가 되는 경우도 적지 않으며 충동적인 생
각으로 인하여 잘못된 선택을 하기도 하는 성향이 강해 정확한 생
각의 목적을 갖고 상상을 하는 것을 제외 사색(思索, 어떤 것에 대해 깊
이 생각하고 이치를 따지는 것)이라 할 수 있는 생각을 하는 것은 ENFJ
유형에게 어떻게 보면 힐링의 시간이 될 수 있는데 ENTJ 유형에
게 생각이란 보통 어떤 것에 대한 효율적임과 본인의 분야에 대한
완벽함을 추구하려는 바람으로 연결되는 경우가 많아 생각의 꼬리
잡기를 하며 시간과 에너지의 피해가 발생하는 경우가 적지 않아
생각한다는 것, 상상한다는 것은 어떻게 보면 일(본인의 본분(本分)에
따라 구분되는 학생의 경우 학업과 관련된 생각, 회사원의 경우 본인의 업무와 관

련된 생각)의 연속이 될 가능성이 높다 얘기할 수 있으며 개인정비시간(업무 외 혹은 학업 외 쉬는 시간)에 상상의 나래를 펼치더라도 앞서 얘기한 생각의 꼬리잡기를 할 경우가 많음을 상담을 통해 느낄 수 있었으며 이런 생각이 잘못됨을 얘기하는 것이 아닌 충분히 할 수 있는 생각이지만 앞서 얘기했던 목적을 갖고 결론 도출을 하기 위해 시간, 에너지를 투자하는 것에 의의(意義)는 없으나 결론 도출이 되지 않는 것에 대해 시간, 에너지 소모는 반대로 자신에게 스트레스를 안겨줄 것이란 것을 미연에 알고 개선을 해야 누적되는 육체, 심리적 피해를 막을 수 있습니다. 자신의 생각의 깊이를 넓히고 힐링의 시간을 갖고자 한다면 차라리 앞서 얘기한 사색이 힐링에 도움이 될 것이라 얘기하는 것입니다. 절대 주의해야 할 점은 몸을 편히 쉬게 해야 하는 취침시간조차 상상의 나래를 펼치는 일은 없어야 하는데 수면 전 생각을 많이 하게 되면 수면을 방해받게 되며 지속적인 생각은 불면증을 유발하며 건강에 해(害)가 되는 행위임을 잊어서는 안 될 것입니다.

모두가 비슷한 생각을 한다는 것은
아무도 생각하고 있지 않다는 말이다.
−Albert Einstein−

## 세 번째, 혼자가 아닌
## 함께해야 더 효율적일 수 있다

ENTJ 유형의 경우 소속감보다는 본질을 추구하며 본연의 업무 및 직무인 일을 통한 본인의 발전과 성취감을 매우 중요시하는 성향이 강함을 알 수 있는데 앞서 첫 번째 조언 ENTJ 유형의 완벽주의 성향에 관한 얘기했던 것과 연결되는 내용이라 조금은 이해하기 쉬울 것 같은데 소속감보다는 자신의 발전과 성취감을 중요시하는 성향이 타 유형보다 강하여 조직보다는 자신이 발전할 수 있고 자신이 성취할 수 있는 것이 무엇인지에 대해 생각하고 행동하는 경우가 적지 않기 때문에 주변인 혹은 동료들과 함께 하는 것보다 혼자 생각하고 판단하고 행동하는 것을 선호한다고 볼 수 있으며 이런 모습은 효율적임을 가장 많이 생각하는 ENTJ 유형은 혼자가 효율적이라고 생각하고 판단하고 행동하는 부분에서는 어폐로 볼 수 있으며 혼자 행동함에 여러 업무를 수행하기 어렵기 때문에 주변인 혹은 동료들과 업무분담이 이루어져야 시간, 물적, 에너지 등 여러 면을 따져보아도 혼자보다 함께 하는 것이 효율적인 것이라 기본적으로 생각해 볼 수 있는데 이러한 업무분담을 나눌 때 어떤 방식으로 어떻게 이루어져야 즉 누구에게 그 업무가 맞고 누구에게는 그 업무가 맞지 않아 정말 효율적인 업무분담을 통하여 주변인, 동료들의 맞지 않은 업무에서 해방시킴과 동시 업무 스트레스를 줄이고 업무에 따라 역량을 더 발휘할 수 있는 주변인 혹은 동료에게 기회와 도움을 주는 것이 더 효율적인 Processing이 되지 않을까를 생각해 볼 필요성이 있으며 어떤 일도 혼자보다 누군가와 함께 함에 있어 진정한 가치가 달라짐을 기억해야 하며 사람은 어쩔 수 없는 상황이 아닌 이상 누군가와 함께 소속감을 느끼고 사회의 일원으로 살아가며 심리적 안정감을 느낄 수 있음을 상기하고 함께 머리를 맞대고 생각하고 판단하고 같이 행동하게 된다면 그에 따라 함께 한다는 것에 대한 의의(意義)가 혼자 생각하고 행동했던 의의랑은 많이 달라질 것이며 자신이 바라던 자신의 발전과 성취감의 크기가 더 커질 수 있음을 인지해야 합니다.

*도움이 될만한 사람과 그 일을 함께 하라.*
*누군가와 함께 하면 혼자 하는 것보다*
*효과적이고 포기하지 않는다.*
*−William Menninger−*

## 뜨거운 논쟁을 즐기는 변론가 ENTP(엔팁)
외향(Extraversion)+직관(iNtuition)+사고(Thinking)+인식(Perceiving)

- **주기능 Ne 외향 직관**(연관성이 희박한 여러 항목의 연결고리를 찾거나 발산적이고 자유로운 상상이나 개방적인 사고에 가장 두각을 드러냅니다.)
- **부기능 Ti 내향 사고**(엄밀한 논증과 사고활동의 전개 어떠한 현상이나

문제의 원인 등을 논리적으로 파고들어 분석하는 데 뛰어난 편입니다.)

- **3차기능 Fe 외향 감정**(보편적이고 평균적인 가치의 추구 일반적이거나 상황에 적합한 행동양식을 취하는 데 서투른 편입니다.)
- **4차기능 Si 내향 감각**(과거의 경험을 토대로 안정적인 선택을 하거나 기존에 반복되던 전통의 가치를 존중하는 데 큰 어려움을 겪습니다.)

## 기능위계에 따른 성격장애–
## ESFJ와 같은 자기애성 성격장애(Ne/Fe)

종종 충동적이며 다른 이들을 조종하려 하며 사람들로부터 끊임없는 칭찬과 인정을 받고자 합니다. 새로운 사업에 투자를 받기 위해 뛰어다니지만 결코 강력하고 주관적인 자신감을 키우지는 못하며 Fe를 악용하여 사회의 문화적 기준에 대한 파악을 바탕으로 의도적이게 사람들의 감정을 상하게 하고 화나게 만들기도 합니다. 이는 사람들이 어떻게 반응하는지를 궁금해하는 Ne의 호기심을 충족시키기 위해서이며 만약 Ti/Si가 기능했더라면 이들은 개인적이고 주관적인 균형감각을 찾았을 것이고 사람들의 칭찬과 무조건적인 수용에 대한 집착에서 자유로워졌을 것입니다.

세계 3%로 남성 4%, 여성 2%이며 한국 5.04%(10위)로 신경성 A(Assertive, 적극적/확신에 찬) 2.47%, T(Turbulent, 격동/격변) 2.57% 그외 국내 3.5%(15위)라는 통계도 있습니다.

호기심형인 ENTP는 일상생활에서도 질문을 많이 하는데 이는 호기심이 많아 궁금한 것이 많기 때문에 질문을 많이 하는 것이며 자유를 추구하는 개방적인 성향으로 위험을 감수할 정도로 모험심이 강하고 순발력이 좋으며 자기애가 강하고 즉흥적이며 뛰어난 창의력과 통찰력으로 유연한 사고를 가졌는데 이는 어려운 문제를 기상천외한 방법으로 기존의 문제접근방식이 아닌 예상치 못한 문제접근방식으로 문제해결 하는 능력을 보여주기도 합니다.

논리적이고 합리적인 것을 선호하는데 기존 규범, 전통 등이 비합리적인 경우 무시하는 경향을 보이기도 하지만 정당한 비판에 대한 수용이 빠르며 본인의 생각을 말하거나 행동할 때 세부적인 표현을 잘하지는 않지만 언변이 좋은 편이라 협상능력이 좋다 볼 수 있습니다. 주변인들에게 기발하고 재미있게 장난도 잘 치지만 이들은 인간관계에서 친한 사이와 그렇지 않은 사이의 구분을 확실히 하며 뚜렷한 가치관으로 토론이나 언쟁을 즐기기도 하며 직설적인 성향으로 눈치 없다고 얘기하거나 생각하는 주변인이 많으며 내면의 상처를 타인에게 잘 보여주지 않고 내면으로 더 숨기며 반대로 본인을 더 강하게 표현하기도 합니다.

어떤 문제에 직면했을 때 해결하는 방식을 보면 오랜 시간이 걸리는 장시간의 노력이 필요한 경우 꾸준히 집중하고 노력하는 것을 어렵게 느끼지만 반대로 단시간의 노력이 필요한 것에는 확실한 성과를 보이며 효율적인 해결책을 제시하기도 하고 다방면으로 타인에게 놀라움을 줄 정도의 기발한 발상으로 새로운 아이디어를 보여주며 관심분야가 많고 취미생활이 넓은 종합적으로 다재다능한 유형입니다.

유형별 부모, 자녀들의 성향도 하기에 조금 기재해 보겠습니다. ENTP 유형의 부모의 경우 자신의 문제해결능력을 활용해서 자녀의 독립심을 기르고 합리적인 사회 구성원이 될 수 있도록 도와주며 반복적인 루틴대로 생활하는 것을 힘들어하는 성향으로 자녀의 양육을 힘들어하기도 합니다. 양육은 일반적으로 루틴이 많이 반복되기 때문입니다. 자녀가 성장하면 할수록 자녀 본인 의사를 중요하게 생각하기 때문에 자녀 본인이 스스로 생각하고 행동할 수 있게 독려하며 부모 자신과 대화에 반대되는 의견과 다른 방법을 찾아보길 독려하기도 합니다. 중요한 것은 자녀를 지적으로 가르치는 것을 선호하며 에너지가 넘치고 어떤 의견에도 허용적이고 수용적인 부모로 자녀가 생각하는 관점을 끝까지 들어주려고 노력합니다.

ENTP 유형의 자녀의 경우 사고가 논리적이고 합리적이며 명쾌합니다. "고집이 세고 말을 잘 듣지 않는다."는 얘기를 많이 들을 수도 있는데 이는 논리가 있고 자녀 본인의 원칙이 있기에 주장이 강하고 쉽게 목소리를 낮추지 않아 그런 이야기를 듣기도 합니다. 재미를 느끼지 못하는 일 즉 매일 반복되고 연습이 필요한 것 등 자녀가 많이 힘들어할 수도 있습니다. 에너지, 재주와 능력이 뛰어나 생각하지도 않은 일을 일단 경험해 보는 경우도 종종 있으며 자유로운 생각과 끈기 부족은 불성실한 사람으로 비춰지기도 합니다. 중요한 것은 넉살 좋고 주변인들과 어울리는 것을 좋아하는 활발한 성격에 상상력이 뛰어납니다.

　ENTP 유형에게 3가지 조언은 내면의 상처를 갖고 있을 경우 이를 잘 드러내지 않으려 강한 자신을 연기하게 되는 것, 상대방에게 상담과 조언을 구할 때 상대방의 생각이 의견이 궁금해서 요청하는 경우가 많다는 것, ENTP 유형의 뛰어난 사고의 유연성에 관한 것을 얘기해 보려 합니다.

## 첫 번째,
## 내면 상처 비추기

　ENTP 유형의 경우 내면의 상처를 갖고 있을 경우 이를 잘 드러내지 않으며 반대로 강한 자신을 연기하기도 하는 것을 상담 혹은 지인들의 언행에서 알 수 있었는데 이 내면의 상처를 가리기 위한 강한 자신을 연기하는 것이 꼭 좋은 것만은 아닌 것이 추후 다른 심리적인 문제(ex) Ripley Syndrome 외 여러 가지 심리적 문제가 발생하기도 함)로 발현되어 자신을 괴롭힐 수 있는데 이는 심리적인 문제가 본인 자신의 안위(安危)를 걱정할 정도의 심각한 문제를 발생하게 만들기도 하기 때문에 내면의 상처를 비추는 것을 본인 자신이 나약해서 내면 상처를 보여주는 것이 아닌 내면의 상처를 드러냄으로써 치유(누군가에게 내면의 상처를 드러내며 자신이 갖고 있는 내면의 상처를 꺼냄으로 치유를 받을 수 있다 얘기하는 것은 흔한 예를 들자면 혼자만의 슬픔을 드러내지 않고 자신 내면에 갖고 있을 때 이 슬픔에도 한도가 있으며 내면의 슬픔을 드러내지 않고 갖고만 있다면 그 한도는 금방 가득 찰 것이고 가득 찬 한도는 언제 어디서 어떻게 터질지 모르는 시한폭탄이 될 수 있는 마음의 병을 만드는 것은 당연한 수순이 되기도 하며 여러 심리적 문제를 만들고 일상생활이 힘들 정도의 심리적 문제를 발현시키기도 하는데, 타인에게 내면의 슬픔을 비추며 얘기를 하는 것만으로 내면의 가득 차 있던 한도를 줄일 수 있는데 이는 타인에게 나의 아픔을 얘기하고 드러냄으로 내면의 쌓여 있던 스트레스를 조금이라도 밖으로 표출되며 한도의 감면(減免)이 되어 치유를 받을 수 있다 얘기하는 것입니다.)를 받을 수도 있으며 내면의 상처를 자신이 꺼냄으로 재상기되며 심리적 고통을 받겠지만 적어도 가면 뒤에 자신을 숨기며 그 가면이 자신의 얼굴인 것처럼 본래의 모습인 것처럼 본인이 자신까지 속이는 그런 심리 이상 반응을 보이고 여러 이상 행동을 하며 위에서 얘기했듯 자신의 안위를 위협하는 위험한 심리적 문제가 발생할 수 있음을 알아야 하며 건강한 자아(自我)를 위해서라도 내면의 상처를 드러내야 함을 잊지 않았으면 합니다.

*기쁨을 나누면 배가 되고 슬픔을 나누면 반이 된다.*
*—격언(格言)—*

# 두 번째,
## 상대방의 조언

ENTP 유형은 상대방에게 상담과 조언을 요구할 때 단순히 상대방의 의견이 궁금해서이며 상대방의 조언으로 해당 유형의 언행이 달라지는 경우가 없음을 경험에서 알 수 있는데 이는 상대방을 무시하는 행위가 아닌 본연(本然)의 성향이 그렇다고 생각할 수 있으며 상담과 조언이 제 기능, 제 역할을 하지 못하는 경우가 비일비재(非一非再)하다고 느낄 수 있는데 ENTP 자신이 선택한 결과에 당연히 책임회피는 없으나 과거의 후회되는 일로 인해 현재의 발목을 잡는 경우가 있으며 그런 후회가 미련으로 미련이 자신의 발전을 도모(圖謀)하여야 함이 옳으며 여기에 주변인들의 상담이나 조언이 꼭 필요(주변인들의 경우 일을 겪은 당사자가 아닌 제3자이기 때문에 상황을 넓고 깊게 볼 수 있고 그에 따른 조언이 개인의 생각보다 도움되는 경우가 많음)한데, 전처럼 조언과 상담이 상대방의 의견만이 궁금해서가 아니라 상대방과 자신의 생각을 비교하고 상대방과 자신의 차이를 한 번 생각해 보게 되는 과정을 겪으며 자신이 성장할 수 있는 발판으로 삼아야 하며 본연의 성향이 타인과의 상담과 조언에 따라 자신의 행동에 변화를 줄 수 없을 수는 있겠으나 상대방이 자신을 위해 상담과 조언을 해주며 정성 다한 시간을 상대방의 의견 취합(聚合) 정도로 생각하기보다 좀 더 깊게 상대방의 생각에 공감하고 자신 또한 상대방의 상담과 조언에서 얻을 수 있는 것이 무엇이 될지 한 번 상기(想起)해 볼 필요성이 있으며 그런 생각들이 모여 자신의 지

적재산이 되며 전(前)과 다르게 더 나은 삶을 살아갈 수 있게 도와
줄 수 있을 것이라 생각되며 주변인들이나 타인의 조언이 저평가
되지 않고 순기능으로 정말 자신에게 도움이 될 수 있도록 본인의
상황에 맞는 조언인지 구분하여 상대방 의견취합 정도가 아닌 수
용적인 태도를 갖추며 긍정적인 사고로 접근을 한다면 분명 주변
환경과 상황이 달라질 수 있음을 말하고 싶습니다.

당신에게 당신이 삶에서
무엇을 할 수 있고 무엇을 할 수 없는지
얘기하는 사람의 말은 절대 듣지 말라.
−Meg Medina−

## 세 번째,
## 뛰어난 사고의 유연성

ENTP 유형은 위에 유형별 설명에서 기존의 문제접근방식이 아
닌 예상치 못한 기상천외한 문제접근방식으로 문제해결 하는 능
력을 보여주는데 이는 뛰어난 창의력과 통찰력으로 유연한 사고
를 가져 가능하다 얘기하였으며 이 점(상상력, 창의력, 사고의 유연성)은
ENTP 유형의 가장 큰 장점이며 이런 장점을 잘 활용할 수 있어야
하는데 기존의 틀을 구식이라 무시하거나 등한시하기보다 기존의

문제접근방식을 이해하며 본인의 남다른 통찰력으로 접근하고 창의력을 발휘할 수 있는 유연한 사고를 함으로 기존의 틀의 용이한 접근성 더하기 자신만의 큰 장점 활용을 하여 타 유형과는 다른 자신만의 무기를 가지고 일상생활, 직장생활, 사회생활 등 여러 분야에서 누군가를 도울 수도 있으며 자신이 목표하는 것을 이루는 것에 다가가기가 쉬울 것이라 예견하기 쉽지만 위에서 말하였듯 어떤 문제 될만한 상황에 처한 타인 혹은 주변인들의 문제접근방식이 잘못됨을 인지하였을 때 ENTP 유형 성향상 친한 사이와 그렇지 않은 사이의 구분을 확실히 함에 따라 상황대처가 달라질 것이라 판단이 되는데 어떠한 상황이라도 문제의 상황에 처한 사람을 '그것 혹은 이것도 못하는'으로 낮잡아 보거나 무시하는 자신의 언행을 경계하고 지양하여야 하는데 자신과 가까운 사람 혹은 자신과 가깝지 않은 사람으로 나누어 도움을 주려 하기보다 자신과 가깝지 않더라도 도움이 필요하다면 기꺼이 자신의 시간의 할애가 가능한 선에서 인류애를 생각하여 타인에게 도움을 준다면 앞서 문제상황을 해결하는 일은 또 하나의 경험이 되고 이 경험은 추후 또 다른 문제상황에 맞서 다른 누구보다 본인의 유연한 사고에 힘을 실어줄 수 있게 하는 원동력이 되며 이런 여러 가지 문제상황을 다수 접하게 된다면 자신의 장점을 개발하는 데 더 도움이 될 것이라 생각하게 되는데, 모험심 강한 성향의 ENTP 유형의 흥미도 자연스럽게 상승하여 문제상황에서 가장 좋은 결과를 도출하지 않을까 더불어 생각해 봅니다.

우리는 언제나
세상을 바라보는 안목을 바꿀 준비가 되어 있어야 하며
편견을 버릴 준비가 되어 있어야 하며
마음을 열고 살아갈 준비가 되어야만 한다.
바람의 변화를 전혀 고려하지 않고
똑같이 항해하는 선장은
결코 항구에 들어가지 못하는 법이다.
−Henry George−

## 정의로운 사회운동가 ENFJ(엔프제)
외향(Extraversion)+직관(iNtuition)+감정(Feeling)+판단(Judging)

- **주기능 Fe 외향 감정**(보편적이고 평균적인 가치의 추구 일반적이거나 상황에 적합한 행동양식을 취하는 데 가장 두각을 드러냅니다.)

- **부기능 Ni 내향 직관**(머릿속 생각을 토대로 이론이나 예측이 필요한 상황에서 뛰어난 편입니다.)

- **3차기능 Se 외향 감각**(현실적인 문제를 두고 자신을 포함한 남들과 타협하는 데 서투른 편입니다.)

- **4차기능 Ti 내향 사고**(엄밀한 논증과 사고활동의 전개와 어떠한 현상이나 문제의 원인 등을 논리적으로 파고들어 분석하는 데 큰 어려움을 겪습니다.)

## 기능위계에 따른 성격장애-
## ESTP와 같은 연극성 성격장애(Fe/Se)

　과장되고 공격적인 성적인 행동과 신체적 충동을 통해 자신을 드러내려는 경향을 보입니다. 외부세계를 반영하는 것이 유일하게 중요한 일이기 때문에 자신이 해야 할 사회적 의식에 참여하고 싶어 합니다. 그래서 어떤 방식으로라도 사람들에게 충격이나 감명 또는 다른 영향을 미치려 할 것입니다. 끊임없는 스릴과 갈등을 필요로 하기 때문에 다른 사람에 실제로 공감하는 일은 드물며 만약 Ti/Ni가 기능했더라면 문화적, 사회적 경향에 흐름에 따라 끊임없이 변화하지 않고 자신에게 주관적으로 중요한 것을 발견하여 균형감과 편안함을 찾았을 것입니다.

　세계 3%로 남성 2%, 여성 3%이며 한국 6.09%(9위)로 신경성 A(Assertive, 적극적/확신에 찬) 2.74%, T(Turbulent, 격동/격변) 3.35% 외 국내 3.5%(16위)라는 통계도 있습니다. 청중을 압도하는 리더형인 ENFJ는 신중하며 집중력이 좋고 열정적으로 정의롭고 양심적이며 책임감과 인내심이 강하고 대의명분과 제도에 충실하며 조직적인 것을 선호하고 본인이 가치가 있다고 여기는 일에 헌신적입니다. 급한 성향을 갖고 있어 충동적으로 행동할 때가 간혹 있으며 배움에 있어서 타 유형보다 습득속도가 빠르고 자기반성과 자책을 본인 발전의 원동력으로 생각하며 관심사가 다양합니다. 타인을 의식하는 경향이 있는데 이는 자신 스스로가 스트레스를 받을 정도로 감정이입이 뛰어나고 사람을 굉장히 좋아하는 성향으로 주변과 조화능력도 좋지만 타인의 문제나 감정에 지나치게 관여하려 하기도 하며 대가 없는 베풂을 굉장히 좋아하여 오지랖이 넓다 얘기를 듣는 것을 보면 조금은 이해를 할 수 있다 생각되는데 모든 것에 관심이 많고 타인의 관심사를 듣고 그들을 배려하는 기본적인 이해심과 동정, 연민으로 인류애가 많으며 이상적인 부분이 있고 직관적으로 사람을 파악하는 데 능해 타인이 발전할 수 있는 기회를 찾으면 이들은 나서서 전폭적인 지원을 해주고 도움을 주려 노력하며 질서정연한 것을 선호하고 현실적으로 살기 좋은 공동체를 위해 주변인들을 동참시키고 함께하는 데 있어 큰 자부심과 행복을 느끼며 더 밝은 미래 구현을 위해 노력하는 유형입니다.

유형별 부모, 자녀들의 성향도 하기에 조금 기재해 보겠습니다. ENFJ 유형의 부모의 경우 자녀에게 도덕적인 가치관과 개인적인 책임감을 갖게 많이 노력하며 자녀가 필요한 것을 본능적으로 잘 감지하고 자녀와 정서적인 유대감을 잘 형성합니다. 자녀를 지지해 주거나 이해해 주려 노력을 많이 하고 공감을 잘하며 따뜻하고 자녀를 위해 최선을 다합니다. 자녀에게 언행으로 인생 교훈을 주려 노력하는데 이는 무엇이 되든 좋은 사람이 먼저 되어야 한다고 바라기 때문입니다.

ENFJ 유형의 자녀의 경우 대부분의 시간을 밖에서 보낸 것을 좋아하며 관심사가 많아 새롭고 다양한 시도를 하는 만큼 주변 상황 및 환경에 대한 영향 또한 많이 받습니다. 마음이 따뜻하고 정이 많으며 양심적이고 책임감과 인내심이 강합니다. 책임감으로 본인이 정한 목표를 향해 최선을 다하며 끈기 있는 모습을 보여주는데 간혹 책임감에 따른 끈기 있는 모습을 보여줄 때 자녀 본인의 에너지를 고갈될 정도로 본인을 혹사시킨다 생각 들 때도 있습니다. 간혹 생각하지 못한 뜻밖의 행동으로 주변을 놀라게 하는 경우도 종종 있습니다.

ENFJ 유형에게 3가지 조언은 상대방과 주변 분위기를 읽는 탁월한 공감능력과 관련된 것, 유형 특성상 자신 혹은 주변인들의 삶의 의미를 끊임없이 탐구하는 것, 인류애가 많고 주변에 관심이 많아 오지랖이 넓다는 얘기를 들을 정도로 자신에게는 도움이 되지 않지만 타인을 위한 대가 없는 베풂에 관한 것을 얘기해 보려 합니다.

## 첫 번째,
## 뛰어난 공감능력

ENFJ 유형의 경우 기본적으로 사람을 굉장히 좋아하는 성향이라 인류애가 많은데 이는 탁월한 공감능력으로 연민과 동정 그리고 이해심이 많은 성향이 있기 때문이며 이런 공감능력 때문에 타인의 일에 감정이입(感情移入)이 뛰어나 스스로 스트레스를 받는 경우도 적지 않지만 상대방의 분위기를 읽는 공감능력 또한 뛰어나다 보니 유머감각이 좋은 편이라 얘기하며 앞서 얘기한 뛰어난 공감능력으로 인한 타인의 일에 감정이입을 말 그대로 자기 일처럼

이입을 하다 보니 본인 스스로 스트레스에 노출되게 하는데 이 스트레스가 적지 않으며 누적이 되는 경우가 많다 보니 여러 심리적 문제의 발현이 되기도 합니다. 쉽게 자신이 직접 겪은 일이 아님에도 구전(口傳)이 된 말로 자신이 직접 겪은듯한 환상을 야기하기도 하며 이런 환상에 감정이 풍부하다 보니 여러 심리적 문제의 발현 중 보통 우울증(우울장애), 조울증(양극성장애)이 발병(發病)되며 일상생활이 불가능할 정도의 심리적 이상 증세를 경험하는 사람들을 여러 명 경험하였고 심리적 동요나 이상 증세의 무서운 점 중 하나가 자신 스스로 좋지 못한 극단적인 선택으로 이어질 수 있기 때문에 자신의 심리상태에 더 주의를 기울여야 한다는 것이며 이는 본인의 마음에 소리를 귀 기울이고 전문인의 도움을 받아 장기간이 걸리더라도 꼭 심리 이상 증세의 호전을 위해 본인 자신이 노력하며 완치할 수 있다는 믿음을 잃지 않는 긍정적인 사고 또한 중요할 것입니다. ENFJ 유형의 기존의 성향을 유지하되 상기 보통 많이 발병된다 얘기한 우울장애나 양극성장애를 예방하기 위해서는 주체의식(口傳의 당사자가 본인이 아님을 명확히 할 것) 구분을 명확히 하며 상황의 진정성(현실성) 구분을 하고 감정이입을 성향상 할 수밖에 없기에 상대방과 공감대를 유지를 하되 자신이 스트레스를 받는 감정상태(분노, 우울감을 우선적으로 감지해야 함)를 느낄 때는 경계해야 하고 평정심을 유지할 수 있도록 시간적 여유 혹은 공간적 이동을 하며 감정을 추스를 필요성이 있다 생각하고 언행한다면 많은 도움이 될 것입니다.

*감정을 잘 다스렸을 때*
*비로소 소박한 마음이 생겨나는 법이다.*
*—d'Alembert—*

## 두 번째,
## 삶의 의미 탐구

ENFJ 유형은 삶의 의미를 끊임없이 탐구하는 성향을 가지고 있는 것이 최대 장점이라 볼 수 있는데 이게 장점이라 할 수 있는 것이 본인의 삶의 의미를 탐구하며 나은 삶을 살 수 있는 지표를 만드는 계기가 되기도 하는데 예를 들어 자신이 태어난 의미나 목적을 찾는 것에 청소년기를 보냈다면 청년이 되었을 때는 어떤 삶을 살아야 올바르고 보람된 삶을 살 수 있을까란 물음을 시작으로 바람을 계획하고 바람을 하나씩 이뤄가며 삶의 의미를 찾는 한 걸음 한 걸음 자신만의 발자취를 남기며 그렇게 계속된 의미를 찾게 되는데 이런 일련의 과정들이 쌓여 본인 자신이 현재보다 조금 더 좋은 사람이 될 수 있게 하고 자신의 현재 위치와 본분(本分)을 망각(忘却)하지 않으며 본분에 맞는 올바른 행동이 무엇인지를 끊임없이 고민하는 삶을 살아가기 때문에 더 나은 삶을 살아가는데 이런 성향이 장점이 되는 것이라 말하는 것입니다.

삶의 의미 탐구가 자기계발에 많은 영향을 주게 되고 이 자기계발을 하여 지식이나 재능을 사용함에 있어 올바르고 용이하게 사용한다는 것을 ENFJ 유형의 상담이나 일상적 대화에서 알 수 있었으며(독자님들의 주변인 중 ENFJ 유형의 존재 유무에 따라 충분히 공감할 만하다 생각됩니다.) 관심분야가 다양함에 따라 다양한 지식습득을 하려 노력하기도 한다는 것(실제 다양한 분야의 지식을 습득하였다는 것을 ENFJ 유형이 상대방의 관심사에 대해 이야기하며 여러 전문적인 용어 혹은 그 분야를 정확히 이해하고 있음을 대화에서 알 수 있음)을 알게 되었는데 다양한 분야에 관심사가 있기 때문에 무엇을 계획하고 행동하는 것이 많이 진취적이며 여러 어려움에 대처하는 모습을 보면 알 수 있듯 문제해결능력이 우수하다 생각할 수 있습니다. 이런 삶의 의미 탐구하는 것을 지속적인 장점으로 생각하며 앞으로도 자신이 잘 가꾸어야 한다 생각하며 너무 곧아 부러지지 않게 조금 더 유연한 사고를 갖기 위해 노력해야 할 것입니다.

우리의 목표는 이것이다.
우리에게 주어진 이 삶을 최대한 의미 있게 사는 것,
자부심을 느낄 수 있도록 올바르게 사는 것,
죽은 후에도 우리의 일부가 영속도록
올바르게 행동하는 것.
−Oswald Spengler−

# 세 번째, 자신의 대가 없는
# 베풂에 대한 경계

ENFJ 유형은 위에서도 얘기했듯 기본적으로 사람을 좋아하는 성향으로 많은 인류애를 갖고 있으며 이는 대가 없는 베풂으로 이어지게 됩니다. 특히 자신이 호감 있는 상대방에게는 더 베풂을 실천하는데 속된 말로 자신의 간이고 쓸개고 모두 내어준다라 얘기해도 과언이 아니며 이런 행동의 경우 자신이 피해를 입는 경우에도 자신 갖고 있는 타인에 대한 공감능력과 이해심을 발휘하여 가해자 또한 이해하려 노력하는 성향을 지님을 보여주기도 하는데, 분명히 해야 할 것은 대가 없는 베풂을 목적으로 접근하는 타인이 분명히 있으며 이런 타인은 경계할 필요성이 있음에도 불구하고 그렇게 행동하지 못한다는 것입니다. 즉 ENFJ 유형에게 호감을 사기 위한 언행 혹은 접근동기가 분명한 사람 또한 ENFJ 유형 자신은 경계하는 선택보다 베풂을 선택을 한다는 것이 아쉬운 선택임을 얘기하고 싶고 이 베풂은 일면식이 없는 초면인 타인도 해당하는데 자신이 아닌 타인이 상대방을 도와줄 수 있음을 간과하며 목격한 본인이 도움을 주는 것이 통상적으로 올바른 행동이다 생각하는 것이며, 이런 부분은 위험하거나 위급한 응급상황이나 돌발상황이 아니라면 굳이 ENFJ 유형 자신이 솔선수범할 필요성의 유무를 생각해야 한다는 것입니다. 특히 위험요소가 따르는 일이라면 한 번 더 상고(詳考)해 볼 필요성이 있을 것이며 필자 본인이 응급처치 강연 혹은 강의할 때 많이 얘기하는 것이기도 한데 혹시라도 위급한 사고 현장에서 자신이 도와야 하는 요구조자 혹은 환자가 발생하더라도 응급처치원이 지켜야 할 사항 중 하나인 응급처치원의 안전 확보가 우선임을 명심(안전한 환경에서 요구조자의 응급처치 실행이 이뤄져야 하는 이유는 응급처치원 또한 요구조자가 될 가능성과 다수의 요구조자 발생 시 응급처치원의 역할 또한 중요함을 인지해야 하는데 한 명을 위해 다수가 위험한 상황이 될 수 있기 때문입니다.)하고 행동할 것을 당부하며 대가 없는 베풂은 참 좋은 것이지만 행동하기 전에 한 번 더 꼭 상고(詳考)해야 더 큰 후회를 하지 않는다는 것을 잊지 않았으면 합니다.

*한 인간의 가치는 그가 무엇을 받을 수 있느냐가 아니라*
*무엇을 주느냐로 판단된다.*
*−Albert Einstein−*

## 재기발랄한 활동가 ENFP(엔프피)
외향(Extraversion)+직관(iNtuition)+감정(Feeling)+인식(Perceiving)

- **주기능 Ne 외향 직관**(연관성이 희박한 여러 항목의 연결고리를 찾아내거나 발산적이고 자유로운 상상과 개방적 사고에 가장 두각을 드러냅니다.)
- **부기능 Fi 내향 감정**(내면의 자아를 탐구하고 스스로의 진정성을 보유하며 개개인의 가치와 개성을 중요시하는 데 뛰어난 편입니다.)

- **3차기능 Te** 외향 사고(뚜렷하고 구체적인 목적을 가지고 체계적으로 일을 추진하거나 스스로의 영향력을 행사하는 데 서투른 편입니다.)
- **4차기능 Si** 내향 감각(과거의 경험을 토대로 안정적인 선택을 하거나 기존에 반복되던 전통의 가치를 존중하는 데 큰 어려움을 겪습니다.)

## 기능위계에 따른 성격장애– ESTJ와 같은 경계선 성격장애(Ne/Te)

뛰어난 지도력과 과장된 성과로 다른 사람들을 통제하고 현혹시키고 싶어 합니다. 자신의 예술적 혹은 창의적 재능에 대해 사람들에게 일관되고 주기적인 관심을 요구하는 양상으로 나타납니다. 모순적으로 다른 사람에게 극도로 의존하게 만들고 아무리 열심히 창조성을 발휘하며 남에게 일을 시킨다고 할지라도 결코 균형감을 찾지 못하도록 만듭니다. 내면에서 Te는 구조와 규율을 요구하지만 Ne는 창조적 자유를 위한 충동성의 과시를 위해 이를 계속 반박합니다. 때때로 Ne의 충동적인 모험을 제어하는 것에 실패했다는 것을 간과하는데 Te를 통해 다른 사람들에게 권위에 따르도록 강제할 수 있는 권력과 영향력 있는 위치를 유지하기 위해 어떤 일이든 하려고 할 것입니다. 만약 Fi/Si가 잘 기능했더라면 자신이 찾고 있는 것을 밖에서는 찾을 수 없다는 사실을 알아차렸을 것입니다. 가끔이나마 스스로를 위해 오로지 자기 존재만을 위해 사는 방법을 배워야 하며 잠시나마 외부 결과에 대해 잊어버려야 합니다.

세계 8%로 남성 6%, 여성 10%이며 한국 12.60%(2위)로 신경성 A(Assertive, 적극적/확신에 찬) 4.55%, T(Turbulent, 격동/격변) 8.05% 그 외 국내 8.4%(4위)라는 통계도 있습니다. 넘치는 열정 소유자형인 ENFP는 주변에 싹싹하고 시원시원하며 긍정적이고 감정이 얼굴에 다 나타나고 감동을 잘해서 눈물도 많은 편으로 타인이 봐도 감정기복이 심하게 보이지만 매력적인 모습으로 각인되어 있으며 하기 싫은 것에 대한 인내력이 부족하며 좋아하는 사람과 싫어하는 사람을 명확히 구별하지만 인간관계에서 타 유형보다 만족도가 높은 편입니다.

반복적이고 변화가 없는 일상을 힘들어하는 성향으로 새로운 인연을 만나는 것을 좋아하고 약속을 자주 잡으며 노는 것을 좋아하지만 개인의 시간 또한 필요로 하고 개인시간을 잘 활용하기도 하는데, 이들은 간혹 주변인들과 좋은 시간을 잘 보내다 몰입이 안되고 자신이 무엇을 하고 있는지에 대해 생각을 하기도 합니다. 타인이 ENFP 유형을 보았을 때 경제관념이 희박하여 돈을 모으기는 힘들 거라 생각하게 하는 허영을 느끼기도 하는데 이는 이 유형들의 멋을 내고 뽐내는 것을 좋아하는 성향을 보기 때문이며 인생을 즐겁게 살려고 노력해서 주변인들의 말에 굉장히 민감하나 겉으로 기분 상한 내색을 하지 않으며 혹여 마음이 상하거나 화를 내더라도 단시간 내 본래의 기분으로 돌아오는 뒤끝 없음을 보여줍니다.

겉으로 잘 표현을 하지 않지만 내면에 열정이 많고 구체적인 계획을 세워 일을 하기보다는 당시 상황에 맞게 일 처리를 하며 이는 평소 주변인들과의 만남에서도 볼 수 있는데 주변인들과 함께할 때 무엇을 하자라고 얘기를 하지만 정확하고 구체적인 계획을 얘기하는 것 또한 보기 힘들지만 이들의 계획적이지 못한 것을 흠으로 여기거나 탓하지 않는데 이들은 당시 상황에 맞게 일 처리를 하며 즉흥적인 상황에서도 위기대처능력이 뛰어나 대응을 잘하는 모습을 볼 수 있으며 새로운 시도를 잘하고 타인에게 인정받으려는 욕구가 강하며 외향직관이 강해 상황을 깊게 분석하는 능력은 부족하지만 상황을 매초 쉴 틈 없이 파악하려는 성향이 약하고 부족한 능력을 보완하기 때문에 눈치가 있으며 상황이나 주변 분위기 파악을 빨리하는 모습을 볼 수 있는 유형입니다.

유형별 부모, 자녀들의 성향도 하기에 조금 기재해 보겠습니다. ENFP 유형의 부모의 경우 변화와 다양성을 추구하는 본인의 성향으로 양육환경에 있어서도 새로운 활동을 시도하려 노력합니다. 자녀에게 사랑 표현도 적극적이며 자연스럽고 창의성을 중요하게 여겨 자녀의 꿈이나 비전에 대해 긍정적으로 바라봅니다. 특히 다양한 경험과 기회를 제공하며 자녀의 개성을 존중하고 허용하며 개방적인 태도로 자녀의 의견을 격려합니다. 자녀들을 친구처럼 대하고 어린 자녀에게는 잘 놀아주며 함께 재미있는 시간을 가지고자 노력을 많이 합니다.

ENFP 유형의 자녀의 경우 쉬운 문제를 복잡하게 생각해 어려워하기도 하며 반대로 어려운 문제를 너무 쉽게 단순화하는 경향이 있어 자녀 본인의 능력에 비해 본인을 과소평가하는 경향이 있으며 주변인들이 생각하지 못하거나 찾아내지 못한 것을 예리하게

MBTI 別 바람 이루기

발견하기도 하고 나이에 걸맞지 않은 용어나 상황을 독창적으로 나타내는 언어표현에서 자주 나타나는 기발함으로 주변을 놀라게도 합니다. 즐거운 분위기에 기쁨을 느끼고 함께하는 것을 소중하게 생각하는데 분위기에 따라 다르지만 본인 바라는 주변 환경 분위기라면 과잉행동을 하는 경우가 간혹 있습니다. 반대로 자신의 정서가 맞지 않은 분위기에서는 방관자적인 태도로 끊임없이 갈등합니다. 감정의 변화가 심하여 자녀 본인의 감정대로 행동할 것 같지만 의외로 보수적인 성향을 갖고 있어 주변에 부담을 많이 주지 않습니다. 이 유형의 자녀는 새로운 일들을 곧잘 시작하기도 하는데 이는 열정적이고 창의적이며 풍부한 상상력과 영감을 갖고 있기 때문입니다.

ENFP 유형에게 3가지 조언은 다른 사람들에게 인정받으려는 욕구가 강하고 타인의 시선에 민감한 성향 관련한 것, 타인이 보기엔 자칫 허영이라 느낄만한 겉으로 보여지는 부분과 관련된 것, 인간관계 중 혹은 개인시간이 발생된 일 등 작은 일에도 감정기복이 심한 성향에 관한 것을 이야기하려 합니다.

## 첫 번째,
## 타인의 시선에 민감

ENFP 유형은 인정받으려는 욕구가 강하고 타인의 시선에 민감한 성향을 보이는데 인정받으려는 욕구로 인해 본분(本分)을 망각하고 무리수를 두는 경우(아이디어 뱅크(Idea Bank)라 일단 생각한 것을 그대로 꾸밈없고 거침없이 정리가 안 된 상태 그대로 얘기하는 경우를 자주 볼 수가 있으며 그 외 업무적인 측면과 학습 관련 측면에서 일반적인 사람들과 다른 업무처리방식, 학습방식을 보여주기도 하는 등)가 간혹 있지만 어떤 일을 행동함에 있어 솔선수범하는 정도로 바라볼 수 있고 그렇게 비춰질 수 있는 경우도 부지기수(不知其數)라 생각되는 부분도 있으나 인정받기 위해 행동하는 것이 다가 아닌 타인의 시선을 생각하여 등 떠밀리듯 다른 누구보다 자신이 먼저 어쩔 수 없이 행하는 경우도 볼 수 있는데 이런 부분을 경계해야 한다 생각합니다. 자신의 생각과는 다르지만 주변인들 혹은 다수의 생각과 말에 따라 자신의 소신을 저버리며 그들의 눈치를 보고 행동에 옮긴다는 것은 한편으로 생각해 보면 잘못된 것임을 알면서도 행동할 수밖에 없는 즉 어리석은 행동을 할 가능성이 높다는 것임을 반증해 주는 것이라 생각하기 때문에 주변의 생각과 목소리에 귀를 기울여야 하지만 남들의 생각이나 목소리가 자신의 소신을 버릴 정도로 값어치가 정말 있는 것인지를 남들의 생각과 말에 동조하거나 그 말을 듣고 솔선수범하려 행동하기 전 한 번 더 생각을 해보며 경계해야 하고 위에 얘기했던 값어치를 따질 때는 당연히 옳고 그름의 차이라 생각되는데 이 옳고 그름의 차이는 상식을 벗어나는 차이여서는 안 된다는 것을 꼭 인지해야 할 것입니다. 그리고 타인의 시선에 그렇게 민감할 필요는 없으며 남들이 생각하는 본인 자신은 그리 중요하지 않을 수 있으며 관심 밖일 때가 많을 수 있음을 잊어서는 안 될 것입니다.

*좋아하지 않는 일을 선택해도 실패할 수 있다.*
*그렇다면 그냥 자신이 좋아하는 일을*
*선택하는 것이 낫지 않을까?*
*−Jim Carrey−*

## 두 번째,
## 지나친 허영심 주의

ENFP 유형은 멋을 내고 뽐내는 것 즉 외형을 꾸미는 것을 좋아하는데 타인이 보기엔 자칫 허영이라 느낄 정도로 타 유형보다 외형적 꾸밈을 좋아하며 이는 타인의 시선에 민감한 성향 때문이기도 하지만 중요한 것은 인생을 즐기려는 심리가 적용되기 때문으로 생각할 수 있습니다. 남들의 시선을 민감하게 생각한다는 것은 남들의 관심받는 것을 은근히 즐기고 좋아하는 것이라 바꿔 얘기할 수도 있겠으며 중요한 것은 자칫하면 자신의 수입보다 지출의 비중이 높아 빚을 지고 살 가능성이 농후한데 외형의 꾸밈에 빚을 지는 경우 향후 미래를 걱정해야 할 나이에 미래보다 빚에 대한 걱정이 앞서 본인의 의사결정에 있어 한계를 느끼게 되며 그에 따른 선택의 폭 또한 적어질 수 있음을 잊어서는 안 될 것입니다. 사람의 욕심은 자신이 원하는 것, 즉 바라던 일을 이루면 바라던 것 그 이상을 원하게 되는 것이 인간의 욕심이지만 ENFP 유형은 진지하게 잘못된 소비습관에 개선이 필요하다 생각되어지며, ENFP

유형은 절대 남들의 시선에 민감하게 반응하지 마라가 아닌 외형에 대한 소비욕구를 절제하고(이것이 나에게 필요한가, 왜 필요한가, 추후 현재 소비로 인하여 나에게 최종적 이득을 생각 등) 과소비를 1차적으로 줄이되 갖고 있는 것을 재활용하는 혹은 ENFP 유형의 성향 중 하나인 타인의 개성을 존중하듯 본인만의 개성을 살리는 본인만의 스타일(Style)을 만드는 것이 더 중요할 것입니다. 여기서 추가적으로 더 알아야 할 것은 나보다 나은 사람들을 부러워하는 것이 소비욕구에 영향을 미쳐서는 안 되며 자신을 되돌아볼 때 과소비를 할 것 같다 생각되어진다면 절대 신용카드보다 은행 체크카드를 사용하여 본인 수입에 맞는 소비를 하는 것이 바람직하고 그렇게 권장(勸獎)되어야 할 것입니다.

허욕과 명예욕, 권세욕 같은 것으로,
사람의 마음은 한없이 때가 끼고 흐려진다.
뿐만 아니라 현명한 사람까지 어리석게 만든다.
−Max Klinger−

# 세 번째,
# 조울증 주의

ENFP 유형은 앞서 유형별 설명에서 이야기한 부분 중 가장 마음에 걸리는 부분이 작은 일에도 감정의 기복이 심한 성향으로 조울증을 잘 겪을 수 있다는 것입니다. ENFP 유형의 경우는 조금은 다른 것이 분노의 경우 앞서 성향 설명에도 조금 하였듯 분노를 표현하더라도 금방 본래의 감정을 추스르며 뒤끝 없음을 보여주는 성향을 가지고 있지만 우울함의 경우 조금 다를 수 있는데, ENFP 유형은 다른 사람들과 있는 시간을 즐기지만 혼자만의 개인시간도 선호하는 성향이라 이 개인시간에서 우울함을 더 느낄 가능성이 많으며 여기에서 절대 우습게 넘겨서는 안 될 우울한 감정 중 하나가 주변 무언가(반려동물 포함)의 죽음으로 슬픔을 안고 있는 우울함이라면 짧게라도 자신의 감정을 드러내는 것이 추후 더 큰 감정의 폭발을 막는 주요한 일이 될 것입니다. 주변인들과 최대한 즐거운 시간(아무리 즐거운 시간이라 말할지라도 그것을 즐기기에는 슬픔으로 인하여 무리가 있다는 것을 충분히 알지만 여기에서 주요하게 바라보아야 할 점은 주변의 긍정적인 기운을 받아야 그 긍정적인 기운으로 인하여 자신의 슬픔을 안고 있는 우울함 또한 긍정적인 요소로 전환될 가능성이 있다는 것을 인지하고 슬픈 감정을 가지며 우울감을 느끼는 암흑에서 벗어나 최대한 빠르게 일상생활을 찾는 것이 자신의 안위에 도움이 되기 때문임을 인지(認知))을 애써 만들어 주변의 긍정적인 기운을 받는 것 또한 좋은 방법임을 잊지 않길 바랍니다.

그리고 애도(Mourning)를 하는 데 있어 시간은 무용지물(無用之物)

일 수 있으며 시간이 지남에 따라 역(逆)으로 애도의 대상과 추억 때문에 가슴 깊이 우러나오는 그리움이라는 감정은 어찌 보면 당연한 수순일 수도 있겠으나 그 추억이 있음에 감사하고 그 추억으로 인해 애도할 대상이 자신의 가슴에 살아 있기에 영원히 죽지 않을 수 있다는 생각을 할 수 있는 긍정적인 사고를 가질 필요성이 분명히 있습니다.


듣기 싫은 음악에 대해서 이야기하지 말고,
이왕이면 듣기 좋은 음악에 대해서만 이야기하라.
미워하고 싫어하는 감정은
될 수 있는 대로 발산하지 않는 것이
우리 자신의 건강을 위해서 유익한 일이다.
애정으로 표현된 감정만이
우리에게 좋은 피를 만들어 준다.
–Alain, Emile Auguste Chartier–

MBTI 別 바람 이루기

덧붙이는 말을 하기 전에 한 유형의 조언을 끝맺는 말로 명언을 담아 제가 하고 싶은 이야기에 마침표를 찍듯 내용을 전달하였는데 그중 ESFP 유형에 대해 조언을 할 때『톰소여의 모험』을 쓴 미국 소설 작가인 마크 트웨인(Mark Twain) 명언의 한 줄인 '젊은 날을 회상하며 후회하지 않는 삶'이란 글을 짧게 보았는데 짧은 글에 의아함을 갖는 분들도 계실 것 같아 부수적인 내용을 적어 이해를 돕고자 먼저 이야기합니다. Mark Twain 작가는 이런 말을 했습니다.

*Twenty years from now, you will be more disappointed by the things that you didn't do than by the ones you did do. So throw off the bowlines, sail awway from the safe harbor. Catch the trade winds in your sails, explore, dream, discover.*

*(앞으로 20년 후에 당신은 저지른 일보다는 저지르지 않은 일에 더 실망하게 될 것이다. 그러니 밧줄을 던져 안전한 항구를 벗어나 항해를 떠나라. 그리고 돛에 무역풍을 가득 담고, 탐험하고, 꿈꾸며, 발견하라.)*

라고 이야기를 하였는데 ESFP 유형의 첫 번째 조언에 이야기한 개인시간의 활용의 목적에 힘을 실을 수 있는 조언을 생각하다 마크 트웨인 작가의 말이 생각나 인용하게 된 것이며 전말을 소개하여 독자분들의 이해를 조금이라도 도왔으면 좋겠다는 생각으로 애기하게 되었으며 덧붙이는 말을 조금 더 이어 해보려 합니다.

  MBTI 유형에 대해 간단히 알아보고 최대한 유형별 도움이 될 수 있는 조언을 적어보았는데 고심해서 어떤 유형은 심리적인 조언과 행동적인 조언을 또 어떤 유형은 장점을 조금 더 부각시키면 바람을 이루기에 조금 더 도움이 될 수 있음을 여러 개인의 PT 혹은 상담 등 제 개인 업무 내용을 토대로 조언을 하게 되었습니다. 상위 조언들은 어느 유형 하나만이 아닌 다른 유형들, 즉 모든 사람들이 갖추면 인생을 살아가는 데 있어 도움 될만한 내용들이지만 특히 해당 유형의 경우 다른 것보다 우선순위에 있음을 명시하고자 조언함을 이해해 주시면 좋을 것 같습니다.
  그리고 저 또한 위에 유형 중 1가지 유형이며 결과적인 측면으로 볼 때 유형의 대표적인 성향과 많이 같지만 100%로 저를 "넌 이런 사람이야." 규정할 수 없다는 개인적인 생각은 변함이 없는 것 같습니다. 큰 틀로 볼 때 유형별 특성 즉 대표적인 성향은 맞을 수 있으며 해당 유형에 완벽하게 100% 일치하는 분도 물론 존재하겠지만 보통은 완벽히 일치하는 성향을 띠기는 많이 어렵다고 생각하는 것이 저의 개인적인 생각인데, MBTI를 구분할 때 당시 피험자의 심리적인 상태를 포함하고 있으며 객관적인 설문이지만 주관적인 결과를 나타낸다 생각하기 때문에 유형의 결과가 시간이 지남에 따라 피험자의 심리적인 상태와 최근 몇 년간의 삶에 방향성이나 환경 등에 따라 유형이 바뀔 수 있다고 개인적으로 생각하는 것입니다. 물론 앞서 소개해 드린 직접 경험한 2가지의 예시도 있

MBTI別 바람 이루기

었으며 제 개인적인 MBTI는 검사 시 바뀐 적은 없어 큰 틀로 보면 MBTI 유형 분석은 분명 살아감에 있어 충분히 도움되는 부분 (상대방의 행동양식에 따라 본인의 대처를 미리 생각해 볼 수 있음 등)이 있지만 다른 사람의 행동양식을 보고 편견을 갖거나 의도를 어림짐작하여 상대방의 의도를 퇴색되게 할 수 있음을 잊으면 안 되겠습니다.

중요한 것은 한 사람은 혼자서 살아가기 힘들며 누군가와 더불어 살아가는 존재로 집에서 회사에서 모임에서 등 다른 사람들과 어울리며 대화하고 행동하며 견문(見聞)을 넓히고 자신의 삶에 뚜렷한 목표를 만들며 살아가는 것이 보람된 나날이 되지 않을까, 그 목표에 다가가는 과정을 즐기고, 그 목표에 다가가서 이루었을 때는 보람과 희열, 아쉬움 등 많은 감정을 남기겠지만 목표를 이루기 위해 노력했던 그 과정을 다시 돌이켜 보고 그 과정에서 또한 배울 점이 있다는 것과 혼자 할 수 없는 일들을 누군가와 함께하면 할 수 있는 모습 또한 많이 볼 수 있음에 본인 나약하다는 생각을 갖기보다 도움을 주변에 요청하고 반대로 주변에서 도움 요청이 온다면 서로가 서로를 도우며 삶을 살아가는 건강하고 멋지고 아름다운 사회가 되었으면 좋겠다는 생각을 한 번 더 해보며 덧붙이는 글을 마치겠습니다.

CHAPTER

3

유니크(Unique)한

Q&A

이 Chapter에서는 글쓴이가 업무 중 가장 많이 받았던
혹은 인상 깊었던 질문 몇 개를 적어보았습니다.

{ # Personal Training 시
가장 많이 받은 질문 }

## PT(Personal Training)를 하는 이유??

직역(直譯)하면 개인교습 정도로 생각할 수 있으며 Home Training 혹은 Center Training 시 꼭 PT를 받아야 하는지에 대해 문의를 많이들 하시는데 저는 그런 문의를 받을 때마다 다른 Personal Trainer들은 어떻게 답할지는 잘 모르겠으나 저자 본인은 추천하는 사람과 비추천하는 사람의 차이를 먼저 알려드립니다. PT가 필요한 사람의 경우는 대략 크게 3가지 유형으로 우선 얘기를 하는데, 1. 운동 초심자(해부학적 견해로 기본적인 서 있는 자세에서 머리부터 발끝까지의 Medical Test를 하여 고객의 Body Balance를 최대한 정확히 확인한 후 체형에 맞게 혹은 목적(크게 현재 몸보다 Slim해지는 Diet, 현재 몸에서 근육량만 늘리는 Standard, 현재 몸보다 체중과 근육량을 늘림과 동시에 근부피를 늘리는 Bulk Up))에 맞게 교육 Program을 만들어 교육이 진행이 될 것이며 특히 처음 운동을 배울 때 어떤 근육을 어떻게 사용을 하며 운동하는 근육에 정확히 자극을 느낄 수 있는 올바른 자세를 배우고 운동에 대한 개념을 익힐 수 있어 추천합니다(초심자의 경우 운동하는 올바른 자세와 불완전한 자세를 익히지 않았을 때가 정말 중요하다 생각하며 이는 아무것도 그려지지 않은 도화지 위에 목적에 맞게 그리고 싶은 것을 그리기가 적합하다 생각하기 때문입니다.). 2. 운동을 오랜 기간 하였지만 운동을 하면 할수록 관절이 불편하다 느끼는 분(여기서 얘기하는 운동은 유산소, 무산소 운동을 포함)의 경우 운동을 처음 하는 시기에 올바른 자세를 갖추지 못하고 타인의 운동을 따라 하거나 영상을 보고 따라 하는 등 자신의 몸에 맞지 않는 운동 자세로 건강하려 혹은 신체를 가꾸려 하는 운동이 몸을 불편하게 하고 더 잘못된다면 평생 장애를 갖게 되기도 하여 추천합니다. 3. Personal Trainer의 꿈을 키우고 있는 분의 경우 본인의 지식과 다른 Trainer의 지식을 비교해 보며 본인이 가고자 하는 Trainer로서 방향을 명확하고 견고히 할 수 있는데 지식만을 견주는 것이 아닌 본인의 교육방식과는 다른 교육방식을 갖고 있는 교육자를 만나봄으로 자신이 피교육자 신분으로 본인의 교육방식 혹은 Program을 되돌아보는 시간을 가져보며 본인의 능력향상을 도모할 수 있는 기회 또한 얻을 수 있고 본인이 갖고 있는 Personal Trainer란 꿈을 꾸는 데 있어 엄청난 도움이 된다 할 수 있기 때문입니다.

이어 PT를 비추천하는 사람은 1. 위에 얘기하였던 초심자(初心

者)의 반대인 Veteran, 취미생활로 운동을 하지만 정확히 운동하는 부위의 근육의 자극을 충분히 느낄 수 있는 분으로 운동 시(단관절운동, 다관절운동 포함) 관절의 불편함을 전혀 느끼지 못하는 분은 당연히 PT의 필요성을 느끼지 않는다면 굳이 PT를 받아보라 권유하지 않습니다. 2. 전 운동선수(5년 이상 학창시절 운동선수 포함)의 경우는 몸에 전에 하던 운동습관이 남아 있기 때문에 잘 고쳐지지 않으며, 고집이 있어 아무것도 그려지지 않은 도화지의 개념이 되지 못하기도 하고 상대 Trainer를 무시하는 경우가 많으며 Trainer의 경우 Bulk Up Trainer를 선호하나 정작 전에 운동을 하였다는 자신감을 갖고 자신의 운동수행능력을 과대평가하여 운동수행능력이 떨어지는 경우를 받아들이지 못하고 자존심을 내세우며 부상 위험성을 높이거나 부상을 당하여 운동을 쉬는 경우를 많이 봤기 때문에 자존심을 버리고 마음을 비우며 하얀 도화지로 다시 그림을 그린다는 생각을 하지 않는 이상 혼자 운동하는 것이 마음 편한 유형이라 추천하지 않습니다. 3. Personal Trainer의 지식에 의문을 품고 반문을 하느라 시간을 허비하는 경우, 제가 앞서 얘기하였지만 Trainer들이 다 같은 생각과 같은 교육방식을 갖고 있지 않은데 하나의 예를 들자면 어떤 Trainer는 운동 시 관절의 가동범위 100%를 사용하며 관절이 상할 수 있는 단점을 갖고 있지만 운동하는 근육에 자극을 100%를 주며 근성장이나 근육량을 생각하는 Trainer, 관절의 가동범위 70~80%만 움직이며 근성장과 근육량을 올림에 더디지만 주동근만을 정확히 자극을 하면서 관절을 생각하며 운동을 습득하게 하는 교육방식을 선택하는 Trainer

가 있을 것이며 이 두 유형 모두 누가 틀렸다 누가 옳다고 할 수는 없는 것이며 각자의 교육철학과 교육방식을 갖고 있는데 특히 이런 교육방식에 어디 Center Trainer는 이렇게 운동하면 안 된다고 하는데 왜 당신은 그렇게 하라고 하느냐는 식의 질문을 하거나 하지 말라는 이유와 해도 되는 이유를 꼭 알려줄 것인데도 불구 알려주지 않았다 혹은 자신의 기억에는 없다는 Nuance로 얘기하는 것을 즐겨 하시는 분은 서로가 서로에게 기분만 상하게 하는 PT 시간이 될 가능성이 농후하니 추천하지 않는 것이 당연할 것입니다. 만약 정말 배울 마음이 있다면 달라질 마음이 있다면 주의해야 하는 행동은 물론이며 올바른 운동 개념을 알려주는 혹은 설명해 주는 Trainer에게 질문만 하며 운동시간을 그리고 배움에 시간을 허비하는 것은 본인의 어리석음을 보여주는 결과로 PT 마지막 날 아쉬움이 남을 가능성 또한 농후하여 상기 행동에 주의하며 올바른 운동방식과 개념을 이해하기 위해 노력하는 모습을 보여주시는 것이 참 좋은 모습이 아닐까 생각해 봅니다(Personal Training 받을 때 고객 개인의 금전적, 시간적 투자를 하는 것이므로 Trainer들의 경우 고객에 맞게 운동 Program을 준비하는데 무척이나 열심히 준비합니다.).

이렇듯 크게 추천 3가지 유형, 비추천 3가지 유형을 말해보았는데 Personal Training을 하고자 한다면 하는 것이 옳고 하면 안 된다 생각한다면 하지 않는 것이 옳지 않나 생각해 봅니다. 가장 중요한 것은 타인의 말에 혹하여 안 해도 되는 PT를 받음으로써 개인의 금전적, 시간적 손해를 보는 경우는 없어야 한다고 생각합니다. 다시 한번 얘기하지만 개인이 배워야 하는 목적이 있지 않다면 눈속임 혹은 언어적 유희로 속이는 행위에 넘어가 후회하는 일이 없도록 Personal Training 전 한 번 더 고민해 보시길 바란다는 말을 꼭 하고 싶습니다.

## 목적에 따른 자기관리 도움말!

앞서 얘기하였던 것 중 크게 다이어트, 스탠다드, 벌크업 정도로 목적 구분을 한다고 얘기를 하였는데 이런 목적 외 특수목적에 의한 예를 들면 취미생활 혹은 특기로 하는 운동을 함에 운동수행능력 향상이라는 목적, 보디 프로필 촬영 목적을 갖는다든지 이외 어떤 사람이 어떤 운동목적을 갖고 운동을 하느냐에 따라 운동의 결과가 달라지며 목적 없는 운동의 경우 운동을 장기간 지속적으로 할 수 없을 가능성이 높다(운동을 하다 어떤 이유를 들어서라도 운동시간을 미루거나 다음 날로 미루는 등 자기합리화를 하며 운동을 쉴 수 있는 핑계 아닌 핑곗거리를 찾는 모습을 볼 수도 있음) 얘기할 수 있어 자신만의 운동을 하는 목적을 필히 간직하시는 것이 도움이 된다고 얘기할 수 있으며 저자 본인의 생각에 운동은 습관적으로 혹은 밥을 먹듯 운동을 생각하는 것이 더 도움이 된다 얘기하고 싶습니다. 다른 특수목적에 따른 자기관리방법을 설명하는 것보다 앞서 크게 3가지 목적으로 얘기하였던 것을 기준으로 자기관리방법을 설명하고 참고사항과 이해하기 쉽도록 큰 틀은 목적에 따라 강도에 차이를 제외하면 거의 큰 틀은 변하지 않음을 아셔야 하며 세부적인 목적에 따른 자기 방법 및 관리를 원하실 경우 정확히 하고자 본인이 관리를 원하는 센터의 트레이너 혹은 교육자분께 메디컬 체크 및 상담을 요청하는 것이 가장 좋은 방법입니다. 왜냐하면 현재 저자의 경우 세부적인 세밀한 현재 글을 읽어주시는 독자분의 목적을 파악하는 데 있어 어려움이 많은 점을 알아주시어 큰 틀로 이야기함에 있어 너그러이 양해해 주시면 감사하겠습니다.

다시 본론으로 돌아가 크게 3가지 목적으로 분류를 하였음에도 불구하고 가장 쉽고 이해하기 편할 수 있도록 일상생활 시 강도에 따른 활동 Calorie, 표준체중, 특이동적작용(Specific Dynamic Action, 쉽게 음식물 섭취 후 소화를 시키기 위해 사용하는 에너지 척도)을 포함한 기초대사량 구하는 방법(기초대사량+일일활동열량+특이동적작용=일일소비열량), 기초대사량에 맞는 올바른 식단 개선을 통한 건강한 삶을 살아가는 데 도움을 줄 수 있는 이야기, 운동방식 구성에 도움을 줄 수 있는 이야기로 구성되었음을 참고해 주시면 다시 한번 감사하겠습니다. 본론 전 개인적으로 지양하셨으면 하는 당부의 얘기를 조금 하고 싶은데 다이어트에 목적을 둔 경우 극단적으로 식단을 조절함으로 다이어트 초반에는 체중이 줄었으나 날이 갈수록 체중변화가 없어 운동을 생각하고 수행하는 경우가 많지만 저자 본인은 극단적 식단 구성을 다이어트를 망치는 길이라 표현하고 싶으며 그런 이유는 다른 교육자들은 어떻게 생각할지 모르겠으나 식단으로 체중조절을 하다 체중변화가 없어 운동을 병행하는 것은 식단을 제대로 갖추지 않고 극단적 식단에 운동을 추가적으로 하여 다이어트를 단기간에 성공하고자 하는 경우 신체에 무리를 주게 되고 정신적인 고통도 많이 받을 수 있어 건강에 이로움보다 해로움이 많고 이런 경우 다이어트 요요를 피할 수 없으며 다이어트에 어떻게 성공하였다 하더라도 유지가 많이 어렵다 얘기하고 싶은데 그런 이유는 다음과 같습니다.

처음부터 극단적 식단 조절은 즉 본래 섭취하였던 영양소보다 조금 적게 먹는 것보다 반을 줄이거나 더 많이 줄이는 경우가 비일비재하며 이는 본인의 기초대사량을 알거나 혹은 체중증가의 이유를 기초대사량보다 많이 먹기 때문이라 생각하기 쉬운데 이와 같은 생각은 반은 맞고 반은 틀리다 얘기할 수 있는데 근거를 쉽게 설명하자면 사람의 신체는 나이를 들어감에 따라 움직임이 줄어들게 되고 이는 움직임이 적어지는 것과 같이 몸에 근육량이 줄게 되며 이는 줄어든 근육(근육량에 따라 기초대사량의 변화가 있으며 단순히 근육량이 많다는 것만으로 기초대사량을 높일 수 있으며 이는 근육의 경우 주구성 성분은 수분(Water) 70%, 단백질(Protein) 약 22%, 지방(Fat) 약 7%, 기타 무기질(Mineral) 등이 1%이며 섭취하는 단백질은 다른 에너지원보다 연소 작용 속도가 더 며 포만감을 더 느끼게 할 수 있습니다.)으로 인한 기초대사량이 낮아지게 되고 이렇게 기초대사량이 낮아짐과 별개로 나이 혹은 지위에 따라 밤 혹은 낮 술자리가 잦고 혹은 야식을 자주 먹는 등의 나쁜 식습관으로 체중증가가 주된 원인도 있습니다.

극단적 식습관 개선이 아닌 천천히 하나씩 먼저 야식 혹은 자기 전에 음식을 섭취하는 것은 지양해야 하는데 단, 운동 후 자기 전 단백질 보충제 중 하나인 카제인 단백질(Casein Protein)의 경우 흡수하는 데 있어 오랜 시간이 필요하기 때문에 자기 전 섭취하는 것을 권장하기도 하기에 수분섭취와 카제인 단백질을 제외하면 취침 전 음식섭취는 섭취한 음식에 열량 분해를 자는 동안 제대로 하지 못하고 활동을 하는 시간이 아닌 말 그대로 잠을 자는 시간이라 누워있는 자세로 인하여 소화기관의 문제를 일으켜 건강에 해로운 등 여러 문제점이 많으므로 당연히 지양해야 하겠습니다. 다이어트, 스탠다드, 벌크업 목적에 따라 자기관리 시 도움되는 이야기를 앞서 얘기했듯 기초대사량 관련된 내용과 식단, 운동 3가지로 말을 하겠습니다.

일상생활의 강도를 파악하는 것은 활동량 관련 필요열량 파악 및 운동 강도 조절을 위해서라 생각해 주시면 좋습니다(체성분 측정계 없이 본인의 기초대사량을 구할 때도 활동량 관련 필요열량과 표준체중이 필요하여 기본적으로 알아두는 편이 도움이 많이 될 것입니다.). 먼저 설명하였던 일상생활의 강도(kcal는 활동량에 따른 필요열량)가 최고 강도를 3이라고 생각했을 때 3이 많은 활동을 하는(노무직과 같은 활동에서 비만은 35kcal/ 정상은 40kcal/ 미달은 45kcal), 2는 기본적으로 보통 활동을 하는(일반적인 적당히 몸을 움직이는 교사나 학생의 경우 비만은 30kcal/ 정상은 35kcal/ 미달은 40kcal), 1은 가벼운 활동을 하는(주부나 사무직의 경우 비만은 25kcal/ 정상은 30kcal/ 미달은 35kcal)으로 구분해 주시고 본인의 표준체중을 알고 계시는 분이라면 상관없겠지만 쉽게 구하고자 하시거나 한 번쯤 해보고 싶다는 분들은 해리스베네딕트 공식, 체성분

분석에 따른 기초대사량의 경우 4, 5번을 참고해 주시면 감사하겠으며 해리스베네딕트 공식의 경우 정확성이 높음에 따라 널리 사용하기는 하지만 공식을 기억하고 수월하게 일상생활 시 접근하기 어려운 부분이 있음에 여러 가지 공식을 적고 예시 또한 몇 가지를 같이 적어보았는데 모쪼록 읽는 독자분들께 도움이 되었으면 좋겠다는 생각을 해봅니다.

## 1–1 참고
**표준체중**(이상체중) **구하기**

**0. 남성 (키)²×22, 여성 (키)²×21**

**1. (키−100)×0.9**

**2. 키−110**

**3. 155cm 이하 키 − 100**

상위 0~3 중 택1 계산 값+활동 정도에 따른 필요열량(바로 전 페이지에 설명하였던 9개 항목 중 택1, 일상생활에 따른 일일필요열량)+**특이동적 작용 kcal** 활동 정도 필요열량 구할 때 다른 공식도 있음을 하위 참고(일일필요열량)

ㄱ. 운동을 거의 하지 않는 경우(BMR×0.2)

ㄴ. 일주일에 1~3 정도 가벼운 운동을 하는 경우(BMR×0.375)

ㄷ. 일주일에 3~5 정도 보통의 운동을 하는 경우(BMR×0.555)

ㄹ. 일주일에 6~7 정도 적극적인 운동을 하는 경우(BMR×0.725)

ㅁ. 운동선수를 의미하는 적극적인 운동을 하는 경우(BMR×0.9)

BMR=기초대사량 ex) 기초대사량 1,000에 운동을 거의 하지 않는 경우의 공식으로 일일필요열량을 구한다면 1,000×0.2=200이며, 이 200과 1,000을 합한 값 1,200+본인이 하루 섭취한 음식의 kcal가 1,000kcal면, 여기에 10% 100이 소화대사량이며 이 모든 값을 합한 1,200(일일필요열량)+100(소화대사량)=1,300kcal가 일일에너지 소비량이 되는 것입니다.

### 4. 해리스베네딕트 공식(성별에 따른)

남성 : 66+(13.7×체중(kg))+(5×신장(cm))−(6.8×나이)

여성 : 655+(9.6×체중(kg))+(1.7×신장(cm))−(4.7×나이)

ex) 31세 남성 164cm, 63kg의 경우

66+(13.7×63)+(5×164)−(6.8×31)=1,538kcal(기초대사량)

### 5. Inbody 체성분분석계(BMI) 공식

(21.6×제지방량)+370

ex) 측정 시 51.7(kg), 골격근량 18.3(kg), 체지방량 17.3(kg)의 경우 예시 (21.6×34.4(kg))+370= 약 1,113kcal 계산 시 1,113.04로 계산되었지만 소수점은 지우고 표기하였습니다.

※현재 구하는 Inbody 공식의 경우 제지방량이 필요하며, 체중에서 체지방량을 뺀 값이 제지방량이기 때문에 체중에서 체지방량을 빼주는 것이 우선 실행되어야 합니다.

ex) 51.7(kg)−17.3(kg)=34.4(kg)이 제지방량 참고하면 좋은 내용

## 1) 기초 신진대사율

신진대사율 같은 경우 열량 산출과도 관련이 있으며 우리가 하루 종일 얼마나 많은 kcal를 소비하는가와 관련되고 이를 이해하기 위해서는 기초 신진대사율에 대해 이해를 해야 합니다. 기초 신진대사율은 보통 BMR(Basal Metabolic Rate)이라고도 하며 이 기초 신진대사율(BMR)은 아무것도 하지 않고 편안한 상태에서 얼마나 많은 kcal를 소비하는가 즉 생존을 위한 최소한의 kcal는 어느 정도 되는지와 관련된 것으로 생각하면 이해가 쉽습니다. 이 기초 신진대사율에 신체의 활동대사량, 특이동적작용을 더한 값이 우리가 하루 종일 소비하는 열량이라고 할 수 있습니다. 그래서 기초대사량을 이해하기 위해서는 기초 신진대사율을 이해하고 활동대사량과 특이동적작용에 대해서도 이해를 꼭 해야 합니다. 기초대사량 즉 신진대사율에 영향을 미치는 요인 몇 가지 얘기해 보자면 체중이 많은 사람이 체중이 적은 사람에 비해 상대적으로 기초대사량은 높기 마련인데 이는 무거운 몸을 하루 종일 움직이기 위해서는 더 많은 kcal를 소비하고 에너지가 필요할 것이기 때문입니다. 체중이 10kg이 증가하게 되면 기초대사량(BMR)은 약 100kcal 정도 증가하며, 성별에 따라서 남성이 여성보다 기초대사량이 높은데 이는 남성이 여성보다 근육량이 많기 때문이며 근육은 지방에 비해 약 3배 정도 많은 kcal를 소비하기 때문에 근육에 양이 비교적 많은 남성의 기초대사량이 높다 보면 이해하기 쉬울 것 같습니

다. 휴식 중 1lb(1파운드=0.453592kg)의 지방은 2kcal를 소비하고 근육은 6kcal를 소비하며 1파운드의 근육이 증가하면 30~50kcal를 더 많이 소비하게 됩니다. 이런 내용으로 볼 때 근육량이 많은 사람은 근육량이 적은 사람보다 유산소 운동의 집중도를 낮출 수 있으며 근력운동의 필요성을 알 수 있는 것입니다. 근력운동 시 근육량 증가를 위한다면 적당한 강도로는 근육에 주는 스트레스를 높일 수 없기 때문에 적정 강도 이상 근육에 자극을 줄 수 있는 강도로 운동을 해야 하는 것 또한 인지한다면 더 좋은 결과를 만들 수 있겠습니다. 그리고 앞서 얘기하였던 나이가 들어감에 따라 근육량이 줄어든다 설명을 잠깐 하였는데 이 부분과 같이 알고 있으면 유용한 이야기를 더 해드린다면 하지질량과 관련된 무게중심을 같이 이해해야 하는 것으로 보통 무게중심은 배꼽 위치 정도에 있으며 나이가 들어감에 따라 하지에 근육량이 줄어들어 여성의 경우 폐경이 지난 후 엉덩이와 허벅지의 지방이 감소하게 되어 하지의 질량이 감소하게 되고 하지의 질량이 감소하게 되면 상대적으로 무게중심은 배꼽보다 위로 올라가게 되는 것입니다. 무게중심이 위로 올라가게 되면 걷기가 힘들어지게 되고 걷다가 잘 넘어지며 이를 예방하기 위해 신체는 자연스럽게 상체를 앞으로 숙이게 되며 굽은 등으로 발전하게 되는 것과 관련이 있습니다. 그 밖에 유전적 요인, 약물섭취여부(당뇨병, 인체발열상태, 체온상태), 섭취하는 약물(보충제 중 카테콜라민, 카페인, 캡사이신 등) 등 여러 요인이 신진대사율에 영향을 미칩니다.

## 2) 특이동적작용(소화대사량)

음식물을 소화하는 데 쓰이는 에너지를 특이동적작용이라고 합니다. 소화대사량의 경우 섭취한 음식의 10% 정도로 계산을 하는데 정확히는 탄수화물의 경우 5%, 단백질의 경우 25%, 지방은 2%입니다. 보편적으로 저 또한 소화대사량을 구한다면 일일 섭취 열량의 10% 정도로 대략적 환산을 합니다.

(ex 1,000kcal를 일일 섭취 열량 시 10% 정도 100kcal를 소화대사량으로 생각해 볼 수 있습니다.)

## 3) 호르몬 관련

군대로 비유하여 말할 텐데 뇌하수체 전엽에서 분비되는 호르몬 중 갑상선 호르몬은 호르몬 중에 최고로 비중 있는 대장 역할을 하고 부대장은 카테콜라민(에피네프린, 놀에피네프린을 말합니다.)이며 다른 호르몬들은 일반 대원으로 간주할 수 있는데 이는 대장 역할을 하는 호르몬이 없으면 나머지 호르몬들이 제대로 작용하지 못하기 때문에 갑상선 호르몬이 가장 중요하다 말할 수 있으므로 일반대원으로 비유를 했습니다. 기초대사량과 가장 밀접한 관계가 있는 호르몬이 갑상선 호르몬이며 갑상선 호르몬이 적절히 잘 분비가 되어야지만 미토콘드리아의 수와 크기가 증가합니다. 미토콘드리아의 수와 크기가 증가하면 탄수화물, 단백질, 지방을 에너지원으로 잘 만들 것이고 특히 지방을 에너지원으로 잘 쓸 수 있으며 해당 작용을 잘하며, 해당 작용을 잘한다는 것은 당분을 잘 분해하여 에너지로 잘 만들 수 있다는 것입니다. 갑상선 호르몬 하면 앞서 얘기하였던 3가지(기초대사량 증가, 미토콘드리아 수와 크기 증가, 해당 작용증가)를 꼭 기억해 주시면 좋을 것 같으며 추가적으로 단백질 합성(성장호르몬도 있음)을 증가시키는 중요한 인자로 갑상선에서 분비되는 호르몬 중 위 내용(기초대사량 증가, 미토콘드리아 수와 크기 증가, 해당 작용증가)은 티록신(갑상선에서 분비되는 호르몬이 2가지가 있는데 티록신과 칼시토닌이 있음)에 대한 설명입니다. 참고용으로 갑상선에서 분비되는 티록신 말고 다른 호르몬인 칼시토닌에 대해 덧붙여 설명하자면 칼시토닌과 반대 작용을 하는 것이 부갑상선 호르몬이며 이 칼시토닌 같은 경우 인체 내부의 칼슘이 많을 때 분비가 됩니다. 반면 부갑상선 호르몬은 칼슘이 적을 때 분비가 되는 것으로 생각하면 쉽습니다. 인체의 칼슘이 많을 경우 뼈를 그만 분해하라고 하는 것이고, 반대로 부갑상선 호르몬은 칼슘이 인체에 적으면 뼈를 분해하라고 하는 것이라 생각할 수 있습니다.

그럼 여기서 생각해 볼 수 있는 것이 뼈를 분해하여 칼슘농도가 증가한다면? 칼슘은 근육의 수축과 관련되어 있는데 신경자극이 주어지면 근육과 신경의 연접에서 아세틸콜린이 분비되게 되면 근형질 세망 안 소포에서 칼슘이 분비되는데 이 칼슘이 분비되어야지만 액틴과 마이오신이 결합을 하게 되는 것입니다. 액틴과 마이오신이 결합을 한 상태에서 ATP(Adenosine Triphosphate를 줄여서 ATP 생명체가 생체활동을 하는 데 필요한 에너지원)가 분해될 때 생기는 에너지에 의해서 액틴이 마이오신 위로 미끄러지며 근수축이 일어나게 되는 것입니다. 그러므로 근수축에 칼슘이 필요한 것이고 운동할 때 칼슘 또한 잘 섭취해야 한다는 이야기를 해드리고 싶습니다(칼슘은 뼈의 구성 성분이기도 하지만 근수축을 잘하기 위해서도 칼슘 섭취가 필요하다 생각하면 좋습니다.).

다시 본론이었던 기초대사량을 구하는 방법으로 돌아가(상위 1-1 참고) 표준체중 구하는 공식 1번의 경우와 9가지 활동필요열량을 참고하여 설명을 하겠습니다. 표준체중을 구하였으면 앞서 확인한 본인의 필요열량을 체중 kg에 곱해주시면 기본적인 본인의 기초대사량을 구할 수 있습니다. ex) 보통 활동의 비만으로 활동필요열량 30kcal 키 170cm이라 가정하면 (170-100)×0.9=63kg이 표준체중이며 이에 따라 기초대사량은 1,890kcal(63×30)이라 생각해 볼 수 있습니다. 현 상태가 비만의 경우 1,890kcal이기 때문에 Diet의 경우 조금 더 기초대사량을 적게 하기 위해 -110 정도로 하여 60kg으로 우선 시작하여 기초대사량을 구하되 차후 근육량에 따라 기초대사량이 달라질 수 있음을 인지하셔야 합니다.

운동을 하기 힘든 경우(꼭 유산소/ 무산소 운동을 병행하셔야 건강한 식습관 개선과 더불어 건강한 삶을 영위할 수 있습니다.) 식단으로 먼저 Diet, Standard, Bulk Up을 시작하기 위해 기초대사량을 상위 내용처럼 구하는 것 또한 인지하셔야 합니다. 60kg×30kcal로 일단 시작을 하셔야 합니다. 상기 예시의 가상 인물의 일상생활 강도에 따라 비만임을 인지하고 그에 따른 기초대사량을 분배하기 위함입니다. 상기 Diet 시 기초대사량을 구하면 1,800kcal가 나옵니다. 이를 가지고 하루 식단을 구성하여야 하기 때문에 본인의 기초대사량을 필히 알고 있는 것이 건강관리에 용이하다 얘기할 수 있고 웰

만하면 BMI를 측정하여 현 상태를 확인하고 그에 따른 즉 현재 체성분에 따른 기초대사량 및 필요 영양소를 알고 있어야 합니다. 그렇게 생각하는 이유는 본인이 하루를 생활함에 있어서 꼭 필요한 에너지양을 알고 있는 것과 모르는 것은 천지 차이라고 생각하기 때문이며 이는 저자 본인이 고객 혹은 상담 시 사람을 기계로 비유를 많이 하기도 하여 설명을 하는데 기계의 구동을 위해선 연료 에너지가 필요하듯 사람은 사람의 필수영양소가 꼭 필요하다는 얘기를 하려는 것이며 이 필수영양소의 3대 영양소(주영양소)는 탄수화물, 단백질, 지방, 7대 영양소는 앞서 얘기한 3대 영양소 포함 물, 비타민, 무기질, 식이섬유를 말하는 것 정도는 생각을 해주셔야 합니다.

저자의 경우 고객들의 정확한 체형분석을 위해 BMI 측정(Inbody) 후 거의 상담을 하며 체성분 분석을 할 수 없는 경우 상기 내용의 기초대사량을 기본적으로 사용하고 있으며 이는 BMI 측정계에서 나타나는 기초대사량보다 임의로 구하는 수치의 기초대사량의 수치가 높다 볼 수 있습니다. 정말 진지하게 표준체중과 본인의 활동량과 관련하여 필요열량을 구한 후 목적에 따라 기초대사량(성인 평균 기초대사량은 1,450kcal~1,850kcal)을 구해보셨다면 두 번째로 넘어가 식단(다음 Section에서 식단과 단백질 관련하여 다룰 것이기 때문에 이해를 도울 수 있을 정도로 설명만 하겠습니다.)을 구성하되 목적에 맞는 주영양소(탄수화물, 단백질, 지방) 섭취율을 나눈 뒤 목적에 맞는 식단표를 구성하는 것이 좋습니다. 섭취율 구성 전 참고사항은 다이어트를 시작하기 전 즉 아침 식사로 가정 본래 먹던 열량을 100%로 가정 섭취하는 열량의 70%는 못 해도 유지해 주시는 것이 바람직하며 세끼 중 한 끼에 가장 적은 열량을 생각한다면 저녁으로 최소 열량으로 배분하시고 본래 먹었던 식단이 100%로 가정하여 50%로 하는 것이 좋지만 처음부터 저녁에 너무 소량의 음식섭취를 하였을 경우 배고픔에 수면장애를 발생할 소지가 다분하며, 처음 시작 시 극단적인 열량 분배로 인한 요요 및 건강 악화를 방지하고 추후 몸의 항상성을 조금씩 속이며 식단 구성할 것을 추천합니다. 더 쉽게 몸의 항상성은 기존의 상태를 유지하려는 몸의 지극히 자연스러운 반응이며 이 항상성을 속이는 것이 운동 효과와 식단 효과를 더 볼 수 있다 얘기할 수 있는데 적응을 하면 같은 운동을 하더라도 열량 소모를 몸은 다르게 한다는 것은 여러 논문에서 봐왔으며 몸은 항상성을 유지 시 즉 몸이 적응을 하면 열량소모율은 보통이거나 보통보다 조금 못 미치는 수준으로 생각하면 쉬울듯합니다. 기초대사량에 맞게 열량 분배를 아침, 점심, 저녁을 한 후 어떤 음식을 선택할 것이며, 이 음식을 선택한 것에서 체중변화가 없을 때 식단의 변화를 주어 몸의 항상성을 이용하는 것이 조금 더 도움이 될 것입니다. 저자 본인은 고객들에게 세끼 말고 반 끼씩 추가하여 하루 총 기초대사량을 통해 분배한 열량을 가능하다면 다섯 끼(아침/반 끼/점심/반 끼/저녁)를 추천합니다. 식단 관련하여 자세한 것은 다음 Section에서 다룰 것이라 전체적인 흐름을 얘기해 드리는 것입니다.

몸은 보통적으로 개인 생활양식에 따라 식사 후 다음 식사시간

전까지 전에 식사한 에너지 소모를 하려는 움직임을 보이며 이는 식사시간이 부정확한 사람들이 몸에 지방이 많아지는 이유가 되기도 합니다. 쉽게 언제 식사를 어떻게 할지 모르는 분인 경우 칼로리 소모가 가장 낮은 지방으로 체내에 축적이 되어 최대한 음식을 통해 체내로 들어온 에너지를 체내에 유지하려 인체는 노력한다는 것입니다. 그래서 이런 점을 역이용하는 것 또한 항상성을 이용하는 것이라 볼 수도 있으며 운동을 할 때도 운동 Section 혹은 분할 운동을 할 때도 몸의 항상성을 이용하는 것은 정말 좋은 Tip이 될 것입니다. 식단에 대해 추가 소화대사에 관련된 설명을 조금 덧붙여 할 텐데 보통 제가 고객들에게 식단 구성 시 다이어트, 스탠다드, 벌크업 이 세 분류에 섭취율 구분 설명하였던 것을 참고하여 조금 적어보겠습니다.

위 세 분류 외 개인 PT 고객 목적에 따라 지병, 담당 트레이너 교육 가치관 등에 따라 탄수화물, 단백질, 지방의 섭취율은 달라질 수 있음 먼저 밝히며 기본 주영양소별 칼로리를 나눠야 하기 때문에 1g당 kcal를 알고 있어야 하는데 1g당 탄수화물 4kcal, 단백질 4kcal, 지방 9kcal를 숙지하고 계셔야 끼니 열량 분배 시 참고하기 좋습니다. 다이어트 식단 구성 시 탄수화물, 단백질, 지방 비율을 탄수화물 40%, 단백질 50%, 지방 10% 그 외 영양소를 kcal로 따로 관리하라는 얘기는 안 하지만 주영양소 포함 7대 영양소 섭취를 권고(스탠다드, 벌크업 포함)합니다. 스탠다드 식단 구성 시 60%, 30%, 10%, 벌크업의 경우 탄수화물 55%, 단백질 35%, 지방

10%(Bulk Up 초기 탄수화물 비중을 55%보다 더 높여 운동 시 에너지원 사용을 효율적으로 하는 경우도 있습니다./ ex) 스탠다드를 목적으로 한 식단 구성 시 kcal 분배 참고), 본인 기초대사량이 총 1,000kcal 기준/탄수화물 60% 600kcal 총 세끼 200kcal 세끼를 분배해도 되고 아침에 비교적 에너지사용이 많을 경우 300kcal, 점심 200kcal, 저녁을 100kcal로 분배하기도 하는데 주간 운동량이 많지 않을 경우 체내 지방저장을 줄이기 위해 저녁을 최소 kcal로 분배하기도 합니다(이것은 단백질, 지방도 저녁 즉 자기 전 2시간 이전 식사 시 최소 열량을 분배하여 휴식기 취침 시간 대사 활동량에 따라 저녁식사 kcal 분배를 가장 적게 하는 경우가 많습니다.).

단백질 30% 300kcal 총 세끼를 100kcal로 나누는 경우가 있고 아침에 주 탄수화물 식단으로 단백질은 예시 50kcal 정도, 점심 200kcal(점심에 단백질 섭취량을 늘려 소화대사량에 영향을 주어 포만감이 오래 유지할 수도 있음), 저녁 50kcal(탄수화물 칼로리 분배 시 예시하였던 것과 동일한 의미로 보면 이해하기 쉽습니다.) 지방 10% 100kcal, 아침 45kcal, 점심 35kcal, 저녁 20kcal(탄수화물 칼로리 분배 시 예시와 동일한 의미).

저자의 경우 식단 구성 시 kcal와 영양소 표기되어 있는 식품을 선호하며 거의 영양소 표기된 식품을 참고하여 하루 식단을 구성하며 반 끼씩 추가할 때는 주 탄수화물로 구성하고 운동을 이분할 운동(하루 오전, 오후 두 번 운동) 시 단백질 위주의 반 끼 섭취를 하여 영양섭취와 근 발달에 영향을 줄 수 있는 식단 구성을 하는 데 가장 크게 고려를 해야 하는 것은 식단 구성을 하는 본인의 목적이 무엇인가에 따라 식단 구성을 정확히 해야 한다는 것입니다. 주영양소를 잘 섭취해야 하는 이유에 대해서는 식단 및 단백질 섭취 방법에 대해서 얘기한 다음 Section에서 추가적인 이야기를 하겠습니다.

마지막 규칙적인 운동이 필요하며 목적에 따른 운동방법을 다르게 할 필요성이 있습니다(대신 위에서 언급하였듯 꾸준히 30분만이라도 운동을 규칙적으로 해주는 것이 중요합니다.). 다이어트의 경우 식단 구성이 벌크업이나 스탠다드 유형보다 열량이 적어 무리한 운동보다 신체에 무리가 오지 않을 수준으로 다이어트 식단을 구성하고 식단에 적응하기 전에 단계에서는 전체적 유산소 개념으로 가볍게 운동할 것을 추천하며 식단 적응 후 상·하체로 구분하여 운동을 하되 하루 상체를 하였다면 하루는 하체를 하여 하루 정도의 운동 후 근휴식기를 주어야 신체가 회복하고 개인 운동수행능력을 올릴 수 있을 것이며 상·하체에 적응이 어느 정도 되었다면 근육을 세분화(ex 상체 가슴, 등, 팔, 복근, 하체 허벅지(앞, 뒤), 종아리)하여 근질의 향상을 목적으로 하되 무리하게 하루에 상체근육 구분 운동을 한 번에 하는 것이 아닌 하루 가슴운동 시 등 운동 함께 하여 몸의 균형을 잡아주며 할 수 있고 하루는 팔, 복근운동을 하는 등의 하루하루 운동시간을 정하여 정확한 자세와 점진적 과부화를 주며 운동하는 것을 추천합니다. 식단 구성과 규칙적인 운동을 통하여 탄력 있는 신체 구성하여 요요가 오는 것을 방지 혹은 지연할 수 있을 것이며 처음에는 운동을 하였다가 식단이 적응된 후 점진적 과부하의 개념(쉽게 운동을 하는 날인 1일을 기준으로 점차 강도를 올려 근육에 스트레스를 높이며 신체의 운동 수행능력 또한 함께 끌어올리는 것)을 이용하여 신체 균형 발달을 도모할 수 있습니다. 정확히 얘기하면 위에 예시 들었던 63kg과 60kg의 경우 63kg이 더 날씬해 보이고 몸이 탄력 있게 충분히 보일 수 있으며 반대로 같은 체중 혹은 체중이 덜 나감에도 불구하고 신체 균형 발달에 있어 탄력이 떨어지고 비만처럼 보일 수도 있다 얘기할 수 있겠습니다.

다음 목적으로 넘어가 스탠다드 형태의 운동을 이야기해 보면 기본적인 본인의 건강을 목적으로 하는 것으로 본인의 세분화된 목적에 따라 달라질 텐데 운동 시 속근, 지근 어떤 근육의 비중을 높일 것이냐는 것에 중점을 두고 운동계획을 세우는 것이 좋은데 여기에서 속근과 지근에 대해 더 알아야 운동계획을 세우는 데 있어 도움이 될 것 같아 덧붙여 근육 설명을 하겠습니다.

## 1-2 근육 관련 설명
하위 참고

체성신경의 지배를 받는 수의근인 골격근이 있고 자율신경의 지배를 받는 불수의 근인 심장근, 내장근이 있습니다. 골격근의 종류는 위에서 언급하였던 속근과 지근이 있으며 속근은 빨리 수축하고 큰 파워 Power(힘)를 내는 근육이고 반면 지근은 느리게 수축하지만 피로 저항에 높은 근육이라 할 수 있으며, 피로 저항이 높으면 오랜 시간 동안 움직일 수 있는 능력 또한 높아지게 되는 것입니다. 속근의 경우 속근A와 속근B로 나뉘게 되는데 속근A는 속근과 지근의 중간의 성질을 갖고 있고 속근B는 속근의 성질을 가지고 있습니다. 속근 섬유를 현미경으로 관찰하였을 때 백색을 띠고 있어 백근이라고도 불리우며 지근의 경우 모세혈관 밀도와 마이오글로빈(Myoglobin)의 함유량이 많아 적색으로 보여 적근으로 불립니다. 여기서 도움이 될만한 완충물질에 대해 설명을 할 텐데 완충물질이란 인체 내 수소이온 농도가 높아지게 되면 운동을 할 수 없게 되어 이 수소이온 농도를 다시 낮추는 역할을 하는 물질을 말합니다. 대표적 물질을 설명하자면 단백질과 중탄산이온 인산염입니다. 중탄산이온은 도핑(Doping)에 걸리는 약물이라 운동선수 혹은 그러한 목표가 있는 분들은 꼭 알고 계셔야 하는 부분입니다.

물고기 회를 뜨게 되면 뼈대 주위는 빨간색 근육 보통 지근이 있습니다. 지근의 비율은 안쪽에 많고, 바깥쪽으로 갈수록 흰색(속근)의 비율이 높습니다. 인체의 중심부에는 지근의 비율이 높은데 지근은 자세유지에 중요한 역할을 합니다. 사람이 하루 종일 걸어 다니게 되면 직립자세를 유지해야 하는데 이 척추 기립근과 같은 근육이 속근의 비율이 높다고 가정한다면 오랜 시간 걸어 다니는 직립자세를 유지하기 위해 매우 피곤할 것이지만 대부분이 지근으로 구성되어 있기 때문에 편안히 걸어 다닐 수 있는 것으로 생각하면 이해에 도움이 될 것입니다. 그리고 운동강도가 낮을 때는 지근이 이용되고 점차 강도가 높아짐에 따라 지근뿐만 아니라 속근도 같이 이용됩니다. 속근은 무산소성 능력이 좋고 지근은 유산소성 능력이 좋다는 표현이 좋겠습니다. 또 하나 근육의 산소 이용 물질을 마이오글로빈(상위 언급된 적이 있음)이라 하는데 다른 말로 저장산소라고도 하며 이 마이오글로빈은 근육에서 산소이동을 책임집니다. 근육의 모양으로 볼 때 수의근인 골격근의 경우 횡뭉근이며 심장근 또한 횡문근이고 내장근은 평활근으로 볼 수 있는데 횡문근의 경우 트레이닝을 하게 되면 커지고 근육이 커지는 것을 근비대라고 하며 앞서 심장근 또한 횡문근이라 표현하였듯 심장근도 트레이닝을 하여 커질 수 있는데 이를 스포츠 심장(심장 모습을 좌측부터 설명하면 좌측 위 우심방, 좌측 아래 우심실, 우측 위 좌심방, 좌측 아래 좌심실이 형성되어 있는데 유산소 트레이닝을 하면 커지는 부위가 좌심실입니다.)이라고도 부릅니다.

평활근의 경우 커진다는 표현보다 늘어난다는 표현이 정확할 것이며, 근비대의 원인에 대해 4가지 설명을 덧붙이자면 첫 번째 액틴(Actin)과 마이오신 세사(Myosin Filaments)를 중심으로 한 수축 단백질 증가, 두 번째 근원섬유의 수와 크기 증가, 세 번째 모세혈관의 증가, 네 번째 결체조직의 증가(건방추, 근방추의 민감성이 감소함에 따라서 예전보다 더 높은 중량을 들 수 있는 것). 이러한 이유로 근비대의 원인을 생각해 볼 수 있으며 운동강도와 관련하여 최소 노력의 법칙이라는 것이 있는데 운동강도가 약할 때는 가장 중심부 가장 짧은 경로의 근육을 사용하지만 운동강도가 증가함에 따라 바깥쪽의 근육들이 사용됩니다. 근육 무리들의 움직임이라 생각해 볼 수 있으며 입을 통해 산소를 마시게 되는데 산소를 들이마시게 되면 산소는 혈액에 혈액 속에 있는 헤모글로빈(Hemoglobin)과 결합을 해서 근육까지 도달하게 되고 근육까지 도달하게 되면 산소를 마이오글로빈에게 주게 되고, 마이오글로빈은 산소를 미토콘드리아 (Mtochondria)에게 주게 되며 이 미토콘드리아는 인체의 발전소(ATP) 의 공장 역할을 한다 생각하시면 이해에 도움이 될 것입니다.

모세혈관이 증가했다는 말은 혈류속도가 느려졌다는 말이며, 혈액 속도가 늦다는 말은 혈액 내 산소, 탄수화물, 미네랄 등의 영양소 추출이 높아지며 에너지를 더 잘 만들 수 있는 측면이 됩니다. 근비대 측면 말고 근증식이 있는데 근증식이란 전에 근육이 하나였지만 트레이닝 후 2개 이상이 되는 것을 말합니다. 지방이 커지는 것과 지방의 증식을 생각해 봐야 하는데, 여성의 경우 Menses 전 Fat했는지, Fat했다면 지방의 증식으로 인하여 효과는 반감된다는 것을 알고 있으면 도움이 될 것이며, 앞서 기초대사량을 설명할 때 ATP 관련하여 설명하였는데 거기에 덧붙여 열생산 관련 조금 더 설명을 이어 하자면 인체가 직접적으로 생산하는 에너지 자원을 ATP라고 하는데 이 ATP가 분해되면서 ADP와 Pi로 유지되면서 에너지가 발생하게 되는 것인데 에너지에 의해서 근수축이 이루어지고 이 에너지가 일을 할 수 있는 능력을 100이라고 가정 시 인체가 움직임을 할 수 있게 사용되는 에너지 자원 38% 나머지 62%는 열생산(체온유지)을 합니다. 운동을 하게 되면 열이 증가하는 이유는 에너지를 많이 분해하여 그로 인해 열에너지가 증가하기 때문에 체온이 증가하는 것이고 체온을 낮추기 위해 시상하부에서 항이뇨호르몬과 알도스테론(Aldosterone, 수분과 전해질을 유지하려는 움직임) 같은 호르몬을 분비해서 체온을 유지하려 한다는 것을 알고 계시면 좋을 것 같으며 본론으로 돌아가 상위 속근과 지근 등의 역할을 이해하셨다면 본인의 목적이 스탠다드 중에서도 신체의 움직임에 피로감을 덜고자 한다면 지근(적근)의 비율을 늘리는 유산소 개념의 저강도 운동을 장시간 하는 것과 속근(백근)의 비율을 늘리는 중강도 이상의 무산소 개념 운동을 할 것이라 생각되는데 항상 본운동 전 유산소 운동 트레이드밀(Treadmill, 저는 트레이드밀이라 표현을 많이 하는데 보통은 런닝 머신(Running machine) 영국인들도 런닝 머신이란 표현을 하며 콩글리시라 생각하는 분들도 계시지만 콩글리시는 아니라 말할 수 있습니다.) 준비운동 10분, 빠르게 3분, 천천히 3분, 3세트 정리운동 10분 총 38분 정도 한다면 인체 내 텔로머라제(Telomerase) 효소의 활동을 증진시켜 노화 지연 및 방지에 도움을 줄 수 있다는 것 또한 생각해 볼 수 있습니다. 제가 주로 하는 업무분야 자체가 개인의 건강을 위해 프로그램을 만들어서 교육을 하고 고객 신체 이상에 대한 관리 등 여러 분야에 걸쳐 업무를 하고 있기 때문에 상위에 얘기하였던 텔로머라제를 주제로 한 논문이나 컬리큘럼(Curriculum)을 접할 수 있었는데 그중 기억에 남는 논문 중 하나의 내용이 노화 방지와 텔로머라제의 상관관계에 관련한 논문이었으며 기억을 유추하여 내용을 설명해 보자면 유산소 운동만 하는 경우 텔로머라제 증가 반응이 미미, 무산소 운동만 할 시 반응이 미미, 유산소, 무산소 운동을 같이 해도 미미, 유산소 개념의 운동 중 상위 이야기했던 부분(준비운동 10분 후 빠르게 3분 천천히 3분을 3세트를 한다는 이야기 참고)에서 텔로머라제 활성화 반응을 보였으며 텔로머라제 효소의 활성은 노화 지연 및 방지에 도움을 준다는 골자의 논문이었는데 보통은 야외 운동 혹은 실내 운동이라 하여도 운동을 하면 빨리 늙는다(이런 생각을 갖는 분들과 대화를 나눠본 적이 있는데 이분들의 생각은 인체 내 땀을 배출하는 것은 피부의 수분을 배출하는 것과 같으며 피부의 수분 증발은 피부의 탄력을 잃게 만들어 피부노화를 급속히 진행하게 한다는 논조로 주장)는 가설을 믿는 분들이 간혹 계신다라 생각되어 이야기를 하는 것이며 야외 활동을 하는 경우 자외선이 인체에 해를 주어 피부 노화를 가속화하는 것이며 요즘 자외선 차단제도 성향에 따라 사용하기 용이하게 판매되는 것들이 많고 땀에는 인체 내 노폐물도 섞여 있기에 운동은 건강을 위해 꼭 필요하며 대신 땀을 많이 흘리는 만큼 수분과 전해질 보충을 수시로 잘해주시는 것이 심각한 탈수증상을 예방하고 건강한 신체를 만드는 올바른 행동이라고 말하고 싶습니다.

위에 스탠다드 목적에 따른 운동방법 외 공통적으로 도움 될만한 이야기 또한 같이 하며 스탠다드 관련된 설명을 마치고 벌크업 목적의 운동방법을 설명하자면 상위 공통적으로 도움되는 참고 내용을 바탕으로 벌크업은 속근(백근) 위주의 운동방식을 선호하여 그런 프로그램 〈파워 리프팅(Power Lifting)〉(다른 근육과 협응하여 무게를 최대한 들어 올리는 데 중점하며 운동을 하여 근비대보다는 근력성장의 목적을 띠는 운동) 혹은 보디빌딩(Body Building, 주동근과 협력근은 나누어져 있으나 기본은 주동근 즉 운동하며 움직이는 주근육을 자극하여 손상을 입히고 회복을 하는 과정에서 근비대의 목적을 띠는 운동) 형태의 〈웨이트 트레이닝(Weight Training)〉을 많이 만들어 진행을 하는데 저자 본인의 경우 트레이닝 시 중요하게 생각하는 것은 초심자(처음 운동을 배우시는 분)가 벌크업을 하고 싶다고 하더라도 무조건 고강도로 교육하지는 않지만 보통 벌크업을 생각하시는 피교육자의 경우 초심자 이상으로 최소 웨이트 트레이닝을 1년 이상은 꾸준히 하신 분들이 교육받기를 요청하여 고강도로 운동을 하기 때문에 각 근육 부분의 명칭과 진행하는 운동이 어디를 운동하는지에 대해 명확히 설명하고 피교육자 분들이 교육을 받고 있는 동안, 운동하는 동안 운동 시 사용하는 주근육에 대한 자극을 생각하게 도우며 혹시라도 근통증 외 관절통증을 느끼는 부분은 없는지를 트레이닝 시 많이 물어보기도 하며 피교육자의 바른 자세(피교육자의 골격에 맞는 자세)에도 관절 통증이 발생한다는 것은 고중량으로 인한 관절 벤딩상태(Bending, 구부리거나 굽혀 있는 상태)의 유지가 어려워 관절에 무리가 오는 경우(해당 관절에 맞는 보호대 착용을 추천) 혹은 인체 내 갑작스러운 골격구조의 이상(운동 시 자세 교정을 잘못하여 크게 다치지는 않았으나 방치하여 생긴 뼈의 조각에 영향이 있을 수도 있음), 개인이 선천적으로 골격구조가 일반인과는 다름 등의 경우들도 있기에 병원을 방문하여 정확한 진단소견을 받은 후 운동하시는 것을 추천하며 상위 초심자라 표현했던 운동을 처음 하는 피교육자가 벌크업을 하고 싶다 상담을 하면 글쓴이 본인의 경우 피교육자의 목적달성 기간을 짧게 정하거나 무조건 할 수 있다 설명하지 않으며 기간은 여유롭고 운동은 정확한 자세에서 할 수 있게 배우며 점진적으로 신체가 적응하며 운동수행능력이 나아질 수 있게 초심자 피교육자의 경우 교육을 진행함을 분명히 말하며 웨이트 트레이닝을 처음 접하는 것이기 때문에 기구운동을 하여 주동근과 협력근의 운동수행능력을 최대한 끌어올

MBTI 別 바람 이루기

리기 위한 목표를 생각하며 교육진행을 하고 항상 교육함에 있어 부상의 위험성을 인지 또한 하며 교육진행을 합니다. 초심자뿐만 아니라 어떤 분들이라도 다이어트, 스탠다드, 벌크업 등 어떤 목적을 갖고 운동을 하고 있든 모두 본인의 목적에 맞게 운동을 수행하는 데 있어 부상의 위험성을 간과해서는 안 됩니다.

글쓴이 본인이 피교육자 혹은 상담 시 많이 하는 말이기도 합니다만 오늘 하루 엄청 힘들게 운동해서 내일 운동할 수 없는 상태까지 몸에 스트레스를 주며 운동하는 것이 중요한 것이 아니라 운동 전 자신의 컨디션 상태를 정확히 확인 후 운동을 시작하고 정확한 자세로 운동하는 부위의 근통증을 제대로 느끼며 운동을 하여 근비대 혹은 근질, 근력 성장 등 본인의 목적을 이루기 위해 급하게 뛰어가는 것보다 천천히 가더라도 정확히 상황을 인지하고 느끼며 성장하여 현재 내가 어제의 나보다는 발전되어 있는 모습을 볼 수 있게 노력해야 한다는 것을 많이 강조합니다. 운동을 함에 있어 무엇보다 중요한 것이 어떻게 운동을 할 것인가가 될 텐데 초심자의 경우 위에서 조금 이야기하였지만 점진적 과부하(Progressive Overload), 고립운동(Isolation), 근육혼돈(Muscle Confusion), 세트 시스템(Set System) 등 프로그램으로 운동을 추천하는데 여기서 얘기하는 점진적 과부하는 운동 시 역치(일상생활에서 맨몸으로 생활하는 것 이상의 무게 혹은 부하) 이상의 무게를 들어 운동을 함으로 근육에 스트레스를 받게 하고 그 근육이 회복기를 거치고 또 스트레스를 주고 다시 회복기를 갖고 이런 과정을 반복하여 근비대, 근질이 좋아지게 되는 프로그램이며 점진적으로 무게나 개수를 늘려가는 방식으로 신체의 적응기를 통하여 오버트레이닝(Overtraining)의 부작용을 막을 수 있는 프로그램으로 초심자에게 추천하는 프로그램이며 고립운동의 경우 운동하는 주동근을 말 그대로 고립을 시켜 운동하는 것으로 이두근을 예로 들어 설명을 하면 암컬 머신 사용 시 다른 근육이 개입되지 않도록 주관절(팔꿈치관절)을 폭신한 받침대에 고정하고 운동하는데 이런 방식을 고립운동으로 설명할 수 있겠습니다.

근육혼돈의 경우는 위에서 잠깐 항상성에 대해 언급했는데 이 부분과 상통되는 것으로 익숙한 루틴에 적응되어 근비대, 근력, 근질 등의 정체현상이 발생하지 않도록 익숙한 루틴(Routine)과는 조금 다른 운동방식으로 운동하는 것을 말하며 쉽게 익숙한 루틴에서 잘 하지 않는 동작을 추가하여 새로운 자극을 도모하는 것으로 생각하면 좋겠습니다. 세트 시스템은 1가지 운동을 되풀이하는 방법으로 쉽게 윗몸 일으키기 할 때 10회 후 휴식을 취하고 다시 10회를 하는 이런 방식은 2세트이며 10회 후 휴식을 세 번 반복하면 3세트가 되는 것이 세트 시스템이라고 이해해 주시면 좋겠습니다.

중급자 이상의 경우 앞서 얘기한 초심자 운동 프로그램을 수행하며 운동수행능력이 향상되었음을 가정하여 프로그램을 추가적으로 더 설명한다면 보편적으로 초심자의 경우 피라미드 세트라고 하여 점진적 과부하의 운동방식을 표현할 때 간혹 사용하는 말인데 이 피라미드 세트를 역피라미드 세트라고 하여 처음에는 무게를 최고치 혹은 횟수를 최고치로 하여 반대로 횟수나 중량을 내

MBTI 別 바람 이루기

려가며 세트 수행하는 방식으로 운동수행능력을 최고치로 끌어올리기 위해 하는 방식이라 생각해 주시면 좋을 것 같고 시간적인 여유가 있다면 분할 운동이라고 하여 하루에 두 번 이상 오전, 오후로 두 번 혹은 세 번 분할 운동을 하기 때문에 이분할 혹은 삼분할 운동이라고 많이 얘기를 하며 이 분할 운동을 하는 이유는 조금 더 근비대 형성에 도움을 주고 근육의 질을 높이기 위해서 등의 이유로 분할 운동을 하게 되는데, 큰 근육의 경우 42시간, 작은 근육은 24시간 정도의 휴식기가 필요하다 생각하고 분할 운동 프로그램을 직접 만들어 사용하셔도 좋겠습니다. 물론 시간적인 여유가 없다면 위에 세트 시스템과 점진적 과부하와 고립운동, 근육혼돈 등 여러 시스템을 복합적 사용이 가능합니다. 이런 사용을 함으로 본인이 원하는 목표 달성에 가까워질 것이라 믿으며 이 글을 보시는 독자들에게 조금이라도 도움이 더 되길 바라며 본인의 운동 시 어떻게 운동을 하는지 본인의 운동방식에 대해 간략히 설명해 보려 합니다.

저도 사람인지라 나이도 있고 전에 운동할 때(Personal Trainer 업무 전 부상) 부상이 있어 부상의 위험성을 항상 생각하며 운동을 하며 일단 시간적인 여유가 있을 때와 없을 때로 나눠 설명을 하겠습니다. 시간은 없어도 되도록 정시에 식사는 하려는 편이며 운동 2시간 이전 식사를 못 했다면 운동 40분 전 가볍게 이온음료에 단백질 보충제를 섞어 마신 후 시간적이 여유가 있을 때는 하루에 이분할 운동(오전, 오후)을 하는데 오전에 컨디션이 좋은 근육을 오전 운동을 하고 오후 운동은 그에 따라 달라지는데 만약 가슴운동(1번부터 4번까지 정확히 나눠서 운동을 하여 오래 걸립니다.)을 오전에 하였다면 오후에는 팔운동을 하며 팔운동을 할 때 이두근과 삼두근을 나눠서 집중적으로 주동근을 고립성 운동으로 하고 될 수 있으면 전면, 측면, 후면 삼각근을 나눠 다음 날에 운동을 했는데 그렇게 운동한 이유는 가슴운동을 할 때 팔이 협력근의 역할을 하기 때문에 본래 조금이라도 휴식기를 주는 것도 좋으나 본인 같은 경우 운동 시 주동근 사용하는 것을 최대한 자각하며 고립을 중요하게 생각하는 편이라 협력근은 말 그대로 협력할 때 사용하여 운동의 강도를 조절하는 편이라 완전히 지칠 때까지 운동하는 것을 선호하는 편이며 그렇게 많이 운동하였습니다. 보통은 가슴운동 후에 하체운동을 하는 것이 부상 방지에 도움이 되지만 앞서 살짝 이야기하였듯 Personal Trainer로 전향을 하면서는 단언컨대 운동하며 부상당했던 적은 없지만 그래도 부상에 예민하게 반응은 한다는 것을 생각해 주시면 감사하겠습니다.

제가 부상에 대해 최대한 신경을 쓰기 위해 운동 중 하는 습관적인 행동은 관절의 가동범위를 100%로 다 사용을 하지는 않으며 70~85% 정도 펴고 접는 방식으로 관절을 보호하며 운동을 할 수 있게 신경 쓰며 운동을 합니다. 위에서 살짝 언급하였지만 운동 후 근육통이 아닌 관절통을 느끼면 운동하는 방식과 자세가 불량하다는 것을 간접적으로 알 수 있는 부분이기도 하며 머신운동보다는 프리 웨이트(Free Weights) 운동을 선호하는데 그 이유는 머신에 본인의 몸을 맞춰 운동하기보다 자유롭게 본인의 신체적 특성을 제

MBTI 別 바람 이루기

대로 파악하고 그에 따라 바벨과 덤벨 혹은 케틀벨로 운동을 하는 것이 본인의 운동방식과 맞다 생각해서이지만 초심자의 경우 프리 웨이트를 먼저 배우는 것보다 머신운동을 먼저 배운 후 프리 웨이트로 넘어가는 것을 강력히 추천하는데 이유는 머신운동의 경우 초심자들도 쉽게 자세를 익혀 안정적인 자세로 집중할 수 있고 주동근과 협력근 사용을 머신에 맞춰 할 수 있기 때문에 무리만 하지 않는다면 부상의 위험성이 적다 말할 수 있기 때문입니다.

그리고 슈퍼 세트(Super Set), 자이언트 세트(Giant Set), 컴파운드 세트(Compound Set)를 병행하며 운동 진행을 하는데 잘 모를 수도 있어 설명을 하자면 슈퍼 세트의 경우 서로 상반되는 근육 부위에 운동을 연속적으로 하는 방법으로 이두근으로 설명하면 팔이 굽혀질 때는 이두근의 근육을 사용하고 펴는 동작에는 삼두근을 사용하는 방식으로 설명을 할 수 있겠으며, 자이언트 세트의 경우 혈관의 확장과 근지구력을 높여주고 높은 kcal 소모량이 특징이라 장기 운동 세트보다 단기 운동 세트용이며 세트 방식은 같은 근육의 부위 운동을 휴식 없이 연속적으로 3~6개를 하는 것으로 예를 들어 이두근으로 다시 설명하면 암컬과 해머컬 등의 운동을 하여 해당 근육을 완전히 지치게 하는 방식을 말하며 진짜 고강도 중에 진짜 고강도로 제가 일정이 너무 많거나 운동을 일주일 정도 못 할 정도로(거의 한 달 일정이 전달 월말 전에 일정 정리가 끝나기 때문) 일정이 많을 때는 전신운동을 하되 이틀 휴무 중 첫 번째 휴식에 자이언트 세트로 구성하여 전신운동을 하였으며 컴파운드 세트는 동일한 근육 부위에 2가지 운동을 하는 것으로 휴식 없이 연속적으로 한 세트를 마쳐야 합니다. 2가지 운동을 하는데 휴식이 중간에 있으면 운동수행능력 부족으로 부상을 초래하기 때문에 컨디션이 좋지 않다 판단 시 컴파운드 세트를 일반 세트로 바꿔 진행하는 경우도 적지 않았습니다. 제가 운동할 때 자각성의 원칙 상기하는 것을 중요하게 생각하는 편이기도 하여 가슴도 부분 다 나눠 운동하고 복근도 상부, 중부, 하부, 외복사근, 내복사근까지 나눠서 시간 있을 때는 그렇게 운동을 진행합니다. 여유시간이 적을 때 약 한 시간(60분)으로 가정하고 무산소 운동으로 하루에 한 번 운동을 하는데 제 심박수에 맞춰서 운동 초 15분, 운동은 말 15분은 무산소 운동이지만 유산소 개념의 운동을 하고 30분은 조금 고강도 개념으로 하는데 7일을 가정 6일은 운동을 부위별 근육을 나눠(본인의 경우 상부 승모근 발달을 선호하지 않기 때문에 제외 중부, 하부 승모근, 대원근, 소원근 등등 다 근육을 해부학 개념으로 나눠서 근육 분할을 하여 운동하며 6일 기준 예로 들면 월요일 가슴, 화요일 하체, 수요일 팔(삼각근 포함 시간적 여유가 없음에 하나로 묶어 진행), 목요일 복근, 금요일 등, 토요일 가슴, 일요일 휴식기 월요일 가슴이 아닌 하체로 진행) 진행합니다.

제 운동방식이 조금이라도 도움이 됐으면 하는 바람이지만 제가 이렇게 운동을 하였다고 하여 따라 하실 필요는 없으며 위에 얘기하였듯 근육혼돈 시스템을 만들려고 하신다면 괜찮은 방식이 될 수도 있겠지만 무리하게 적응하지 않은 세트를 지속적으로 무리하게 바꾼다면 부상의 위험성만 초래한다는 것을 기억해 주시면 감사하겠습니다.

MBTI 별 바람 이루기

저는 독자들의 부상을 초래하며 운동을 한다고 얘기를 한다면 무조건 말릴 것입니다. 앞서 말한 목적에 따른 운동방식은 개인별 선호하는 방식에 따라 다른 운동방법을 선택할 수 있으며 꾸준히 운동하는 것이 무엇보다 중요하다는 것을 꼭 기억해 주셨으면 좋겠습니다.

운동 시작 시 준비운동이 필요하듯 운동이 끝난 후 마무리 운동도 참 중요하며 이는 운동 중 쌓인 젖산(피로 물질) 농도를 낮추고 젖산을 다시 에너지원으로 사용할 수 있음도 알아두면 도움이 됩니다.

## 영양소 관련
(단백질 섭취 방법)

PT 관련되어 많이 받았던 질문 중 하나인 단백질 섭취 방법에 대해 이야기하기 전에 식단 관련하여 주영양소와 부영양소, 즉 3대(주영양소), 5대(주+2대 부영양소), 7대(주+4대 부영양소) 영양소의 역할이 무엇이고 관련된 음식은 어떤 것들이 있으며 올바른 섭취 방법을 알아보도록 하는 시간을 갖도록 하겠습니다. 명확히 해야 할 부분은 제 이론과 관련된 지식의 일부분은 Federation of International Sport Aerobics and Fitness KOREA(FISAF KOREA 70개 가맹국이 있는 세계적 퍼스널 트레이너 연맹이자 교육기관) 이론 지도 교수인 김종하 교수님의 이론 정립 내용이 포함되어 있으므로 우선 출처를 밝히며 이야기 시작하겠습니다.

　주영양소인 3대 영양소는 보통 많이 알고 있는 탄수화물(Carbohydrate), 단백질(Protein), 지방(Fat)이며 5대 영양소는 3대 주영양소를 포함한 부영양소 비타민(Vitamin), 무기질(Minerals)을 필수 5대 영양소라고 말을 많이 하기도 합니다. 7대 영양소는 5대 영양소(필수영양소)를 포함한 물(Water)과 식이섬유(Ear Mushroom 혹은 음식 속의 섬유질을 뜻하는 Dietary Fiber라 얘기하시는 분도 있으며 본문에서는 전자로 표기하겠습니다.)가 있습니다. 왜 필수 주영양소인 3대가 아니라 5대일까 생각하시는 분이 있을 거란 생각을 합니다. 그리고 왜 5대 필수영양소에는 물이 없을까? 물은 인체에서 가장 중요한 역할을 하고(다음 설명 근육을 집 짓는 것으로 비유해 설명할 텐데 그 부분에서 추가적으로 이해를 돕겠습니다.) 체내 수분이 차지하는 비율은 약 70% 정도이며 나이가 들어감에 따라 수분섭취 권장량 또한 달라지기도 하는데 이는 앞서 미리 얘기한 근육과 관련하여 나이가 들어감에 따라 근육이 줄어들기 때문이라 생각해 주시면 이해하시는 데 도움이 될 것 같습니다.
　음식수분섭취량(음식을 섭취함에 있어 직접적인 수분섭취를 한 만큼의 흡수율을 갖는 것은 아니지만 수분 입자를 갖고 있는 음식물을 섭취하며 얻는 양으로 이해하시면 좋을 것 같습니다.)이 기본적으로 있기에 필수영양소에 포함하지 않는 경우가 있으며 필수영양소를 섭취해야 신체가 움직일 수 있는 에너지와 더불어 우리 몸을 구성하고 몸의 기능을 조절하는 역할을 할 수 있는 것(영양소에 따라 세부 사항은 따로 이야기하며 이해를 돕겠습니다.)입니다.

저는 고객들에게 식단 관련 얘기를 할 때 많이 설명하는 내용 중 하나가 영양소를 골고루 섭취를 잘해주어야 운동한 만큼 근력, 근증식 등에 기여하며 이러한 부분은 다이어트도 포함된 다른 여러 목적의 고객들에게 도움이 된다 이야기를 전달하며 근육을 만든다는 표현을 또한 하는데 이 근육을 만드는 과정을 집 짓는 것에 비유를 해서 이해를 돕습니다. 이때 영양소별 집을 짓는 역할에 대해 이야기를 하는 내용인 즉 집을 짓기 위해 생각하고 움직일 수 있는 인부가 필요할 텐데 이 생각하고 움직이는 인부의 역할을 하는 것은 탄수화물이며 집을 짓기 위해 벽돌이라는 자재가 필요하며 이 벽돌 역할을 하는 것은 단백질이고 벽돌만 있으면 집을 짓기 어려워 완충 역할 즉 시멘트 역할을 해줄 수 있는 자재 또한 필요하며 이 완충 역할을 해주는 영양소는 지방, 인부와 벽돌, 시멘트만 가지고 집을 짓는 것은 오랜 시간이 소요되기에 빨리 자재와 인부를 옮길 수 있는 이동수단이 필요하며 이 이동수단인 트럭의 역할을 하는 것은 비타민이며, 인부와 자재들을 실은 트럭만 가지고 집을 짓는 목적지까지 정확하고 빨리 이동이 힘들기 때문에 정확한 목적지에 갈 수 있게 이정표가 되어줄 수 있는 내비게이션이 필요함은 당연할 것이고 이 내비게이션의 역할을 하는 것이 무기질입니다.

그럼 여기에서 생각해 볼 수 있는 것이 트럭이 움직일 수 있는 길, 즉 고속도로로 비유를 하자면 차선이 많은 도로일수록 트럭이 목적지에 도착하는 시간은 단축이 된다 생각해 볼 수도 있을 것입니다. 이 고속도로의 트럭을 빠르게 달릴 수 있는 여러 개의 차선

역할을 하는 것이 물이라 생각하신다면 근육을 만드는 에너지원에 대해 이해를 돕는 데 무리가 없다 생각하여 상기처럼 설명하고 있습니다. 근육을 만드는 과정을 설명하는 위의 내용 중 비타민의 경우 수용성, 지용성 비타민(각 영양소 설명 시 따로 설명을 할 것입니다.) 수용성에서도 비타민 B1(티아민), B2(리보플라빈), B3(나이아신) 등 여러 부수적인 비타민 종류가 많기에 부수적인 설명이 필요하여 덧붙여 몇 자 더 이야기하겠습니다. 상기 말하는 근육 관련된 비타민은 크렙스회로(TCA=Tricarboxylic Acid Cycle)에 관련되어 근성장에 필요한 비타민은 B6(피리독신(Pyridoxine), PN)와 B12(코발라민(Cobalamin))입니다. 이해하는 데 있어 상위 설명한 내용이 도움 되었길 바라며 다음으로 넘어가 각 영양소별 설명으로 넘어가 이야기를 하도록 하겠습니다.

## 탄수화물(Carbohydrate)

탄수화물의 역할은 우리 몸에서 다양한 역할을 하는데 에너지를 보충하고 인체에 근육과 간에 포도당 형태로 저장되며 뇌는 오로지 포도당만 에너지원으로 사용하기 때문에 굉장히 중요한 영양소라 할 수 있습니다. 그리고 윤활물질이나 뼈, 연골, 손톱, 머리카락 피부 등을 구성하는 데 필요한 구성 요소인데 그중 단당이면서 5탄당(Pentose 화학 및 생화학에서 탄소 원자 5개를 갖는 단당류를 가리키는 용어)인 리보스(Ribose)는 DNA(Deoxyribonucleic Acid(디옥시리보핵산))

와 RNA((Ribonucleic Acid), 리보핵산 유전자 정보를 매개, 유전자 발현의 조절 등에 관여)의 중요한 구성 성분이 되고 이당류인 젖당은 칼슘의 흡수 작용을 돕기도 하며 복합탄수화물은 평소 일반인들이 섭취하는 정제되지 않은 자연상태 그대로 섭취하는 탄수화물을 말하며 통곡물, 해조류, 콩류, 견과류, 채소 등이 여기에 해당한다 생각하면 좋습니다.

소화과정을 조금 설명해 보자면 섭취하게 되면 입에서 저작을 하게 되고 침에 있는 아밀라아제라는 효소에 의해 이당류인 엿당으로 분해되며 위액이 이당류를 단당류인 포도당과 과당으로 분해하고 십이지장을 지나 소장에서 점막세포를 통해 흡수되기 때문에 너무 많이 먹으면 지방 세포로 전환되고 너무 적게 먹으면 에너지 공급이 안 되며 건강한 탄수화물을 섭취 시(흰 쌀밥(백미)보다 현미와 콩, 퀴노아로 대체하면 당지수가 낮아 혈당을 서서히 올려줌으로 지방축적을 방지하는 효과가 있고 과일 또한 건강한 탄수화물이라 말할 수 있지만 단당류가 많이 포함되어 있기에 다량의 섭취는 지방축적이 되며 역효과를 볼 수 있어 공복에 적정량을 섭취하는 것을 권장하는 것이 더욱 건강한 탄수화물 섭취가능하다 말할 수 있습니다.) 식이섬유가 풍부하고 포만감 지속시간이 길어 비만의 확률이 줄지만 단당류 위주(상기 말하는 과일 다량 섭취)의 탄수화물을 섭취 시 특히 설탕, 빵, 과자, 라면, 음료수 등 단당류로 이루어진 정제 탄수화물의 경우 최대한 섭취를 줄이는 것이 현명한데 바로 에너지원으로 사용은 될 수 있지만 인슐린 분비를 자극하고 남은 당분은 지방으로 축적되는 비율이 상당히 높아질 수 있는 만큼 비만의 확률(허기가 빨리 찾아와 탄수화물의 중독에 빠지기 쉬움) 또한 높아져 절제가 필요하다 말할 수 있는 것입니다. 특히 음료수(액상과당은 영양소는 거의 없으며 포만감 또한 낮아 kcal는 높아 음용에 대한 주의가 없을 때는 건강을 해하는 지름길이 될 수 있습니다.)는 기본적으로 탄산음료(콜라, 사이다 등), 라떼, 믹스커피, 과일맥주 또한 포함되며 일반인들이 섭취하는 커피류 즉 바닐라 라떼, 믹스커피 등은 시럽과 설탕이 들어가지 않은 커피류 즉 아메리카노나 진짜 당분이 필요할 때 카페라떼까지는 괜찮다고 말하지만 주의해야 한다라 말하고 식사 후 인슐린이 올라가 달달한 음료수를 많이들 찾는데 그럴 때는 향긋한 차로 대신할 것을 추천하며 식사 시 특히 기름진 음식을 먹을 때 많이 탄산음료 혹은 맥주를 찾는데 이때는 탄산수로 식습관 개선할 것을 요청하고 있습니다.

이어서 탄수화물의 종류에 대해 설명을 하겠습니다. 1. 단당류, 2. 이당류, 3. 다당류로 구분되며 단당류의 경우 탄수화물의 최종 분해물로 뇌와 신경세포의 유일한 에너지원이며 과당(Fructose), 포도당(Grape Sugar), 갈락토오스(Galactose)로 다시 구분되는데 물에 엄청 잘 녹고 단맛이 있다는 특징이 있으며 과당의 경우 당류 중 단맛이 가장 강하다 생각하시면 이해하는 데 도움이 될 것이며 과일과 꿀에 가장 많이 함유되어 있고 포도당의 경우 신체(우리 몸)에서 에너지를 생성하는 역할로 혈액 속 녹아들어 있는 당을 혈당이라 합니다. 갈락토오스의 경우 세포막의 주요 구성 성분이자 에너지 대사에 이용되는데 우유 락토오스(Lactose, 젖당)의 구성 성분으로 존재합니다. 이당류 단당류 2개가 결합하면 이당류가 된다 생각하면 이해가 쉽고 엿당, 자당, 젖당으로 구분이 됩니다. 엿당(Maltose) 포도당+포도당 결합, 자당(Sucrose) 포도당+과당 결합(설탕), 젖당(Lactose) 포도당+갈락토오스 이해해 주시면 좋습니다.

다당류는 구조용 다당류의 경우 식단에서 설명하는 것이 목적(구조용 다당류는 생물 내에서 구조를 유지하기 위해 형태를 이루고 있는 다당류이며 공통적으로 삼투에 저항하기 위해 구성된다는 특성이 있기 때문에)에 맞지 않아 설명을 따로 하지 않고 바로 저장용 다당류를 설명하겠습니다. 녹말, 글리코겐(Glycogen)으로 구분되며 단당, 이당류와 다르게 물에 쉽게 녹지 않고 단맛이 없고 포도당이 수십 개에서 수천 개 결합되어 있다 생각해 주시면 좋을 것 같습니다. 상위 설명하였던 녹말은 식물 잎이나 뿌리에 저장되는 당이며 글루코겐은 동물 간이나 근육에 저장되는 당을 말하며 주변에서 쉽게 보고 쉽게 섭취 가능한 탄수화물은 정제된 쌀(백미), 현미, 통밀식빵, 고구마, 감자, 단호박, 바나나, 사과, 브로콜리, 양배추, 오트밀, 귀리, 퀴노아 등이 있습니다.

## | 단백질(Protein)

단백질은 비필수 아미노산과 필수 아미노산으로 나뉘어지는데 필수 아미노산은 인체 내에서 합성이 되지 않는 아미노산으로 반드시 음식섭취를 통해서 섭취해야 하는 것이 필수 아미노산이며 인체 내에서 음식섭취를 하지 않아도 생성되는 아미노산을 비

필수 아미노산이라 말합니다. 특히 필수 아미노산 중에서 루이신 (Leucine), 발린(Valrine), 이소루이신(Isoleucine)을 측연쇄 아미노산 (BCAA, Branched Chain Amino Acid)라고도 합니다.)이라고도 하는데 이 측연쇄 아미노산의 경우 운동 중 섭취를 하게 되면 도움이 되며 비 필수 아미노산 중에서 글루타민(Glutamine) 같은 경우는 면역과 관 련되어 있어 특히 다이어트를 하는 사람의 경우 이 글루타민과 비 타민B, C를 함께 섭취해 줌으로 면역 기능을(면역기능의 저하 예방) 회 복할 수 있습니다. 단백질의 역할은 신체 조직 구성 및 효소, 호르 몬, 항체 형성에 꼭 필요한 영양소로 세포 내의 거의 모든 과정에 관여하며 에너지 저장에도 사용될 수 있어 성장기 어린이나 성인 에게 꼭 필요한 영양소이며 혈당 안정화, 뇌 건강, 심장 관련 질환 예방, 정신 및 뼈 기능 향상, 노화 방지 등에 모두 필요해 없어서는 안 된다 생각하는데 혹시라도 단백질이 부족하면 근손실 및 근통 증이 생기고 면역력 저하, 빈혈, 탈모, 피부노화 등 각종 질병에 노 출될 위험이 커지며 무기력증과 우울증 발생빈도를 높이고 집중력 과 학습력도 떨어지게 된다 말할 수 있겠습니다.

단백질의 종류는 동물성 단백질(Animal Protein)과 식물성 단백 질(Plant Protein)로 나뉘며 동물성 단백질은 소고기, 돼지고기, 닭 고기, 새우, 달걀, 우유 등으로 체내 흡수량이 높아 식물성 단백 질에 비해 소량으로도 풍부한 영양과 에너지를 얻을 수 있고 신체 가 필요로 하는 필수 아미노산(발린(Valine), 루이신(Leucine), 이소루이신 (Isoleucine), 트레오닌(Threonine) 등 아미노산 Amino Acid은 단백질을 구성하는

　　　　　　　　　　　　MBTI 別 바람 이루기

기본적인 성분들이라 생각하면 이해하기 쉬움)을 더 많이 함유하고 있지만 칼로리와 포화 지방이 높은 경향이 있어 과잉 섭취 시 비만 확률이 높아지고, 심혈관질환 위험성이 높아질 수 있다는 단점이 있으며 식물성 단백질은 콩, 두부, 아몬드 같은 견과류, 곡류 등으로 동물성 단백질 공급원보다 모든 필수 아미노산을 포함하지 않아 제공량이 적은 편이지만 식이섬유와 항산화제(Antioxidant, 산화를 방지하는 물질을 총칭)를 더 많이 함유하고 있다는 장점이 있습니다. 그럼 동물성 단백질, 식물성 단백질을 어떻게 먹어야 하는지 그리고 권장량은 어떻게 되는지가 의문이 생기는데 이는 동물성, 식물성 단백질의 균형을 맞추는 것이 중요하며 가장 이상적인 비율은 동물성 1 대 식물성 2(합성효율이 높아 1 대 2 100% 가정 시 동물성 약 30% 식물성 약 70% 정도)지만 영양사의 업무를 수행하는 것이 아닌 이상 일반적인 시민들이 일일 식단을 구성하기 힘든 부분이 많다 생각되어 평균적으로 동물성 5 대 식물성 5 정도로 맞춰 섭취하여도 해가 되지는 않는다는 이야기를 하며 단백질의 권장량(운동선수의 경우 하위 따로 기재)은 성인은 매일 체중 1kg당 약 0.8g~1g의 단백질을 섭취하고, 노인의 경우 건강 상태에 따라 체중 1kg당 약 1.2g까지 늘려 섭취(나이가 들어감에 따라 근육량이 줄어들고 이로 인하여 체력저하, 당뇨병, 혈관질환, 심하면 치매 등의 문제 또한 야기할 수 있어 섭취량을 늘리는 것이 좋지만 장기의 노화로 인하여 배뇨장애의 위험이 있어 식이섬유와 유산균 섭취량 또한 늘리는 것이 현명)하는 것이 바람직하다 볼 수 있습니다. 권장량 이상 혹은 다량 섭취를 할 경우 통풍 등의 질환이 생기 위험성이 높아 인지하시길 바라며 단백질이 많이 함유된 음식은 상기 단백질의 종류를 설명하며 이야기했었지만 한 번 더 이야기를 해보면 달걀, 닭가슴살, 소고기 우둔살, 돼지고기 사태, 안심 등 동물성 단백질이며 두부, 콩류, 아몬드, 호박씨 등 식물성 단백질로 가장 단백질 함유량이 많은 것은 달걀입니다. 삶은 달걀 하나에는 단백질 약 6g(크기에 따라 조금씩 차이가 있음)이 들어 있어 가장 손쉽게 단백질을 섭취할 수 있으며 닭가슴살의 경우 100g에 약 23g의 많은 단백질이 들어 있으며 지방과 탄수화물의 함량이 매우 낮아 운동하며 근증식을 원하거나 다이어트 하는 분들이 즐겨 찾는 음식이기도 하며 소고기의 우둔살의 경우 100g당 약 21g으로 단백질이 풍부하고 지방 또한 약 5% 정도로 굉장히 적은 편이며 돼지고기 중 안심, 사태, 뒷다리살은 단백질이 약 20~22g 정도 포함되고 지방이 적고 소고기의 2~6배에 달하는 불포화지방산(PUFA, Polyunsaturated Fatty Acid)과 아연(Zinc), 철분(Iron) 등의 필수 아미노산이 풍부하게 들어 있다는 것을 알아두시면 좋을 것 같습니다.

상기 이야기한 식물성 단백질 중 대표적인 음식은 두부로 100g당 약 9g의 단백질이 들어 있고 각종 요리에 손쉽게 첨가해 먹을 수 있다는 장점이 있습니다. 콩류의 경우 100g 기준 대두는 약 17.8g, 서리태는 약 34.3g, 익힌 렌즈콩 약 9g, 키노아 약 14.12g 등 단백질이 함유되어 있으며 철, 망간(Manganese), 칼슘(Calcium), 칼륨(Potassium), 인산염(Phosphate), 마그네슘(Magnesium), 아연 같은 무기질(Minerals) 함유량도 높으며, 아몬드의 경우 100g당 약 16g 이상의 단백질을 함유한 고단백 식품으로 비타민E(Vitamin E)가 풍

MBTI 別 바람 이루기

부한 항산화 식품이며 호박씨의 경우 호박씨 100g에 약 29.3g의 단백질이 함유되어 있고 마그네슘과 비타민E가 풍부합니다. 상기 단백질 섭취 권장량 설명 시 운동선수는 하위에 써놓았다는 붙임 말을 했는데 운동선수의 경우 권장하는 방식이 조금은 상이하고 웨이 프로틴(Whey Protein)이나 카제인 프로틴(Casein Protein) 등 보충제에 대한 설명을 같이 하는 데 있어 내용이 길어 하위에 따로 표기함을 양해해 주시면 감사하겠습니다. 우선 추가 설명이 필요한 부분이 있어 부연설명 후 본문으로 돌아가도록 하겠습니다.

처음 영양소별 근육을 만드는 것을 집 짓는 것에 비유하여 이야기했던 내용 기억나시죠? 단백질은 벽돌 역할을 한다고 말했는데 조금 심층적으로 보았을 때 아미노산이 벽돌 역할을 하는 것이고 아미노산들이 모여서 근육을 만드는 자재로 사용되는 것입니다. 단백질의 경우 유기 화합물로 산과 염기의 평형을 어떻게 유지하느냐?가 궁금할 텐데 완충제의 역할을 하기 때문에 가능한 것이고 세포 내(근육 내 완충제가 있으며) 완충제는 인체 내 수소농도가 증가하면 수소이온의 농도를 낮춰주는 것을 완충제라고 하며 수소이온이 높아지게 되면 운동을 할 수 없게 됩니다. 따라서 수소이온의 농도를 낮춰야 하고 이 수소이온의 농도를 낮추는 역할을 하는 것이 완충제라고 할 수 있습니다. 세포 내 완충제(근육 내 완충제)로 단백질, 인산염, 중탄산염이온 등이 있으며 단백질 보충제를 섭취하는 이유가 근육을 만드는 것뿐만 아니라 완충제(수소이온 농도를 낮춰주는) 역할을 하기 때문입니다. 앞서 얘기했던 부분에서 각광받는 보충제가 중탄산염이온이며 중탄산이온(Bicarbonateion)이란 물($H_2O$)+이산화탄소($CO_2$)가 결합되면 탄산($H_2CO_3$)가 되는데 탄산에서 수소이온만 빼내게 되면 H(수소)+$HCO_3$(중탄산염이온)가 되는데 중탄산염의 보충제를 먹는 이유는 중탄산이온이 수소이온과 결합을 하여 탄산이 되고 탄산은 호흡의 과정을 통해 이산화탄소를 배출하고 수분은 땀이나 다른 물질로 배출되기 때문에 수소이온 농도를 낮추는 역할을 하여 중탄산염 보충제가 각광을 받는 것으로 얘기할 수 있으며 세포 외 완충제도 있는데 혈액 속에 있는 완충제를 말하는 것으로 헤모글로빈, 인산염, 중탄산염이온 등이 있으며 헤모글로빈은 혈액의 구성, 혈액은 고형 성분과 액체 성분이 있고 액체 성분은 대부분 물(혈장 성분), 탄수화물, 지방, 단백질 호르몬이 녹아 있습니다. 물+탄수화물+단백질+지방+호르몬+무기질 등이 녹아 있는 것입니다. 고형 성분은 적혈구, 백혈구, 혈소판 등이 있고 적혈구의 대부분은 산소를 운반하는 헤모글로빈, 백혈구는 식균작용, 혈소판은 혈액 응고와 관련되어 있다 이해하시면 좋겠습니다. 다시 본문으로 돌아와 운동선수에 따라 단백질 섭취 요구량을 설명하자면 지구성 운동선수의 경우 1.5~2g/kg(체중당 1.5~2g) 정도의 단백질 섭취량이 요구되며 순발성(저항성) 운동선수의 경우 웨이트 트레이닝을 하는 사람의 경우 2~2.5g/kg(체중당 2~2.5g) 정도 단백질 섭취량을 요구합니다. ex) 62kg의 저항성 운동선수의 경우 2~2.5g이기 때문에 2로 하여 계산을 하면 특정값이 나오는데 그 특정 값의 요구량만큼의 단백질 섭취가 필요한 것입니다(62(kg)×2(g)=124(g)).

단백질 보충제 관련한 설명을 이어서 하겠습니다. 웨이 프로틴 (Whey Protein)과 카제인 프로틴(Casein Protein)에 대해 설명을 먼저 할 텐데요, 이 웨이와 카제인을 이해하기 위해서는 치즈를 만드는 과정에 대해 알고 있으면 더 쉽게 이해할 거라 생각되어 이어 말해 보겠습니다.

먼저 액체 상태인 우유(Milk)를 고체 상태의 커드(Curds)로 만드는 과정이 필요합니다. 즉 응고를 시키는데 산에 의한 응고와 응유효 소 렌넷(Rennet)에 의한 응고가 있습니다. 일반적으로 우유양의 10 분의 1 정도 치즈로 얻는다고 하는데 액체 상태의 유청이 빠져나 갔기 때문이며 이는 웨이와 카제인을 형제로 생각하면 이해하기가 더 쉬워질 것입니다. 우유를 응고시키는 데 수소이온산이 들어가 고 이 상태를 거즈 혹은 그대로 두면 물이 떨어지게 되는데 이 떨 어져 나오는 물이 유청입니다. 응고 상태에 따라 신선, 연질치즈, 압력을 가하게 되면 압력 여부에 따라 비가열, 가열 치즈로 나뉩니 다. 웨이는 우유를 치즈로 가공할 때 형성되는 부산물, 탈지유에 산 또는 응유효소를 첨가하면 응고물이 생기는데 이를 응유(Curd) 라 하며 우유의 주 단백질인 카제인이 주성분, 응유를 제외한 수용 액을 유청이라 하고 전 단백질의 20%를 포함합니다.

유청에는 유당, 락토알부민(Lactoalbumin), 락토글로불린 (Lactoglobulin), 무기질 등이 포함되어 있으며 락토글로불린에는 면 역 글로불린이 포함되어 있으며 특히 초유에 함량비가 높습니다. 우리가 자주 먹는 우유의 조성(Composition of Whole Milk)에 대해 더 설명하자면 우유는 물(Water)이 87%이며 고형 성분(Solids)이 13%입니다. 이 고형 성분의 안을 들여다보면 단백질(Protein)이 27%, 탄수화물(Lactose(유당)) 37%, 지방(Fat)이 30% 그 외 다른 물질(Ash/minerals)이 6% 정도 있습니다. 이 유당과 관련하여 보통 Whey Protein이 가수 분해를 많이 하면 할수록 비싸지는데 WPC, WPH가 있으며 뒤에 있는 C, H 등 증가할수록 유당이 빠지는 것입니다. 보통 WPC 같은 경우 유당이 포함되어 있는데 간혹 보충제를 먹고 배탈이 나는 사람들이 있는데 이는 유당불내증 때문입니다. 이 고형 성분은 탄수화물, 단백질, 지방 그리고 기타 물질로 이루어져 있는데 이 단백질의 속을 들여다보면 카제인이 80%이며 웨이 프로틴이 20%입니다. 카제인 같은 경우 섭취를 하게 되면 오랜 시간 동안 아미노산 농도를 일정하게 유지를 하게 하며 웨이 프로틴 같은 경우 섭취 후 금방 올라왔다 금방 떨어지는데 카제인 프로틴의 경우는 서서히 올라갔다 서서히 조금씩 떨어지게 됩니다. 즉 카제인 프로틴의 경우 늦게 분해가 된다는 이야기이며 보통 밤에 자기 전에 먹는 프로틴이 카제인 프로틴이며 운동 직후에 먹는 프로틴의 경우 웨이 프로틴인데 이 웨이 프로틴도 분해를 얼마나 많이 하였는지에 따라 흡수 속도가 달라진다 할 수 있습니다.

알부민(Egg albumen)의 경우 가장 빨리 분해 흡수됩니다. 밀크, 커드 상태 나머지 떨어져 나오는 것이 웨이이며, 커드 상태에 치즈를 만들고 카제인 프로틴을 만듭니다. 웨이 프로틴인데 WPC라고 하고 조금 더 분해하면 WPI가 되는 것이고 여기서 조금 더 분해하면 HWPI, WPB가 있는데 B는 블렌드(Blend) 섞었다는 의미(WHC와 HWP를 섞음)입니다.

세부 설명을 덧붙이자면 WPC(Whey Protein Concentrate(농축유청단백질))은 단백질 순도 35~87%로 **빠른 흡수**, 우유에서 유청 단백질을 필터링하여 추출할 때 유당(Lactose)까지 포함한 상태의 WPC가 많으며 배탈 날 염려가 있습니다. WPI(Whey Protein Isolate(분리유청단백질))은 단백질 순도 88%~95% 10분 내 흡수, WPC를 여러 번 더 필터링하여 유당까지 제거한 상태이고 단백질의 순도가 더 높아지지만 제조 공정이 복잡해지고 용적당 단백질 추출비율이 떨어집니다. WPH(Whey Protein Hydrolysates(가수분해유청단백질))은 단백질 순도 96% 이상 즉각적 흡수 WPI를 더 필터링해서 유당을 완전히 제거하고 생물가를 최고로 높인 상태로 유청 단백질로는 가장 높은 순도를 지닙니다. 첨언을 조금 더 하자면 근래는 기술발달로 인해 보통 80%가 넘는 WPC가 많기 때문에 굳이 WPI보다 높은 등급까지 섭취를 하지 않아도 85% 정도만 되어도 섭취하는 데 지장을 초래하는 것은 아니며 Whey Protein 섭취 시 85% 정도 되는 것을 권장(구태여 비싼 것을 섭취할 필요성은 없다라 생각합니다.) 하며 WPI를 먹는 것은 유당불내증으로 배탈이 날 경우 WPI나 WPH를 섭취하면 되고 보통은 WPC만 섭취해도 충분하다고 생각합니다. 유당(Lactose)이 많게 되면 만약 유당을 분해하는 효소가 섭취하는 인체에 부족하다면 배탈을 초래하기 때문입니다.

## ▌지방(Fat)

음식과 식품은 제각기 유익한 특성을 갖고 있고 일반인들의 경우 지방이 많은 음식은 다 나쁜 음식이라 생각하는 경향이 있지만 Fats 역시 우리 몸에서 필요한 뉴트리언트(Nutrient)이기 때문에 없어서 안 될 필요영양소입니다. 지방의 역할은 지방세포에 저장되었다가 연료로 사용되며 세포막을 구성하는 물질과 호르몬을 합성하는 원료로 사용되며 g당 9kcal 농축 에너지 원료이며 입맛을 사로잡는 풍미를 더하고 식품으로 섭취해야 하는 공급원으로 비타민 A, D, E, K와 같은 지용성 비타민을 흡수하고 이용하기 위해 지방이 필요하기도 합니다. 앞서 음식과 식품은 제각기 유익한 특성을 갖고 있다 얘기하였는데, 유익한 지방과 무익한 지방을 알아보면 몸에 유익한 지방은 불포화지방산이며 무익한 지방은 포화지방산으로 생각하면 좋고 불포화지방산의 경우 식물성, 생선에서 유래되며 이중 결합(공유 결합의 한 종류로 2개의 원자가 두 쌍의 전자, 즉 전자 4개를 공유할 때 만들어지는 결합)은 1개 이상으로 실온에 두었을 때 액체 형태로 씨앗류 오일, 견과류 등에서 섭취 가능하며 나쁜 콜레스테롤 LDL 콜레스테롤(저밀도 콜레스테롤, 나쁜 콜레스테롤이라고 부르기도 함) 수치를 낮추며 포화지방산의 경우 반대로 LDL 콜레스테롤 수치를 상승시키기 때문에 제한적 섭취를 권장하는데 동물성에 유래되었고 이중 결합은 없으며 실온에 두었을 때 고체 형태로 변하며 식품에는 우유, 크림, 치즈, 달걀, 붉은색 고기, 초콜릿, 버터, 쇼트닝, 코코넛오일, 라드 등에서 섭취된다 생각하면 좋습니다.

MBTI 別 바람 이루기

적절히 잘 섭취를 한다면 좋겠지만 바쁜 현대인들의 일상과 주변인들과의 식사자리 등 여러 대인활동이 많기 때문에 무조건 꼭 불포화지방을 섭취했으면 한다가 아닌 포화지방산을 섭취하더라도 과도하게 섭취하지 않도록 노력하고 섭취를 하고자 한다면 불포화지방으로 섭취할 것을 권장하는 것인데 섭취를 권장하는 이유와 섭취를 권장하지 않는 이유는 저밀도 콜레스테롤의 경우 동맥에 쌓이게 되면 심장질환 유발할 확률이 상승하기 때문에 섭취를 권장하지 않으며 고밀도 콜레스테롤의 경우 혈액 중에 있는 콜레스테롤을 없애주는 역할을 하며 고밀도 콜레스테롤의 수치가 높으면 관상동맥질환의 위험 또한 줄어들게 되기에 섭취를 권장하는 것입니다. 하기는 콜레스테롤 수치 참고용입니다.

**정상기준 HDL 콜레스톨 수치**(좋은 콜레스테롤)
**남자는 35~55mg/dl, 여성은 45~65mg/dl**
**정상기준 LDL 콜레스테롤 수치**(나쁜 콜레스테롤)
**160~189mg/dl 높은 편, 130~159mg/dl 주의**
**100~129mg/dl 거의 정상 범위, 100mg/dl 적절**

| 비타민(Vitamin)

매우 적은 양이지만 물질대사나 생리기능을 조절하는 역할과 몸

이 정상적인 기능과 성장(호르몬과 역할은 비슷하지만 음식물이나 보충제로 섭취가 가능)을 유지하도록 하며 항산화, 노화예방, 암예방, 면역력 증강의 역할을 하며 수용성 비타민(과잉섭취 시 소변으로 배출)은 물에 잘 녹는 비타민이며 비타민 B1(Thiamine, 티아민), B2(Riboflavin, 리보플라빈), C(L-ascorbic acid, L-아스코르브산), B6(Pyridoxine, 피리독신), B12(Cobalamin, 코발라민), B3(Nicotinic acid, 나이아신), B9(Folic acid, 엽산) 등이 있고 비타민 C는 콜라겐, 호르몬 합성에 관여하며 지용성 비타민(과잉섭취 시 인체 내 축적되어 건강에 해로운 영향을 끼칠 수 있음)의 경우 기름에 잘 녹는 비타민이며 비타민A는 레티놀(Retinol), 베타카로틴(Beta-Carotene) 성분으로 치아, 뼈, 연골 등 조직의 생성 및 시력에 관여하고 버터, 동물의 간, 달걀노른자, 치즈, 당근, 양상추 등에서 섭취 가능하며 비타민E는 토코페롤(Tocopherol)로 항산화 작용과 적혈구의 용혈(혈액 속 적혈구만 어떤 원인으로 파괴되어 안에 있는 헤모글로빈이 유출되는 현상)을 방지하며 콩, 견과류, 마요네즈, 옥수수기름 등에서 섭취 가능하고 비타민D(Calciferol, 칼시페롤), 비타민K2(Menaquinone, 메나퀴논) 등이 있는데 근육과 관련된 비타민의 경우 앞서 얘기했는데 B6(우유, 바나나, 새우, 연어, 참치, 견과류, 옥수수, 해바라기 씨, 콩류, 시금치, 당근 등으로 섭취 가능)와 B12(조개, 꼬막, 백합, 전어, 삶은 게, 메추리알, 소고기 등으로 섭취 가능)이라는 것 참고해 주시면 감사하겠습니다.

## | 무기질(Minerals)

탄소, 수소, 산소, 질소를 제외한 원소를 말하는데 영양소가 흡수되는 데 중요한 역할을 하며 소량이 필요하지만 인체 내 조직의 균형을 맞추는 역할을 하며 구리, 나트륨, 마그네슘, 망간, 아연, 염소, 인, 미량원소 철, 칼슘, 칼륨, 황 등이 있으며 아연의 대표적인 공급원은 굴이 있고 그 외 무기질 섭취할 수 있는 식품은 감자, 굴, 달걀노른자, 다시마, 미역, 육류, 채소류, 콩류 등에서 섭취 가능합니다.

## | 물(Water)

인체의 70%를 차지할 만큼 중요한 물질이며 소화 작용에 필요한 기본적인 역할을 하며 체온을 조절해 주고 몸속의 노폐물을 배출하는 역할을 하여 변비와 신장결석을 예방하며 일반 남성 평균 2~3L, 여성 평균 2L 정도의 수분 보충이 필요하다는 여러 이론을 보았던 기억이 있습니다.

## | 식이섬유(Ear mushroom)

장의 기능을 활성화하고 숙변을 제거하며 대변 속 유해물질의 배설을 도우며 지방이나 콜레스테롤을 흡수하며 영양소를 소화흡수하는 역할을 하고 고구마, 바나나, 양배추, 토마토, 등 채소와 과일에서 섭취 가능합니다. 영양소 관련 설명을 하였으며 앞서 본인이 운동한 것과 관련하여 이해하는 데 있어 독자들에게 도움되었으면 하는 바람에서 몇 자 적어보았었는데 식단의 경우는 비타민과 무기질의 경우 거의 보충제로 섭취를 하고 나머지 영양소의 경우 주영양소 위주(식품 영양 성분표를 참고하여 내용 명시가 된 것을 섭취하려 노력하지만 너무 바쁠 때는 김밥 2줄을 먹기도 하는 등 엄청 식단 조절을 하는 편은 아님)의 식단 구성으로 열량에 맞는 하루 식사를 나누었으며 물은 최대한 많이는 아니고 자주 마시려 노력하였습니다. 제 생각의 식단은 당연히 많이 짜지 않고 맵지 않은 등의 자극적이지 않게 먹는 것을 당연히 선호해 주셔야 된다라고 말을 많이 합니다. 하지만 저 또한 어느 때는 라면이 먹고 싶어 먹고 운동을 했으며 중요한 것은 좋은 식습관 개선도 중요하지만 먹고 싶은 것이 있을 때 자주는 아니지만 간혹 괜찮다 생각하시고 식단에 대해 너무 스트레스를 안 받았으면 합니다.

{ 응급처치 및 성인병 관련 강의/강연 시
가장 많이 받았던 질문 }

## 냉, 온찜질 관련

응급처치 강연 혹은 강의 시 중점으로 다뤄지는 내용이 아니라 냉찜질 혹은 온찜질을 어느 때, 어떻게 찜질을 하는 것이 부상 회복에 도움이 되는지 질문을 여러 차례 받았습니다. 염좌(주로 관절을 지지해 주는 인대가 외부 충격 등으로 인하여 일부 찢어지거나 늘어나는 경우), 타박상(맞거나 부딪혀 발생하는 경우), 골절(뼈가 부러지거나 금이 간 것), 탈구(관절을 구성하는 골, 연골, 인대 등의 조직이 정상적인 생리적 위치관계에서 이동한 경우) 등 붓기의 증상이 있는 경우 찜질하려 할 것인데, 이때 보통 부상(급성) 발생 초기에 냉찜질을 하여 혈관을 수축시켜 내부의 출혈을 감소하며 세포 내 대사작용을 늦춰 손상 부위의 염증과 부종을 감소하고 차가운 기운이 국소적인 마취 효과 즉 통증을 덜 느끼게 하기도 하며 손상 부위의 근육경련을 풀어주기도 하여 부상 초기(24~48시간 약 2일) 냉찜질 시작 후 20분 내로 찜질을 하며 자주 냉찜질을 하는 것이 회복에 도움이 되는데 직접적 피부에 닿는 것보다 깨끗한 천, 수건 등으로 한번 감싸 동상의 위험을 방지할 수 있도록 하고 혹시라도 냉찜질하는 부위가 파란색 혹은 하얀색으로 변할 경우 즉시 멈춰야 동상의 위험에서 안전할 수 있음을 생각하면서 냉찜질하셨으면 좋겠습니다.

온찜질의 경우 만성 통증에 도움이 많이 된다고 알고 계시면 좋을 것 같은데 이렇게 이야기하는 근거는 부상 부위를 따뜻하게 찜질을 할 경우 혈액순환(따뜻한 찜질을 하면 찜질 부위의 작은 혈관들이 확장하기 때문)을 도와 손상된 부위의 회복속도가 빨라지게 되지만 앞서 얘기한 부상 초기 24~48시간 동안은 냉찜질을 하고 그 후로 냉찜질과 온찜질을 병행하는 것이 부상 회복하는 데 있어 많은 도움이 될 것이라 말할 수 있으며 냉찜질은 동상의 위험이 있다면 온찜질은 화상에 위험이 있어 직접적으로 찜질을 하기보다 표면을 깨끗한 천이나 수건 등과 같이 감싼 후 찜질을 하는 것이 화상의 위험을 방지할 수 있지만 온찜질의 경우 냉찜질과는 다르게 마취효과를 따로 느끼는 것이 아니기에 화상에 위험성이 드물다 할 수 있지만 위험성을 인지하고 주의하여 만에 하나 사고를 대비함도 나쁘지 않을 것입니다.

## │ 짜게 먹지 말라는 이유

저는 강연이나 강의 시 처음 주제를 이야기하며 청중들에게 선질문할 것이 있는지 물어보는 것을 즐겨 하기도 하는데 이는 혹시 본인이 주제에 따른 설명을 준비하는 과정에서 궁금증을 해소하거나 시험을 볼 때 도움이 될 수 있는 내용만으로 준비하기는 어렵기 때문에 전체적인 주제에 대한 흐름을 파악하고 부연설명이 필요한 것을 미리 알아보기 위해 선질문할 것을 주제로 설명하면서 즐겨 하는 것입니다. 성인병이란 주제를 가지고 이야기를 할 때 보통 "음식을 싱겁게 먹어야 하고 짜게 먹지 말라며, 짜게 먹으면 성인병 발병 확률이 높아서 짜게 먹지 말라고 답변만 하는데 왜 그런가요?"라는 질문을 해주시는 분들이 있습니다. 물론 강연이나 강의 종반으로 갈수록 주제가 성인병인지라 이해를 돕기 위한 내용으로 진행을 하기 때문에 이해를 못 한다 이야기하는 분은 극히 드물지만 일반인들이 이런 강연 혹은 강의 내용을 찾아 듣는 분은 많지 않고 질문을 많이 받는 주제를 가지고 이야기하는 Chapter라 이해를 돕기 위해 설명을 해보려 합니다. 상기 설명하고 있는 부분은 정확히 이야기하자면 나트륨(소금은 염화나트륨 NaCl, 일상생활에서 일반적으로 나트륨이라 말하면 소금을 이야기하는 것으로 착각하기 쉽지만 실질적으로 나트륨은 다른 원소와 결합하지 않은 순수한 나트륨의 경우 금속으로 보는 것이 맞으며 본문 내용에서 이야기하는 나트륨은 소금이라 생각하면 좋겠습니다.) 과잉 섭취 시 발생할 수 있는 문제인데 세계보건기구 WHO(World Health Organization)에서 발표한 하루 나트륨 권장량은 2,000mg으로 한국은 매년 나트륨 섭취량이 매년 줄어드는 추세라고는 하지만 최근 보았던 세미나 자료에서 권장량의 약 2배의 수치였던 것으로 기억하는데 나트륨을 과잉섭취하면 우리 몸에 가장 큰 문제점은 앞서 말했듯 성인병이며 발병하는 원인을 살펴보면 체내 나트륨 농도가 높아지면 체내에서 나트륨이 빠져나갈 때 칼슘이 함께 빠져나가 골다공증을 초래할 가능성이 높고, 혈중 나트륨 농도가 높아지면 삼투압 현상에 의해 세포에서 수분이 혈관으로 빠져나와 혈류량 증가로 인하여 혈압이 높아지게 되는데 이는 고혈압을 의미하며, 고혈압으로 혈관에 손상이 생기면서 심장, 뇌혈관이 막히거나 터질 수도 있어 심장, 뇌혈관 질환이 될 수 있다는 가정을 해볼 수 있습니다. 그리고 염분이 위점막을 자극하여 위염을 일으키기도 하는데 급성 위염이 만성적 위염으로 병이 진전될 확률이 높으며 이런 만성적 위염이 위암으로도 발전될 가능성이 농후하다 볼 수 있습니다.

앞서 말한 삼투압 현상을 이해하기 위해 덧붙여 부연설명을 하면 농도가 다른 두 액체를 반투막으로 막아놓았을 때 용질의 농도가 낮은 쪽에서 농도가 높은 쪽으로 용매가 옮겨가는 현상에 의해 나타나는 압력이 삼투압이며 이런 물질의 이동 현상이 삼투압 현상으로 이해해 주면 되겠습니다. 이렇듯 상위에 서술한 내용으로 하여 음식을 짜게 먹는 것보다 싱겁게 먹을 것을 권장하는 것이며 음식이나 행동이나 처음 습관이 중요하다 생각하지만 개선이 필요한 것을 인지한 후 수정하고 보완해 나가는 과정 또한 당연히 필요하고 중요하다 생각하기 때문에 개선이 필요하다 생각되는 잘못된 행동 습관을 개선하듯 잘못된 식습관 개선도 필요하며 이는 필요 (발병이 주원인이 될 수 있음)에 의해서 하게 된다면 정신적으로 더 힘들기 때문에 미연에 방지하는 목적으로 천천히 준비하는 편이 가장 좋다 말할 수 있겠습니다. 몸은 한순간에 망가질 수 있지만 개선하더라도 원래의 몸 즉 건강했던 몸 상태로 100%로 되돌릴 수 있다는 보장을 누구도 할 수 없기에 필연적으로 노력이라는 것이 필요하다고 생각하는데 글을 적다 이에 맞는 격언이 생각나는데 재물을 잃는 것은 조금 잃는 것이요, 친구를 잃는 것은 많이 잃는 것이며, 건강을 잃는 것은 다 잃는 것이라는 격언이 생각나며 건강에 대한 노력의 결과가 눈에 바로 보이지 않지만 절대 배신하지 않음을 인지하고 꾸준히 노력하는 것이 올바른 길이라는 것을 알아주셨으면 좋겠습니다.

## 당뇨병 관련

앞서 이야기한 내용과 비슷하게 당뇨병 관련 내용도 성인병 관련된 강의나 강연 시 초반에 질문을 많이 하는데 내용은 꼬리에 꼬리를 무는 형태의 질문을 하는 경우가 많았고 강의나 강연할 내용에서 다루는 질문 혹은 비슷한 맥락의 내용의 경우를 제외하고 궁금증을 풀어주려 노력을 많이 했던 것으로 기억을 합니다. 이렇게 당뇨병의 경우 선천적인 경우도 있지만 후천적으로 발병하는 타질환들과 같으며 성인병(중년 이후에 문제되는 혹은 문제가 될 수 있는 병을 통틀어 말합니다.)으로 당뇨 또한 분류되어 있는 만큼 본인이 아니라 본인 외적으로도 자연스레 관심사가 생겨 질문을 하는 것 아닌가 생각되어 도움 될만한 이야기를 준비해 보았습니다. 당뇨병을 어원으로 한번 생각해 보면 소변으로 포도당이 배출된다는 병명으로 보면 이해하기 쉬울 것이며 인체 호르몬 중 췌장에서 분비되는 인슐린 호르몬(혈중 포도당 농도 즉 혈당 수치를 인슐린이 분비되며 조절이 가능) 분비 이상으로 발생하여 체내 혈당 수치 조절의 어려움을 겪고 혈당 수치가 높음에 따라 소변으로 당분이 배출된다고 짧게 설명할 수 있을 것입니다(영어로 Diabetes Mellitus, 약어 Diabetes이며 이는 Diabetes, '오줌을 많이 누는', Mellitus, '꿀처럼 달콤한'이란 의미이며 이는 당뇨 환자의 전형적인 특징인 소변을 많이 보며 소변이 달다는 전형적인 특징을 그대로 담은 내용이라 할 수 있습니다.).

당뇨병의 원인은 정확히 이것으로 인하여 발병된다고 정확하게 밝혀진 것은 없지만 유전적 소인(SLC, Solute Carrier gene(SLC30A8), 인슐린 분비를 위한 아연이온 통로에 영향을 미치는 rs13266634, 유전자 SLC30A8의 기능저하, SLC22A17, SLC5A2(SGLT2) 등 SLC 유전자 변이로 인한 당뇨에 영향을 주는 유전자)이 크게 작용하는 것은 규명이 되었으며 많은 연구 결과(단 것을 많이 섭취한다고 당뇨병이 무조건 발병하지는 않지만 단 것을 많이 섭취하게 되면 체중이 늘어날 수 있으며 비만은 당뇨 발병 위험률이 증가)에서 당뇨병 발생의 중요한 역할을 하는 환경적인 요인으로 약물(이뇨제, 스테로이드제, 면역억제제 등), 연령, 스트레스, 운동부족, 비만, 식생활, 임신 등이라는 결과가 있습니다. 당뇨병 그 자체의 병만 놓고 보았을 때 다른 질환과는 다르게 신체에 직접적인 고통을 주거나 기타

내, 외적 증상은 없지만 당뇨병이 발병을 하고 높아진 혈당은 전신의 혈관과 조직을 손상시켜 다양한 합병증을 불러일으키며 그 합병증(급성 대사성 합병증과 만성 합병증으로 나눠볼 수 있으며 급성 대사성의 경우 혈당이 많이 올라가거나 떨어져서 발생하지만 적절한 조치를 취하지 않으면 의식 이상 발생 그리고 적절한 치료를 받지 않으면 생명이 위험할 수 있고 만성의 경우 병이 오래 지속되어 큰 혈관과 작은 혈관에 변화가 일어나 막히거나 좁아지며 생기고 큰 혈관은 동맥경화증(심장, 뇌, 하지에 혈액을 공급하는 혈관에 발생), 작은 혈관은 주로 망막(눈의 일부분), 신장, 신경에 문제를 일으켜 시력 상실, 만성 신부전, 상하지의 감각 저하 및 통증 등 유발)으로 인하여 인체에 여러 고통(잘 관리가 안 되면 살이 썩고 실명, 만성 신부전(상기 만성질환), 다발성 장기부전으로 사망 등)을 주기 때문에 무서운 질병으로 불리고 불려야 되는 것이라 본인은 생각합니다.

보통 당뇨병 종류를 1형, 2형이라, 기타(1.5형, 3C형) 당뇨로 분류를 하는데 1형 당뇨의 경우 인슐린 분비가 정상적으로 이루어지지 않는 당뇨를 말하며 2형 당뇨의 경우 정상적으로 인슐린이 분비는 되나 수용체 문제가 생기는 것을 2형 당뇨로 말하고 혈중 포도당 농도가 높아지는 것만 동일하며 발병되는 Mechanism으로 보면 엄연히 별개의 질환이라 이야기할 수 있을 만큼 차이를 보입니다. WHO 기준으로 정상인 평상시 혈당치는 70mg/dL(3.9mmol/L)~110mg/dL(6.1mmol/L) 수준이며 식사나 간식 등 당분을 섭취해도 120mg/dL(6.7mmol/L) 이상으로는 올라가지 않는 것으로 알려져 있으며 이 범위를 초과하는 경우 내당능장애 및 당뇨 진단을 받기도 하는데 8시간 공복(물 외 섭취 금지) 혈당치 WHO 기준 정상인의 경우 110mg/dL(6.1mmol/L) 이하, 내당능장애(공복혈당장애)의 경우 110mg/dL(6.1mmol/L) 이상 126mg/dL(7.0mmol/L) 미만의 경우 식후 2시간 혈당 검사(정상인의 경우 140mg/dL(7.8mmol/L) 이하, 내당능장애 140mg/dL(7.8mmol/L) 이상 200mg/dL(11.1mmol/L) 이하, 당뇨 200mg/dL(11.1mmol/L) 이상)를 시행하며 당뇨의 경우 126mg/dL(7.0mmol/L) 이상 혈당치이며 경구당부하검사(OGTT), 임의시간 측정, 당화혈색소(HbA1c)검사 등이 있습니다(과거에 시행하던 요당 검사의 경우 당뇨병이 있어도 음성으로 나올 수 있으며 당뇨가 아니라도 양성으로 나올 수 있어 진단검사로는 조금은 부적합합니다.).

1형 당뇨병(Type1)의 경우 15세 이하의 연소자들에게 많아 소아당뇨라고 알고 있는 사람들도 많지만 최근 몇 년간 의학 통계자료(대부분이 25세 이전 1형 당뇨 발병)를 보면 1형 당뇨병이 소아, 청소년기에 집중되어 있지는 않다는 걸 알 수 있어 소아당뇨라는 표현은 편견으로 생각할 수 있으며 당뇨병 전체 5% 이하(2형 당뇨 치료를 제대로 받지 못하여 1형 당뇨로 변이된 경우를 합하면 약 5~10% 정도)를 차지하며 혈당 관리능력을 완전히 상실해 버린 상태로 생명 활동 중 하나인 항상성이 작용하지 않는 질병이라 치료에 반드시 인슐린을 사용해야 하므로 인슐린 의존성 당뇨병이라고도 말하며 줄기세포로 치료법이 개발되고 있는 난치병으로 말할 수 있는 것이 췌장의 인슐린 생산세포(베타세포)의 일부 또는 전부가 파괴되었을 때 발생하기에 환자는 치료를 받기 전까지는 몸 안에 인슐린이 거의 없거나 전혀 없는 상태에 놓이게 되며 자가면역세포, 즉 백혈구에 의해 인슐린 생성세포가 공격받기에 자가면역질환으로 분류되고 치료를 받기 전

까진 절대적 인슐린 결핍상태에 놓이며 치료를 한다 하더라도 정상 혈당을 잡기가 더 어려울뿐더러 고혈당이 일반 2형 당뇨병보다 쉽게 또 높이 오기 때문에 합병증도 상당히 빨리 오고 치료가 전혀 안 되어 당뇨병성 케톤산혈증(당뇨병이 원인이 되어 체내에 케톤산(카복실산인 동시에 케톤인 분자를 말하며 본문에서 말하는 케톤산의 경우 케톤산의 일종인 아세토아세트산을 말하며 조금 풀어서 말하면 인슐린 부족에 의해 포도당을 에너지원으로 사용하지 못해 지방을 분해하여 에너지원으로 사용하는 과정에서 산성을 띠는 케톤체가 생성되며 케톤산증은 생명까지 위협할 수 있는 무서운 질환으로 혈당과 소변 검사를 통해 높은 케톤 수치가 확인되고 심한 구강 건조증과 호흡곤란, 정신 착란이 오고 메스꺼움과 구토, 건조하거나 붉어진 피부, 복통과 피로 등의 증상이 나타난다면 의심해 볼 여지가 있습니다.)이 많이 쌓이며 발생하는 증상인데 인슐린의 절대적 부족 혹은 심한 탈수나 스트레스로 유발되는 급성 합병증)이 왔는데도 방치하면 합병증을 맞이할 새도 없이 사망합니다.

1형 당뇨병에 급성이라는 단어가 괜히 많이 쓰이는 것이 아니라 생각되며 어리거나 젊은 나이에는 자신이 당뇨병일 거라고는 그 지경이 되도록 상상도 못 하는 사람이 대다수라서 혼수상태에 빠져 병원에 실려 온 뒤에야 자신이 1형 당뇨병 환자라는 것을 발견하는 경우가 많아 참 많이 안타깝다 얘기할 수 있으며 1형 당뇨병은 그저 당뇨 그 자체 소변에 당이 나오는 하나의 질환이라 틀에 갇힌 생각보다 우선 당연히 생각해야 될 것이 소변으로 당이 배출되며, 인슐린을 분비하는 췌장에 이상이 생긴 내분비 질환, 몸에 선천적으로 이상이 생긴 대사질환, 희귀하고 질병의 정확한 원인을 얘기할 수 없고 어떠한 치료제도 없는 상태의 희소성 난치성 질환, 몸을 돌고 도는 피의 당수치가 올라가는 혈관질환, 2형 당뇨와 달리 저혈당, 당뇨병성 케톤산혈증 등 급성 합병증을 유발하는 급성질환, 2형 당뇨나 고혈압처럼 평생 지속되면서 여러 가지 만성 합병증을 유발하는 만성질환 등 여러 가지 복합적인 질환이 섞인 병이라 생각하고 발병되지 않도록 주의하는 것이 올바르다 생각되며 갑작스럽게 증상(혈당이 많이 높지 않은 경우 대부분 특별한 증상을 느끼지 못하지만 혈당이 높은 당뇨병 환자의 경우 물을 많이 마시는 다음(多飮), 소변을 많이 보는 다뇨(多尿), 많이 먹는 다식(多食)을 삼다(三多)로 칭하고 당뇨병 환자들의 대표적인 증상으로 말하기도 합니다.)이 나타나 심한 갈증(소변으로 당만 배출되는 것이 아닌 수분을 같이 배출하기 때문에 수분이 부족하여 나타날 수 있음) 이나 잦은 배뇨, 구토 증상을 보이며 초기에 치료받지 못하면 혈중에 당과 산(케톤)이 축적되어 허약함, 정신혼미, 의식소실 심지어 사망까지 이를 수 있습니다. 이 때문에 일반 당뇨와는 달리 1형 당뇨병 환자는 인슐린 투여 없이 한 달을 넘기지 못하고 사망한다는 얘기도 있지만 근래(2021년) 미국 버텍스 제약회사에서 줄기세포로 첫 환자를 완치하는 기적을 보여주기도 하여 과학적으로 치료가 가능해질 확률이 높아 희망을 가져도 좋을 것 같으며 평생 지속되는 병이기 때문에 규칙적으로 검진을 받고 매일 혈당수치를 모니터링하며 평생 인슐린 주사(평균 4회(매 끼니 전후 3회 자기 전 1회 정상혈당으로 돌아올 때까지 확인한 후 수면해야 안전합니다.) 요법을 사용 한 달 최소 120회(4× 30))를 끊을 수 없지만 앞서 얘기했듯 완치된 환자도 있고 인슐린펌프(인공췌장)의 과학기술 발달로 전보다는 삶의 질이 올라가고 있기에 희망을 갖고 삶을 바라볼 필요성이 있다 말할 수 있겠습니다.

제가 앞서 희망을 이야기하였는데 여러 일상생활이 불편한 부분이 많은데 간혹 시간에 맞춰 주사로 혈당을 관리하는 것, 주사 후 15분 내 음식섭취를 하여 저혈당이 오는 것을 방지하는 일(인슐린 주사 시 기록하는 습관 필요함), 저혈당으로 인하여 억지로 음식을 먹어야 하는 경우도 있어 체중관리에 힘듦 등 당뇨병 환자의 경우 앞서 말한 부분이 아니더라도 다른 많은 불편함으로 심신이 많이 힘든 여러 사람의 경우를 보았고 극단적 선택을 생각하시는 분도 간혹 있기에 꼭 희망을 가졌으면 한다는 말을 전하고 싶었습니다. 1형 당뇨병의 치료(꾸준한 관리가 필요하지만 적당한 운동, 식이요법, 인슐린 주사만 익숙해지면 2형 당뇨병보다 편하게 생활할 수 있다 얘기할 수 있기도 합니다.)의 경우 인슐린이 분비되는 췌장을 이식하는 수술(합병증이 매우 심해 단기간 생존도 힘들어 당뇨병의 최후의 치료법)을 하기도 하지만 면역억제제(먹지 않으면 생명에 위협이 올 수도 있음)를 평생 복용해야 하는 치료와 보편적인 인슐린 자가주사치료(반드시 깨끗한 손으로 깨끗한 부위에 주사해야 하며 주사 전후로 주사부위를 마사지하면 인슐린의 흡수 속도가 빨라져 저혈당을 유발할 수도 있으므로 주의해야 하고 주사하는 부위에 염증, 지방이 상증, 기타 감염의 징후가 보이면 다른 부위를 바꿔야 하며 주사바늘은 사용 후 바로 폐기해야 하며 간혹 임산부 복부에 인슐린 자가주사가 태아에 영향을 주지 않는지 질문을 하시는 분이 계셔서 덧붙이는 말을 조금 하면 인슐린 주사기의 주사바늘이 피하(피부의 밑)에 투입하는 형태로 태아에게 영향을 줄 정도로 길지 않다 생각하시면 불안감 증폭은 되지 않을 것 같습니다.)로 주사를 놓는 부위는 상완부(팔), 복부(배), 둔부(엉덩이), 대퇴부(허벅지)에 주사를 놓는데 지속 시간에 따라 크게 4가지 유형(본문에서는 혼합형 인슐린 포함하여 설명)의 주사제로 나뉘는데 제품에 따라 사용 연령이 상이하여 전문의 처방에 의해 사용해야 하며 식후 저혈당의 위험이 거의 없다는 장점이 있고 1시간 이내에 인슐린 최대 효과를 누릴 수 있으며 식사 직전 15분 이내에 투여하지만 필요에 따라 식사 직후에 투여하기도 하고 4~5시간 정도 지속시간을 보이는 초속효성(Rapid-acting) 제품, 당뇨병으로 인한 케톤산증, 감염 등으로 인해 인슐린이 급격하게 많이 필요한 경우 유용하게 사용되고 재조합 기술에 의해 사람의 인슐린과 동일한 분자로 만들었으며 주사 후 30분 내에 효과가 나타나기 시작하고 투여 2~3시간 정도 최대 효과를 보며 식사 전 30~45분 혹은 그 이상 전에 투여해야 하고 지속시간은 5~8시간인 속효성(Short-acting) 제품, 제품마다 약효의 편차가 있으며 대체할 수 있는 약제들이 많이 나와 사용은 많이 줄어들고 있는 추세인 제품으로 1일 2~4회 정도 투여하며 약효 발현까지 2~4시간이고 지속시간이 4~12시간인 중간형(Intermedicate-acting) 제품, 이 제품은 혈액으로 인슐린이 천천히 나오게 되며 특별히 농도가 올라가는 일이 없고 작용시간이 긴 장점이 있는 베XXX, 란XX, 투XX 제품과 1일 1회 투여하는 트XXX(근래 출시), 1일 2회 투여하고 앞서 말한 베XXX, 란XX 제품보다 저혈당의 위험이 낮은 레XXX이란 제품이 유명한 지속형(Long-acting) 제품, 나라별로 다양하며 프리믹스(Premixed) 형태로 시판되는 제품으로 중간형 인슐린과 초속효성 인슐린 혹은 속효성 인슐린을 혼합하여 투여하는 제품인 혼합형 인슐린(Mixed Insulin)제품이 있고 앞서 말한 지속성에 따라 4가지 주사제로 보편적인 당뇨치료인 자가주사치료를 하는 분이 많습니다. 2형 당뇨병(Type 2) 40세 이상의 성인(근래 10~20대 학생/직장인의 발병이 증가하는 추세)에게서 나타나며 당뇨병 전체 70% 이상의 높은 비율을 차지하는데 후천성 당뇨병(선천적으로도 연관성이 없지는 않지만 여러 논문 및 연구결과에서 유전적 요인은 10~20% 정도라는 내용과 유전적 요인과는 상관이 없는 것으로 말은 하지만 실제 질병에 따른 유전율(Heritability)을 표기한 내용을 보면 상당히 높은 것을 알 수 있을 것입니다.)으로 2형 당뇨의 경우 인슐린 비의존성 당뇨라고 하기도 하며 소변이 자주 마렵거나 상처가 잘 아물지 않고 쉽게 피로하며 잦은 갈증, 시야 흐림, 잦은 배고픔, 체중감소 등의 증상이 보이며 합병증을 예방하고 정상인 수치의 혈당 조절을 목표로 당뇨병 초기부터 적극적인 생활습관 개선(적극적인 신체활동, 체중조절, 식습관 개선 및 환경 개선 등 포함)을 하며 적절한 약물치료를 하는 방법과 약물치료를 하지 않고 앞서 얘기한 생활습관 개선으로만 치료하는 비약물치료(보통 가벼운 당뇨병의 경우 식습관 개선, 규칙적인 운동만으로도 효과적인 치료를 할 수 있음)가 있으며 2형 당뇨병 환자들은 약물치료(경구용 혈당강하제(먹는 약))+식습관 및 규칙적인 운동으로 환자의 경중에 따라 약물치료로 주사제 투입 또한 사용을 합니다.

1.5형(정식 의학 진단명 아님)의 경우 C-펩타이드 수치가 1형 당뇨병 환자의 기준치인 0.6과 정상치(1.1~4.4) 사이에 있을 경우로 보통 당뇨병이라 함은 2형이 아니면 1형으로 기재되지만 이 1.5형의 경우 1형 당뇨병과 2형 당뇨병의 중간으로 생각하면 이해하기 쉬운데 2형 당뇨병보다는 심각하지만 1형 당뇨병보다는 그나마 치료가 능성이 있다 얘기할 수 있는 즉 1형 당뇨병과는 달리 인슐린을 주

사제 투입을 하지 않고 경구투여로도 살아갈 수 있는 정도의 희망, 인슐린 치료를 꾸준히 하면서 몸관리를 잘하면 2형 당뇨병 수준으로 매우 호전될 가능성이 높지만 제대로 관리가 되지 않는다면 1형 당뇨병 수준으로 악화되는 것이 이 1.5형 당뇨로 볼 수 있습니다.

3C형(Type 3c Diabetes)의 경우 일반적인 원인으로 지목받는 것으로 만성 췌장염(약 79%), 췌장관세포암(약 8%), 혈색소증(약 7%), 과거 췌장 수술(약 2%)이며 췌장성당뇨(Pancreatogenic Diabetes)로 구분하는 당뇨질환으로 다른 유형의 당뇨병보다 합병증과 사망률이 더 높다는 정보가 많은 만큼 위험한 결과를 초래하며 2형 당뇨병 환자보다 당뇨 진단 후 인슐린 치료 비율이 약 40% 정도 높다는 정보 또한 많은데 유병률에 대한 통계 정보는 명확하지 않으며 췌장의 외분비 및 소화 기능과 관련되어 췌장 질환에 2차적으로 발생하고 다른 당뇨병 유형과는 달리 발견이 쉽지 않은 경우(질병의 진행을 빨리 인지하지 못하는 기관 중 하나가 췌장이라는 점도 생각해 볼 수 있음)가 많은 것이 3C형 당뇨로 볼 수 있습니다(45세 이상의 모든 성인 혹은 45세 미만이라도 과체중이거나 비만이면서 운동을 하지 않거나 유전적 소인이 있는 경우, 4kg 이상 거대아를 출산한 적 있는 분 혹은 임신성 당뇨병으로 진단받은 분, 과거 공복 혈당 장애 및 내당능장애에 관련된 분, 이상지혈증(콜레스테롤 수치 혹은 중성지방 관련)을 가지고 있는 분, 항고혈압 약물을 복용 중이거나 고혈압(혈압 140mmHg/90mmHg 이상)에 관련된 분, 심혈관질환(뇌졸중, 말초혈관 질환, 관상동맥 질환 등)에 관련된 분 등 매년 병원에서 혈당 검사를 받으시길 권장하며 꼭 조기에 당뇨를 확인하여 적극적인 치료를 통해 조금 더 나은 삶이 되길 바라봅니다.).

## 회사생활에 남을 의식하는 것이 옳은 것일까?

상위 회사생활에 남(회사동료)을 의식 많이 하는 것 같다는 뉘앙스로 얘기하며 그로 인하여 내담자 혹은 피상담자 본인이 스트레스를 많이 받는다는 생각을 갖게 되었습니다. 심리적으로 힘들다라 얘기하는 상담을 많이 받아 그에 관련된 상담일지와 저자 본인의 기억을 복기하여 앞서 말한 상담에 대한 내용이 이 책을 읽는 독자들에게 조금이나마 도움이 되었으면 합니다.

먼저 상담일지에 기록(상담일지는 심리 이상 혹은 질환 등에 따라 구분하여 기록함)된 10건 이상의 상담 내용(5년 보존기한에 따라 파기된 기록 외 다수 정독)과 그 상담의 내용을 보며 기억을 복기하여 글을 썼음을 우선 밝힙니다. 언급한 적 있는 내용이지만 사람은 혼자 살아갈 수 있는 존재가 아님을 잘 알기에 누군가의 가족, 회사, 모임 등의 구성원으로 살아감은 당연한 것입니다. 이런 공동체의 일원으로 살아감에 있어 사람은 그 공동체의 다른 동료들에게서 많은 것을 배우고 느끼며 상부상조(相扶相助)하는데 서로에게 애정(동료애, 가족애 등)과 좋은 감정만 갖고 살아갈 수는 없을 것입니다. 당연히 사람과 사람 사이 인간관계에 있어 항상 서로 평안(平安)하다면 정말 이상적인 관계의 형성이라 생각할 수 있겠지만 저자 본인도 물론 포함되는 내용으로 서로가 서로에게 불만을 갖고 혹은 어떤 계기로 인하여 서로 다투지만 화해를 하고 사이가 더 돈독해지는 경우도 있으며 반대로 다투고 두 번 다시 보지 않을 사이가 되는 경우도 종종 있다는 것을 잘 알고 있습니다. 나와 잘 맞는 사람과 잘 맞지 않는 사람, 나와 가치관이 다른 사람, 본인을 시기하고 질투하고 음해하는 사람 등 우리는 삶을 살면서 많은 사람들과 만나고 헤어지는데 인연의 시작인 만남에 첫인상에 따라 우리는 미리 첫인상이 좋지 않은 사람에게 선을 긋고 그 선을 넘지 않도록 무언의 행동 혹은 표정으로 이야기하고 있을지도 모릅니다. 저자 본인은 많은 사람들을 만나는 직업이라서가 아닌 그 이전부터 첫인상의 왜곡에 속지 않으려 부단히 노력을 많이 하며 삶을 살아가기 위해 노력을 많이 하는데 앞서 말한 첫인상은 물론 서로의 인연이 시작되는 만남의 가장 좋은 판단근거(호의적과 비호의적 등 얼굴, 표정, 말투, 옷차림, 행동 등 외적으로 보여져 본인이 본인 인연을 선택하는 판단근거가 될 수 있다 생각됨)이자 가장 쉽게 왜곡하여 상대를 이용할 수 있는 무기로 탈바꿈

할 수 있는 것 또한 첫인상이라는 점도 이해하고 있어야 상대방에게 이용당하는 불미스러울 수 있는 일이나 가스라이팅(Gaslighting, 원하는 목적을 위해 상대방을 조종하는 일 흔히 많은 사람들이 자신도 모르는 사이 주변인에게 하고 있는 언행으로, 타인을 조종하는 목적이 아님에도 사용하는 경우가 종종 있지만 본문에서 말하는 가스라이팅은 피해자에게 목적을 갖고 접근하여 외부와 단절시키고 피해자 본인의 생각을 의심하게 만드는 등의 일련의 과정을 거치고 가해자 본인에게 의지하게끔 만드는 행동을 말함) 등 인연을 맺고 피해를 보지 않을 것이라 생각해 볼 수 있습니다. 첫인상을 보고 호감형인 얼굴, 호의적인 말투와 표정을 보고 무조건 의심하자라 얘기하는 것이 아니라 어떤 목적이 있어 본인에게 접근하는 사람을 주의하고 경계해야 한다는 말을 하고 싶은 것입니다. 첫인상이 좋지 않고 비호감인 사람이 추후 본인에게 도움을 주는 경우들도 살다 보면 비일비재 많을 것이며 어떤 계기로 비호감에서 호감으로 관계의 변화가 있기도 하고 여러 면에서 볼 때 틀에 박힌 사고보다 열린 사고로 항상 생각해야 한다고 말하고 싶습니다. 물론 스쳐 지나가는 사람은 스쳐 지나가는 사람이라 받아들이고 뜻을 두지 않는 것이 자신에게 도움이 많이 될 것이라 스쳐 지나가는 사람에게 의미를 부여하고 억지 인연을 만들지 않길 바라는 마음에서 본론(회사생활 시 타인을 의식함에 스트레스 관련 이야기)을 말하기 전 서론이 많이 길었습니다.

회사생활에서 직장상사, 동기, 후배 등 동료들을 의식하는 것이 절대 나쁜 것은 아니며 사람이기에 주변인을 의식하는 것은 당연하지만 그런 타인을 의식하는 것에 대한 강도가 어느 정도인지 어떤 형태의 스트레스를 받는지 예를 들면 동기가 본인보다 일을 잘해서 시기 혹은 질투로 업무에 대한 스트레스인지 상사의 아무런 이유 없는 괴롭힘에 대한 스트레스 등 사사건건 주변인을 의식하는 것은 좋지 못한 행동이며 주변인을 과도하게 의식하여 행동하다 보면 본인 행동의 주체가 자신이 아닌 타인이 주체로 변질되어 본인 본래의 성격을 잃어갈 수도 있어 이런 부분을 조심해야 합니다. 상담한 내용을 가지고 실제상황을 글로 적었으며 이를 예시로 이어 말하겠습니다.

2○○○년 ○○월 ○○일 XX회사 XX부서 내 과장이 대리에게 **문책을 하는 과정**(과장이 대리를 문책하기 전 상황 설명을 덧붙이면 대리가 과장에게 기안서 상신하였으며 과장은 대리의 기안서가 마음에 들지 않아 수정을 요청하였고 과장의 생각대로 수정한 기안서는 과장의 직장상사에게 다시 상신된 상황에서 과장의 직장상사는 기안서 내용이 마음에 들지 않아 문책하고 수정할 것을 요청하는데, 수정 요청한 내용이 대리가 처음 상신한 기안서 내용과 비슷한 것을 느끼게 되었음에도 대리에게 과장은 상부 업무지시를 하며 문책하는 상황이 되었는데 이런 상황이 한두 번이 아님)에서 심각한 인격모독, 성적수치심을 느낄만한 폭언을 가하며 문책한 상황을 예시로 대리인 당사자는 반복되는 과장의 직장 내 괴롭힘 스트레스로 인한 외적인 이상 탈모, 심리 이상으로 불면증, 기타 심신불안(과장의 목소리만 들려도 가슴이 뛰며 호흡이 가빠짐 등) 등의 심신의 이상을 호소하며 퇴사를 진지하게 고려하며 상담을 요청하여 피상담자와 상담을 진행하였던 내용

입니다. 분명 명백히 피해자인 대리와 가해자인 과장으로 볼 수 있으나 여기에서 과장의 행동에 주목해야 할 점은 과장의 행동이 과연 옳은가? 상기 이어 말하던 중 덧붙인 그런 상황이 한두 번이 아님을 밝히는데 그럼에도 불구하고 과장이 대리에게 자신의 생각을 전달하는 과정에서 편향된 생각과 자신의 잘못임에도 후임을 탓하며 인격모독 등 여러 문제의 발현된 내용을 들으며 당사자는 발생한 여러 일들 중 하나를 이야기하는데 이 이야기로 하여금 다른 트라우마(Psychological Trauma(정신적) 혹은 Physical Trauma(육체적))를 겪게 되지 않을까 걱정을 했을 정도로 정신적으로 많이 취약한 상태였는데 이렇게 만든 장본인 과장은 직장상사로서 이런 피상담자의 심신의 상태를 얼마나 알고 있을까?라는 반문이 머리를 스쳤으며 과연 과장은 이런 내용을 알고도 그렇게 행동을 할까? 정말 피상담자인 후배가 퇴사하길 바라는 마음에서 등을 떠미는 언행이 맞나?라는 합리적 의구심이 들었는데 저자 본인은 상담사 윤리 기본원칙(상담사는 내담자의 권리 및 상담자 자신의 상담에 대한 윤리관의 중요성을 충분히 인식하고 있어야 하며, 어떤 경우에도 내담자의 인간으로서의 가치는 존중받고 보호되어야 합니다.)에 따라 상담 진행하며 계속된 궁금증에 피상담자와 직장상사 과장이 진지하게 면담이 진행된 적이 있었는지 질문을 했는데 면담은 하고 싶지도, 해본 적도 없다라 말한 것에서 힌트를 얻을 수 있었습니다.

피상담자는 직장상사인 과장이 본인의 언행을 되돌아보며 실수에 대한 자의식을 갖길 바라서 면담 요청을 하지 않은 것이지만 과장은 잘못된 편향적 본인의 생각에 대한 자의식을 갖고 있는 사람이 아닐 가능성이 농후하기 때문에 피해자가 되어가고 있는 피상담자의 심신이 더 불안정한 것을 이해할 수 있었습니다. 저는 피상담자의 심리적 안정을 위해 노력하였으며 상담을 마칠 때 직장상사와 면담할 것을 권유하였으며 현재 본인의 상태에 대한 이야기와 자신이 느끼는 직장상사 과장에 대한 진솔한 대화가 필요하기 때문에 어떠한 마음가짐으로 내게 상처를 주었는지를 묻는 것이 아닌, 자신에게 이런 행동을 했을 때 본인의 불안정한 상태가 오기까지의 일련의 과정을 얘기하므로 직장상사인 과장이 피상담자 대리 본인에게 하는 언행이 정당하지 않음을 미연에 알아차리고 변화하는 모습을 보이면 좋은 결말이겠지만 그렇지 않더라도 직장 내 괴롭힘을 당하는 피상담자 대리는 어떤 이유에서 자신이 괴롭힘을 당하고 있는지 직접적인 내용에 대한 이야기를 해볼 필요성이 분명 있다 생각했고 저자 본인은 신이 아닌 일개 인간, 사람이기에 언행양식으로 추측만 가능할 뿐 당사자가 아니라면 정확한 내용을 알기란 몹시 힘들기 때문에 서로 대화할 것을 권유하게 되었습니다. 피해자와 가해자의 의사소통이 원활하지 않아 문제가 발생(정신적 트라우마나 특정 스트레스로 인하여 오는 과호흡 등 심신 이상 발생할 것을 염두, 개인이 대처할 수 있도록 교육함)할 때 저자 본인이 트라우마를 이겨낼 수 있도록 돕는 것은 당연함을 이야기하며 절대 감정적인 의사소통이 되지 않도록 주의당부 후 상담을 마무리했습니다. 그 후 상담을 진행할 때 기록내용을 보면 가해자였던 직장상사 과장이 피해자인 대리에게 직장 내 괴롭힘을 시작하게 된 계기가 본인의 학력과 대리의 학력이 대조적이고 자신보다 대리의 업무처리

MBTI 別 바람 이루기

능력이 나은 것을 보고 동료보다 경쟁자라는 의식이 강해져 그렇게 언행한 것을 두고 사과(성적수치심을 느낄 발언 한 것은 이성이 아닌 동성이라 괜찮을 것이라는 개인적 판단으로 한 것이며 그 점 또한 인정함)를 했으며 대리의 퇴사를 원하지 않는다며 과장은 당장 변한다는 것은 어렵겠지만 꼭 좋은 상사가 될 수 있도록 노력하겠다는 말을 하였고 서로의 마음을 알아가는 좋은 시간이었다며 피상담자의 이야기가 있었습니다. 몇 번의 상담을 더 진행한 후 심신의 완치가 100%는 아니었지만 피상담자 본인이 개인의 정신적, 육체적 건강함을 느껴 상담일정 조정 없이 상담종료를 요청함에 흔쾌히 가벼운 마음으로 마무리할 수 있었던 상담으로 기억됩니다. 이 상담기록의 내용을 발췌하며 가장 말하고 싶은 이야기는 사람과 사람 사이의 의사소통은 정말 중요하며 말하지 않아도 알아주는 사람이 있는 반면 정말 얘기해 주지 않으면 알지 못하는 사람 또한 존재하기에 대화가 필요하고 무조건적 인내와 회피가 답이 아닌 표현하고 자주적인 노력을 해야 함을 알아야 하며 인간관계라는 것이 오늘은 한없이 좋은 사람도 내일은 본인의 여건에 따라 언행이 좋지 못할 때가 있어 선입견을 갖는 것은 좋지 못한 것이고 직장생활 혹은 단체생활할 때 타인에게 상처를 받거나 힘들다면 우선 책임은 본인 잘못의 유무 확인이 우선 되어야 하며 본인 유책 사유가 아닌데도 불구하고 억울한 일을 겪는 등 앞서 말한 이야기의 한 부분과 비슷한 맥락이 있다면 최대한 대화를 통한 서로의 관계 개선에 노력해 보는 것이 좋으며 대화로 개선의 여지가 없다 판단이 된다면 극단적으로 보았을 때 본인이 인내를 하며 좋은 날을 기다리거나 참지 않고 그 단체 생활에서 벗어나는 방법을 쉽게 생각할 수 있을 것으로 판단되나 더 생각해 볼 수 있는 것은 본인의 스트레스 유무로 판단해야 하는데 본인이 단체 생활에서 주변인을 무시하고 자신의 뜻을 내세우며 묵묵히 자리를 지키며 최소의 스트레스를 받으려 노력하는 것과 자신의 스트레스 수치는 당장은 높아지겠지만 주변인들과 타협하고 가까워지기 위해 노력하며 자신이 주변에 물들어 가는 것을 생각해 볼 수 있겠습니다.

저도 인간관계에 있어 당연히 좋아하지 않는 성향의 사람이 존재하기 마련이지만 그럼에도 잘 지내보려 노력을 많이 하는 편입니다. 제가 먼저 다가가려고 노력하는 편이며 기본적으로 인사를 받아주든 받아주지 않든 먼저 처음 만날 때 인사를 소리 내어 하고 두세 번 볼 때는 묵례만 하는 등 사람과의 관계를 먼저 인사로 시작하려 노력을 많이 하는 편입니다. 그 후에 어느 정도 마주치는 횟수가 많아졌을 때는 날씨, 혹은 상황별 대화를 시도하기도 하고 상대방이 싫어하는 내색이 있지 않다면 이따금씩 그렇게 대화를 하며 사람과의 거리를 좁히려 노력을 합니다. 단체 생활을 할 때 어떤 목적이 있는 단체의 경우 즉 회사의 경우 제가 생각하는 리더의 개념은 누군가를 이끌어 성과를 내기 위해 노력하는 것만이 아닌 후배들의 불편함을 듣고 개선해 주려 노력하며 서로에게 의지할 수 있는 동료가 되어주며 팀 리더의 목적 방향과 팀원이 자연스럽게 한 방향을 보고 함께 갈 수 있어야 한다고 생각하며 리더의 위치가 아닌 업무를 알려주는 선임의 위치일 때 후임의 능력을 최대한 생각하여 알려주되 자신의 업무를 분담해서 도와줄 수 있는 능력을 배양하기 위해 친절히 잘 가르쳐 주되 반복된 실수를 하지 않도록 지도하고 리더와 같이 선임의 위치로 후임의 불편함을 듣고 개선을 위해 노력하는 올바른 선임으로 후임을 잘 이끌어 주며 후임의 위치라면 선임의 교육에 있어 업무에 필요하지 않는 부적절한 질문은 삼가(휴게시간에는 개인사 대화가 가능하겠지만 업무에 있어 배우는 단계에서는 최선을 다해 배울 수 있도록 노력하는 모습이 중요)고 좋은 선임의 모습(쉽게 일 잘하는 선임을 따라 하는 것도 한 방법이 될 수 있음)을 보며 본인의 업무능력을 높이려 노력하며 알려주지 않거나 생각나지 않는 업무처리에 대해서는 정확한 업무처리(직장상사에게 업무지시를 받은 후 되물어 이것을 이렇게 하라는 것이 맞는지 되물어 업무처리 방향을 제대로 할 것)를 할 수 있도록 선임에게 도움을 구한 다음 업무를 진행해야 본인의 실수를 미연에 방지할 수 있을 것이며 실수를 하더라도 실수가 자신의 실이 아닌 득이 될 수 있게 다음 업무 처리 시 같은 실수를 반복하지 않게 노력할 수 있도록 집중한다면 조금 더 나은 직장생활이 될 수 있을 것이라는 말을 하고 싶습니다.

인간관계는 사람이 사회적 동물이기에 필연적으로 좋은 관계를 유지할 필요성이 있다 생각되는데, 막말로 누군가를 이용하기 위한 나쁜 마음이 아닌 서로에게 상부상조할 수 있고 서로에게 도움이 되는 그런 관계형성을 하여 조금 더 나은 삶의 질을 찾을 수 있도록 서로 노력하는 그런 관계형성이 중요하다고 생각합니다. 저는 간혹 자괴감에 힘들어하는 분들에게 이런 말을 종종 합니다. 절대 필요 없는 사람, 쓸모없는 사람은 없으며 어떤 곳에서 나를 필요로 하는 곳은 분명 있을 것입니다. 나의 능력을 인정받을 수 있도록 노력을 해야 하지만 노력을 하지도 않고 행동해 보지도 않고 어림짐작으로 본인이 자신에게 제약을 주는 것은 옳지 못한 행동이라는 것을 이야기하며 잠시 시련이 찾아왔다고 주저앉아 슬퍼하고 힘들어만 하고 있다면 다음 날은 더 힘든 날이 될 수 있음을 상기하셔야 합니다. 인간관계에서 어느 한 부분이 힘들다면 혹여 인간관계 있어 여러 문제(Trouble)가 자주 있다면 상호 잘못된 부분을 찾거나 상대방에게 잘못을 먼저 찾기보다 나의 잘못된 부분을 먼저 찾고 빠른 수긍으로 먼저 다가가 이런 부분에서 본인이 부족한 부분이 있었다며 손을 내미는 것이 관계형성에 있어 좋을 것이라 얘기할 수 있습니다.

나이, 경력이 많다고 대우받길 바란다면 자신부터 바른 행동으로 타의 모범이 되려 노력하고 후임들이 자연스레 존경할 수 있는 선임이 되어야 한다 생각하며 후임은 자신의 부족함을 채우기 위해 노력하며 업무적으로 부족한 선임을 목도하였을 때 그런 선임을 무시, 뒷담화, 배척하는 것이 아닌 부족한 선임도 타선임과 동등하게 대우하고 그 선임에게서 배울 점을 찾아보는 것 또한 필요하다 생각합니다.

끝으로 앞서 얘기했듯 스트레스가 너무 심하여 인간관계가 힘들다 느낀다면 우선 본인에게 충실(본인 마음이 원하는 방향)하는 것이 좋은 방법입니다. 어떻게 자신의 마음에 여유가 없는데 주변인의 언행에 마음이 휘둘린다는 것은 본인 마음의 병이 앞으로 더 커질 것이라는 것은 불 보듯 뻔한 이야기가 아닐까 생각해 봅니다. 인간관계가 힘들다 느낀다면 우선 본인 자신에게 충실히 살아가는 것이 맞습니다. 본인을 떠날 사람, 힘들게 할 사람은 어떻게 대해도 힘들게 하고 떠날 것이라 그런 사람에게 부족한 본인의 마음의 공간을 나눠주는 것보다 본인 자신의 곁에 남을 사람이라면 무슨 일이 있어도 남아줄 것으로 믿는 그런 사람에게 조금이라도 남은 부족한 본인의 마음의 공간을 나눠주는 것이 보다 좋은 선택지가 아닐까 생각해 봅니다.

## 번아웃(Burnout) 이겨내는 방법?

번아웃 증후군 관련 질문 또한 많이 받았는데 이 질문의 경우 정식 상담의뢰 형태보다 상담 진행 간 대화에서 나오는 경우가 대다수였기에 관련 내용 참고자료 확인을 위해 시간적으로 가장 많이 노력하였습니다.

번아웃 증후군(앞서 MBTI별 조언 시 한 번 나왔던 내용이지만 한 번 더 Burnout Syndrome에 대해 설명하자면 어떤 직무를 맡는 도중 극심한 육체적/정신적 피로를 느끼고 직무에서 오는 열정과 성취감을 잃어버리는 증상의 통칭)을 쉽게 설명하면 어떠한 일에 본인의 열과 성을 다하였음에도 미미한 성과에 지쳐 업무에 권태감이 느껴지는 것이라 생각할 수 있는데 본인이 열심히 노력하였던 일이 갑자기 쳐다보기도 싫고 아무것도 하고 싶지 않다는 생각이 드는 정신적, 육체적으로 지쳐 있는 상태로 볼 수 있습니다. 이는 본인이 맡은 업무에서 오는 성취감보다 직무가 주는 스트레스의 비율이 높을 경우 흔하게 겪을 수 있으며 이런 번아웃 증후군을 이겨내는 방법은 사람마다 다를 수 있으며 저자 본인의 경우 상담 시 번아웃 관련된 내용을 설명할 때 학술적 기본적인 내용을 설명하지만 그 외 피상담자 상태에 따라 여러 조언을 많이 해주는 편이라고 볼 수 있습니다. 상담 자료에 따라 조언하였던 것들 중 자주 조언했던 것들 3가지를 권유하려 합니다.

첫 번째는 업무를 수행함에 있어 처음 가졌던 각오를 잊지 않고 상기하기를 우선 조언하고 싶습니다. 저자 본인조차 업무에 적응하고 선임의 위치에서 혹은 후배들에게 업무를 교육해야 하는 업무를 하는 회사생활을 했을 때, 본인 마음처럼 일이 흘러가는 경우가 많이 없었고 그런 일련의 상황이 쌓이며 점차 본인 자신이 하는 업무에 회의감이 들고 성과를 보이기 위해 노력했던 전과는 달리 어떤 업무든 성취하려 노력하는 그런 모습이 점점 흐릿해져 가며 업무에 흥미를 잃을 때(저자 본인은 일을 할 때 흥미 부분과 자부심, 자긍심에 대한 부분을 높게 생각하는 편입니다.)쯤 문득 저자 본인의 머릿속에 예전 일들이 스쳐 지나갔습니다. 전입한 부서에서 맡은 업무를 처음 시작할 때 설렜던 감정과 프로젝트를 주도적으로 저자 본인이 준비하고 긍정적 마무리를 하였던 것들 등이 머릿속에 스쳐 지나가는데 그때 당시 저자 본인의 각오는 동료들에게 피해 주는 사우가 아니라 도움이 되는 사우, 도움을 줄 수 있는 사우가 되는 것이 제 목표이자 각오였으며 그런 생각이 머릿속에 있던 전입 초와는 조금은 다른 선임이 되어가고 있다는 생각이 뇌리를 또 스치며 반성하게 됐습니다. 물론 저자 주관적인 생각으로 연차가 쌓이고 좋은 선임이 되려 노력하였지만 정말 좋은 선임이었는지 후배 당사자가 아니면 모르는 일이라 생각하기 때문에 저자 본인의 행동을 더 돌아볼 수 있는 계기가 되었던 것 같습니다. 초심을 잃지 않아야 한다는 말과 화장실 들어갈 때와 나올 때의 마음이 다르다는 말이 주는 의미를 생각해 볼 필요성이 있으며 저 또한 여러 과정들을 많이 겪으며 그 말의 중요성을 너무나도 잘 알 수 있었던 것 같습니다. 중요한 것은 마음가짐이며 마음가짐이 달라지는 순간 행동 또한 달라질 수 있다 생각합니다.

두 번째 그때그때 스트레스가 쌓이지 않도록 본인의 스트레스 수치 관리가 필요함을 얘기할 수 있을 텐데 분출하지 못하고 누적되는 스트레스 양은 언제 터질지 모르는 시한폭탄과 같다고 생각하시면 좋을 것 같습니다. 본인이 좋아하는 불건전한 취미생활의 경우 건강을 해칠 요지가 충분히 있다 사료되기에 건전한 취미생활로 스트레스를 풀 수 있는 방법을 모색하는 것이 가장 좋을 것입니다. 흔히 업무 중 스트레스를 많이 받으면 지인들과 술자리(음주) 약속을 잡고 지인은 업무에 대한 이해도가 떨어짐에도 불구하고 푸념을 하는 경우가 종종 있는데 이 또한 불건전함에 속할 수 있습니다. 음주를 한다는 것에서 불건전함이 되겠는데 받은 스트레스를 풀어야 건강한 삶을 영위하는 데 큰 도움이 되는 것은 너무나 잘 아는 사실이지만 건강하자고 받은 스트레스를 푸는 것을 권유하는데 건강을 해칠 요지가 다분한 행동을 하면 좋지 않은 방법이다 얘기할 수 있을 것입니다.

세 번째 일을 해야만 하는 목적을 분명히 하고 없으면 목적을 만들었으면 합니다. 목적의식이 분명하다는 것은 내가 현재 바른길로 잘 가고 있다 생각할 수 있게 하는 원동력이라 생각합니다. 잠깐 길을 잃었을 뿐이지 제대로 된 목적의식이 분명 재정립이 된다면 현재 상태를 반전할 수 있음을 아셔야 합니다. 예시로 누군가에게는 속물처럼 보일 수 있으나 보통은 일을 하는 목적을 분명히 했으면 한다고 말을 하면 자유경제체제의 틀인 우리나라에서 일을 하는 것은 내가 좋아하는 것을 구매하기 위함이나 하고자 하는 취미생활을 하는 데 있어 일을 해야 돈을 벌 수 있고 돈을 벌어야 그것을 하는 데 있어 도움이 된다라 생각할 수 있을 것이며 이런 생각은 저자 본인이 생각할 때는 절대 속물이라 생각해서는 안 된다 말할 수 있습니다. 왜냐면 지금 당장 배고파 밥을 먹어야 하는데 주머니에 음식을 구매할 수 있거나 쌀을 사서 밥을 지을 수 있는 금전이나 물질적 무언가가 없는 즉 여건이 되지 않는다면 우리는 어떻게 자신의 생명을 연장하고 살아갈 수 있을지에 대한 삶의 본질을 생각해 볼 수 있기 때문입니다. 그렇기에 절대 돈을 벌어야 한다를 낮잡아 생각하지 않았으면 하고 돈을 벌어야 하는데 본인의 업무에 자부심이나 자긍심이 없이 일(물론 어떤 것을 생각할 때 너무 의미부여를 하면 정신적인 질환이 올 수 있기에 때론 절제가 필요하고 지양해야 할 수 있습니다.)을 하며 시간만 보내거나(흔히 시간만 때우다 간다라는 표현을 하기도 합니다.) 부정적인 언행으로 인하여 부서 내 분위기를 어수선하게 한다 등 본인의 어떠한 행동으로 같은 팀원의 사기를 저하할 수 있는 행동이 될 수 있으며 이는 곧 부서 내 자신의 입지가 줄어들 수 있음을 생각해 볼 수 있어 이런 목적 또한 나쁘지 않다(내가

하는 일에 있어 어떠한 자부심, 자긍심 등 긍정적인 마음을 갖고 다른 사람도 물론 자신의 일을 할 수 있지만 자신보다는 어려울 것이라는 생각을 하고 자신을 조금 더 특별히 생각(나니까 할 수 있는 일이야)할 수도 있을 것입니다.) 생각합니다.

번외로 1가지 더 이야기해 드리고 싶은데 이것저것 노력해 보았는데 안 된다면 최대한 빨리 하루, 이틀 휴식이 아닌 며칠의 휴가를 내어 그 상황에서 한발 물러나 다음을 기약하기를 바랍니다. 지금 현재 어떤 일도 나를 바꿀 수 없다는 것을 알아차렸다면(본인의 상태를 자신이 정확히 알아차렸다는 것은 나쁜 징조가 아닌 현재 본인의 상태의 개선 여지가 있다는 것으로 볼 수 있습니다.) 중요한 것은 본인의 휴식이며 본인이 한 걸음 물러설 때 어떤 마음으로 지금 현재 좋지 않은 본인의 상태에 혼자만의 시간을 가지려 물러서는가를 깊이 생각해 볼 필요성이 있습니다. 휴가를 도피로 생각하기보다 휴식을 통한 현재 본인 모습에 리프레시(Refresh, 본문의 내용은 생기를 되찾게 하다가 어울릴 것입니다.)를 하기 위함 정도로 생각하는 것이 심리적인 안정을 더 줄 수 있으며 또 다른 자신을 만나는 시간을 가져 한층 더 발전된 본인이 될 수도 있을 것입니다. 그렇기 때문에 잠깐의 휴식이 자신의 불안감을 더 증폭시키거나 자신의 경력단절이 될 수도 있다는 부정적인 생각보다 자신이 적응하고 잘해내고 있던 일을 앞으로도 어떻게 하면 더 잘할 수 있을지 혹은 휴식 중 자신이 정말 좋아하고 평생 직업이 되어도 좋은 그 무엇을 위해 노력(하고 싶은 마음 강하다면 어떤 것도 장점으로 보일 수 있으니 그 일에 대해 정보를 광범위하게 수집하고 이 수집한 정보에 자신이 생각하는 단점과 본인이 모르는 타인이 생각하는 단점 또한 최대한 많이 찾을 수 있도록 노력하여 장점보다 단점을 많이 찾아볼 것을 바랍니다.)해 보아도 좋을 것이라 생각하며 좋아하는 취미가 일이 된 많은 사람들이 말하는 것 중 하나는 취미였을 때 그것을 즐기며 행복감을 느낄 수 있었다 말할 수 있었지만 일이 된 순간 즐긴다는 감정보다 본인의 선택(전 직무와 현 직무에 대한 선택)이 잘못된 것은 아닌지 많은 고민을 하며 때론 자신의 선택을 후회하기도 하는 사람들이 있는 것 또한 인지하셔야 할 것입니다. 본인 자신 '나는 그 사람들과는 다르니까 잘될 거라는 막연한 믿음', 혹은 '나는 취미가 일이 되어도 평생 그 일이 스트레스보다 행복감에 젖어 살 수 있음에 감사할 것이며 그렇게 생각하는 긍정적 믿음'이 100% 잘못되었다는 것이 아닌 자신의 선택에 대한 후회로 시간을 낭비하며 자책하거나 심리적 이상 발생으로 인해 건강을 해치는 일이 없었으면 하는 그런 마음에서 남기는 말이라 생각해 주시면 고마울 것 같습니다. 자신이 생각하는 이상이 현실이 되기까지 오랜 시간 걸린 사람들이 보편적이라 생각하지만 짧은 시간에 자신의 이상이 현실로 만든 사람들이 없는 것은 아니기에 어떤 상황에서도 희망은 놓지 않으셨으면 좋겠다는 말도 덧붙이고 싶습니다.

## 분노조절장애 순화 관련

늦은 청소년기에서 성인기 초반 사이에 주로 발생하는 것이 보통이지만 생애 어느 때나 발병할 수 있으며 뇌와 관련된 질환이라 볼 수 있고 대다수가 중년 이후가 되며 폭발의 정도는 서서히 감소

MBTI 뷔 바람 이루기

하는 것으로 알려져 있으나, 뇌의 기질적 원인으로 인하여 증상이 악화되거나, 빈번해질 수도 있는 질환인 분노조절장애(간헐적 폭발성 장애, Intermittent Explosive Disorder)는 발병이 느닷없이 아무런 전조증상이 없이 갑자기 발병된 경우와 조금씩 전조증상을 보이는 즉 점진적 형태를 보이며 발병하는 경우가 있는 것처럼 분노를 표출하는 것 역시 지속되는 경우와 한순간 폭발을 보인 다음 나아지는 경우가 있습니다. 발병 원인으로 볼 수 있는 것은 유년시절 혹은 성장기 등 생애주기에 학대를 경험, 뇌 영역 기능 이상, 호르몬 분비 이상(뇌 척수액 세로토닌(Serotonin) 대사물의 농도 저하 관련) 등 환경적, 비환경적 요인이 발병 원인으로 밝혀졌으며 분노를 표출할 당시 감정조절을 잘할 수 없는 상태로 중요하지 않은 사건이 발생함에도 상황에 맞지 않게 분노를 폭발하게 되는데 분노를 표현하는 것이 문제해결에 가장 효과적인 방법(앞서 얘기하였듯 발생한 사건이 중요하고 중요하지 않음을 떠나 사소한 일에도 화를 참지 못하고 언행이 공격적)으로 여겨 반복적으로 분노하며 분노를 표현할 때 약간의 만족감을 느끼지만 표출 후 찾아오는 후회 및 허무함 등으로 인한 괴로움을 느끼기도 하기에 본인 자신이 내가 혹시 분노조절장애 의학 용어로는 앞서 잠깐 표기하였는데 간헐적 폭발성 장애라 생각하고 느끼고 있다면 정신건강의학과를 빠른 시일 내에 내방하여 검사를 하고 진단을 받아 치료를 하는 것이 좋을 것입니다.

많은 사람들이 알고 있는 분노조절장애는 분노를 표출하는 것이 스트레스를 표출하는 것이라 나는 내 스트레스 관리(스트레스는 건강의 적)를 하기 위해 분노를 표출한다고 잘못 생각할 수 있는 조건충족 부분이 많이 있습니다. 상황의 경중을 따지지 않고 분노를 표출한다는 것은 뇌의 기능 이상 및 호르몬 이상 등 앞서 이야기한 비환경적, 환경적 요인으로 인한 본인이 하나의 정신질환을 갖고 있으며 그로 인하여 나를 포함한 주변인에게 좋지 못한 영향을 주는 것이라 생각하고 꼭 치료를 받을 수 있는 여건을 조성하여 노력하셨으면 좋겠습니다. 병원을 내원하는 것을 정신과라 꺼려 할 수도 있지만 현대에는 19세기 때의 인식과는 다르게 많이 개선이 되었으며 정신질환의 종류도 다양하고 신체의 건강만큼이나 정신의 건강을 추구하는 현대사회라 타인을 의식할 필요성이 없다 말할 수 있겠습니다.

많은 분들이 이야기하는 이 분노조절장애의 치료는 약물치료보다는 비약물치료를 통한 치료를 많이 하는데 인지행동치료를 통한 분노 표현하기 전의 인지에 대해 적절한 대안적 사고로 전환할 수 있도록 하며 분노를 일으킬 만한 상황을 노출하고, 분노를 표출하지 않도록 하는 노출 치료 역시 효과 있음이 밝혀져 있어 복합적인 인지행동치료를 하며 약물치료의 경우 효과는 밝혀진 부분이 없지만 기분조절제, 신경안정제(항불안제), 항경련제 등을 사용하여 강박, 불안 증상 등 복합적인 증상의 개선을 약물치료로 증상 호전을 도와주기도 합니다. 많은 도움이 되는 것은 분노의 감정을 느낄 때 심리적 안정감을 느낄 수 있으며 감정을 해소하고 긴장을 이완하는즉 본인 자신의 마음을 챙길 수 있는 복식호흡, 명상, 상대방이 되어 생각하는 역지사지 마음 갖기 등과 같은 방법으로 일상생활에 적용하여 사용할 때 누구든 처음에는 시행착오가 물론 있을 수밖에 없지만 본인 자신의 분노 표출로 인하여 다른 누군가 (가장 가까이 있는 가족이 될 수도, 직장동료 혹은 친구 등) 외상 후 격분장애 (Post-traumatic Embitterment Disorder, 삶의 스트레스에서 기인되는데 즉 정신적 고통이나 충격 이후에 부당함, 모멸감, 좌절감, 무력감 등이 지속적으로 빈번히 나타나는 부적응 반응의 한 형태) 혹은 외상 후 스트레스장애(PTSD Post Traumatic Stress Disorder) 등 다른 여러 장애들을 나로 인하여 다른 이가 발병될 수 있음을 생각하고 가까운 사람들(주변인이 희망의 기운을 본인 자신에게 또한 나눠주는 경우가 많음. 꼭 물질적이 아닌 정신적으로 희망을 전달받기도 한다는 논문의 내용도 많이 존재함)을 생각하여서라도 포기보다 더 노력하여 꼭 간헐적 폭발성 장애가 개선되길 바라며 꼭 개선될 것이라 믿습니다.

## 사회복지사를 꿈꾸고 있는데
## 현실의 괴리에 부딪힘

　이번 이야기는 저자가 심리상담으로 인하여 내담자 혹은 피상담자로 만나서 상담한 내용이 아닌 개인전 사담이며 저자 본인은 회사 동료(선배, 동기, 후배)에게 먼저 다가가 안부를 묻고 이런저런 이야기를 잘 나누는 편이었는데 특히나 신입사원들의 회사 적응을 위해 많이 노력했었고 그중 한 신입사원과 대화가 기억에 남아 이야기해 보려 합니다. 이야기의 중심인 그 동료(후배)의 경우 이제 갓 군전역을 한 어린 나이에 본인이 하고 싶은 일이 있음에도 집안 사정, 당시 본인의 여건이 하고자 하는 일과는 맞지 않음에도 불구

입사하여 다른 일을 할 수밖에 없는 상황을 이야기해 주었는데 그 이야기인즉 본인은 오래되지는 않았지만 고등학생 시절 자신보다 어려운 이웃을 돕는 봉사활동(본인이 여건이 좋지 않아 금전적, 물질적 도움은 주지 못하지만 신체적(언행) 도움)을 하며 주변 어려운 사람을 돕는 데 행복감, 보람을 느껴 사회복지사의 꿈을 갖고 있지만 사회적인 통념상 보수(월급)가 많지 않아 군대 전역 후 회사에 입사한 일련의 과정(꿈을 위해 대학입학(사회복지과)을 생각하지만 집안형편상 가장의 역할을 하고 있음)을 설명하며 어렵게 이야기를 꺼냈습니다. 자신의 현재 상황을 잘 이해하던 친구지만 상황을 이겨내고 앞으로의 꿈을 위해 노력하고자 하는 마음과 현실의 괴리에 부딪혀 고민이 많았던 그 친구의 일련의 과정과 고민을 듣고 저자 본인은 고민하는 그 친구의 많은 고민거리 중 그 친구가 선택할 수 있는 고민의 폭을 좁혀주고 싶다는 생각(저자 본인의 경우 많은 사람을 만나며 경험한 내용으로 다양한 조언을 해줄 수 있을 것이라 생각)을 하였고 그 어린 친구에게 진지하게 도움이 될만한 즉 그 친구 자신의 선택의 폭을 좁힐 수 있게 조언하며 많은 이야기를 나누게 되는데 그 내용은 현 상황을 이겨내는 데 목표형성의 중요함과 자신이 할 수 있는 노력이 어떤 것이 있는지에 관련된 이야기를 중점적으로 하게 되었습니다.

현실의 괴리에 빠진 자신의 상황을 정확히 이해하고 무엇을 어떻게 노력을 하여야 할지, 타인이 자신의 인생을 살아주지 못함에 따라 자신이 어떠한 노력을 하여야 하고자 하는 일을 할 수 있을지에 대한 이야기였고 그 이야기를 듣고 그 친구의 표정은 조금은 편안해졌던 것으로 보였습니다. 그 친구의 한순간의 표정이 달라지는 것을 보고 저자 본인은 어쩌면 아직은 어린 자신이 어떤 길을 어떻게 가야 할지 알고 있었지만 자신에 대한 믿음이 부족하여 불안했을지도 모르겠다는 생각이 들었습니다. 사회 경험이 아직 부족하기에 자신의 선택에 의구심 드는 것이 당연할 수도 있지만 자신이 하고자 하는 그 목적이 분명하고 맞닿은 상황을 회피하려 하지 않고 이겨내려 버티며 본인이 할 수 있는 최선을 다해 노력하고 있다면 현재는 어둠이라 생각이 들지라도 미래는 밝을 것이 명확하다 말하고 싶었습니다. 살면서 본인 자신에게 부족한 부분이 많다는 것을 알아차리고 그 부족함을 채우려 생애 노력하는 사람은 생각보다 그리 많지 않습니다. 본인 자신의 좋지 않은 여건(환경적인 요인)을 찾아 그것을 가지고 핑곗거리를 만들려 생각하기보다 자신보다 더 좋지 못한 여건에서 자신의 부족한 부분을 채우려 노력하는 사람들이 분명 있음을 생각하고 자신의 여건이 그들보다 좋음에 감사하며 본인의 부족한 부분을 채우려 노력하여야 본인의 발전이 분명 있다 말할 수 있을 것입니다.

# 끝으로 본문의 이야기를 마치며…

　어떤 일이든 마무리를 하는 과정은 참 많이 시원섭섭한 것 같습니다. 저는 부족한 부분이 참 많은 사람인 것 같아 알아가고 배우고 싶은 부분도 참 많은 것 같습니다. 하나를 알았다 생각하면 다른 하나를, 그다음 또 다른 하나가 생겨나는 것 같습니다. 이런 부족한 사람이 글재주 또한 뛰어나다 생각지 않아 전달하고자 하는 내용마다 혹은 한 Chapter를 마치며 전달하고자 하는 내용에 대해 부연설명을 하며 이야기가 길어지기도 하였는데 이런 부분이 혹여 글을 읽을 때 불편하지 않았을지 걱정이 먼저 됩니다. 일상생활에서도 개인적 친분 있는 분들은 제게 말이 많다고 말 수 좀 줄이라고 하시는데 글에서도 그런 부분이 어쩔 수 없이 나타나나 봅니다. 생각을 정리하며 이야기한다고 생각하지만 쓰다 보면 부연설명을 하고 싶어 주저리주저리 말을 하고 있는 본인을 보고 있으면 참… 저는 제 삶의 하루하루를 마지막처럼 최선을 다하며 내일은 없다는 마음으로 그 상황에 충실히 살다 보니 항상 후회(일에 대한 후회는 전혀 없음)보다 아쉬움(가족들이나 지인들에게 연락을 잘 못 하는 것에 많음)이 남는 것 같습니다. 이 책을 읽고 계신 여러분들은 저보다 후회도 아쉬움도 적게 하고 하는 일 모두 잘되며 건강히 행복하시길 바랍니다.

# 하기 저자 본인의 정립한 내용의 고찰과
# 관련 독서(참고용) 출처

- MBTI Personality types and SII personal style scales(Nichols, Miller, MAtthew A, Thomas, Buboltz, Walter C, Patrick, Jr. Johnson, Cassandra, Adrian)
- A Method for MBTI classification based on impact of class components(Boris Vrdoljak, Ninoslav Cerkez, Sandro Skansi)
- MBTI 성격유형을 반영한 심층 신경망 기반직무 추천 서비스(장예화, 이병현, 정재호, 김재경)
- MBTI 성격유형 및 신체조성과 경쟁 상태 불안의 상관관계(주진만)
- 한의대생의 MBTI 성격유형의 변화에 대한 연구(이재혁)
- 대학생 성격유형(MBTI) 및 직업 유형에 따른 창업의지와의 관계(김혜선)
- MBTI 조직 성격유형화에 따른 기업 분류(신동원, 안병대, 이한준)
- 교육경력과 MBTI 선호 경향에 따른 유아교사의 창의성의 차이(강민정)
- 한국인 대표 표본의 MBTI 유형 분포 연구:2012-2020년 자료를 바탕으로(송미리, 강새하늘, 김명준, 박보민)
- MBTI 성격유형에 따른 커뮤니케이션 능력과 대인관계 만족도에 관한 연구(장해숙, 황보식)

상기 외 여러 분야 MBTI 논문 및 분야별 Curriculum 등 자료를 참고하였습니다. 일단 기억을 더듬고 기록되어 있는 내용들을 갖고 선 출처를 밝힙니다.

# MBTI<sup>別</sup>
## 바람 이루기

초판 1쇄 발행   2023. 5. 29.

**지은이**   정성훈
**펴낸이**   김병호
**펴낸곳**   주식회사 바른북스

**편집진행**   김재영
**디자인**   양헌경

**등록**   2019년 4월 3일 제2019-000040호
**주소**   서울시 성동구 연무장5길 9-16, 301호 (성수동2가, 블루스톤타워)
**대표전화**   070-7857-9719 | **경영지원**   02-3409-9719 | **팩스**   070-7610-9820

•바른북스는 여러분의 다양한 아이디어와 원고 투고를 설레는 마음으로 기다리고 있습니다.

**이메일**   barunbooks21@naver.com | **원고투고**   barunbooks21@naver.com
**홈페이지**   www.barunbooks.com | **공식 블로그**   blog.naver.com/barunbooks7
**공식 포스트**   post.naver.com/barunbooks7 | **페이스북**   facebook.com/barunbooks7

ⓒ 정성훈, 2023
**ISBN** 979-11-93127-08-7 03180